Hackeo Mental:

Descubre Estrategias Poderosas para Cómo Dejar de Pensar Demasiado, Construyendo Hábitos Ganadores, Hackeo Mental y Memoria Fotográfica y Inteligencia Emocional

Table of Contents

Table of Contents 2
Introducción 15
Paso 1: Entrenando tu Memoria General 18
   Crear una Memoria Visual 19
      Estudio de caso 20
   Técnicas utilizadas para la memoria general: Asociación de palabras 22
   Haciendo la información significativa 23
      Ejemplo 23
   Crear un Palacio de la Memoria 24
   Recuerda usar imágenes 25
Paso 2: Usa el Método Militar 27
   Descargo de responsabilidad 28
   Pasos para promulgar el Método Militar 28
   Usando el Método Militar para Ayudar con la Memoria—Ejemplo Práctico: Ron White, Dos Veces Campeón de Memoria de USA 31
   "Cuanto más sudas en tiempos de paz, menos sangras en tiempos de guerra." 31
   2. Desarrollar una mentalidad positiva: Actitud ganadora. 32
   3. Establece pequeñas metas para tu memorización. ...33
   4. Siempre enfrenta las consecuencias de no alcanzar una meta. 33
   5. Entrena tu memoria todos los días, incluso cuando no tengas ganas. 34
Paso 3: Mejorar tu dieta para la memoria fotográfica 36

¿Cómo está conectada la memoria a la dieta? 36
Una dieta saludable para el corazón puede ser una dieta saludable para el cerebro. 38
Los alimentos y bebidas que recomendamos que pruebes para tener una memoria mejor 40
- Café 40
- Cúrcuma 41
- Brócoli 41
- Chocolate negro 42
- Naranjas 42
- Huevos 42
- Té verde 43

Prueba dietas que incluyan más grasa y menos carbohidratos. 43
- Ayuno intermitente 44
- Beber moderadamente para recordar más 44
- Estudio de caso 45

Paso 4: Dormir por la memoria. 46
- Por qué es importante dormir bien. 46
- Las teorías detrás del sueño 47
- ¿Qué hace el sueño por la memoria? 48

Ejemplo de Corea: Escuelas de refuerzo, memorización mecánica y la falta de sueño. 51
La privación del sueño tiene consecuencias graves para nuestra memoria. 53
¡Cómo mejorar tu memoria y permitirte recordar: ¡Dormir! 54
- Estudio de caso 54

Paso 5: Usa dispositivos mnemotécnicos para recordar casi cualquier cosa..................56

    El Método de Loci 58

    Acrónimos..................58

    Creando una Clase de Memoria (Para Maestros) 59

    En diferentes culturas: Utilizar nombres en inglés.......60

    Rimas..................60

    ¿Cómo memorizas ese largo poema? Crea una imagen de él en tu mente. 61

        Estudio de caso 62

    Cómo memorizar líneas para la próxima obra de teatro del pueblo. 63

        Estudio de caso: Jemima 64

    Agrupamiento y Organización 64

        Estudio de caso: Jason..................65

    Haz un jingle o un baile para recordar las cosas bien..67

        Estudio de caso 67

Paso 6: Técnicas Diarias: Usa los Sentidos 69

    Cómo hacer que las cosas sean reales: crear imágenes absurdas para recordar. 69

        Estudio de caso 70

    Transforma los sonidos de los nombres que aprendemos en imágenes..................71

        Estudio de caso 71

    Utiliza tantos de tus sentidos como sea posible..........72

    Cuando se trata de números, usa el mismo método.....73

        Estudio de caso 73

    Utiliza tu memoria sensorial para recrear experiencias 74

Estudio de caso 75
Por qué funciona la memoria sensorial................................ 76
Cómo utilizar tu memoria sensorial 77
Por qué esta técnica es para actores y para todos. 78
Paso 7: Utilizar técnicas que aumenten la actividad cognitiva y mejoren tu memoria. 80
   1. Actividad Física: Haciendo ejercicio 80
   Estudio de caso 82
   2. Mantente abierto a nuevas experiencias. 84
   Estudio de caso 85
   3. Utilice sus habilidades artísticas y creativas................ 86
   Estudio de caso 87
   4. Conexiones Sociales 88
   Estudio de caso: Frank... 89
   5. Atención plena y Meditación.. 90
   Estudio de caso 91
   6. Disminuir la Ansiedad y el Estrés 92
   Estudio de caso 94
   7. Escucha música clásica o toca un instrumento 95
   Estudio de caso 96
Paso 8: Toma medidas para aumentar la alerta mental .. 98
   1. Hidratación 98
   Estudio de caso 99
   2. Verifica la cafeína. 100
   Estudio de caso 101
   3. Pierde el GPS y encuentra otras formas de llegar a casa. 102
   Estudio de caso 103

4. Seguir un pasatiempo 105

Estudio de caso 105

Paso 9: Habilidades de estudio: en qué puedes trabajar ahora para aumentar tu memoria fotográfica 108

1. Repetición Espaciada 108

Estudio de caso 110

2. Usa tus aplicaciones de teléfono inteligente, incluidas Study Blue y Memrise 111

Estudio de caso 112

3. Para clases de idiomas, tome pruebas de vocabulario en línea para el autoestudio. 112

Estudio de caso 113

4. Dibuja imágenes de historias y los conceptos que estás estudiando. 114

Estudio de caso 114

5. Recita un texto para competencias de poesía y otros concursos. 116

6. Utiliza un gancho mnemotécnico para recordar cosas por su rima. 116

7. Reduce la velocidad del estudio 118

Estudio de caso 118

8. Mira un documental sobre el tema que estás estudiando 120

9. Toma descansos para estudiar 120

Estudio de caso: Tracy 121

10. Encuentra nuevos espacios de estudio 121

Estudio de caso 122

11. Nunca hagas una noche en vela. Nunca. 123

Estudio de caso 124

Y eso es todo... 125
Introducción... 133
Capítulo 1: ¿Qué es la rumiación excesiva? 135
   ¿Por qué pensamos demasiado?............................. 136
   El Cerebro que Sobrepiensa 137
   Síntomas de Pensar Demasiado................................ 139
   Peligros de ser una persona que piensa demasiado..141
   Tres Tipos de Sobreanalizar 143
Capítulo 2: Ansiedad y Pensamientos Obsesivos............ 145
   Formas en que la ansiedad causa pensamientos excesivos. 145
   Resultado de la ansiedad y la sobrethinking 147
   Lo que no es la Sobrethinking 149
   Cómo dejar de pensar demasiado en todo................ 150
Capítulo 3: Intenta detenerlo antes de que empiece....... 151
   Creencias limitantes 151
   Estrategias de afrontamiento no útiles 154
   Prepárate para entrenar tu cerebro para establecer una relación saludable con tus pensamientos................. 155
Capítulo 4: Enfoque en la resolución activa de problemas. 158
   ¿Qué es la resolución activa de problemas? 159
   Preguntas para hacerte 160
   ¿Cuándo es efectiva la resolución de problemas activa? 161
   Cómo utilizar la resolución activa de problemas. 162
Capítulo 5: Considera el Peor Escenario Posible............ 164
   Qué hacer cuando se considera el peor de los casos . 166

Por qué deberías considerar el peor de los casos 167
Capítulo 6: Programar Tiempo para Pensar. 170
Los Pasos del "Tiempo de Reflexión del Horario". 171
Capítulo 7: Pensar de manera útil. 175
Capítulo 8: Establecer límites de tiempo para tomar decisiones. 180
Cómo establecer límites de tiempo para tus decisiones 181
Establezca un límite al número de decisiones que toma por día. 183
Capítulo 9: Considera el Cuadro Completo. 185
Capítulo 10: Vive el Momento. 190
¿Por qué es importante estar presente? 191
Pasos prácticos para vivir en el presente. 192
Capítulo 11: Meditar. 195
4 Formas en las Que la Meditación Ayuda a Dejar de Pensar Demasiado 196
Cómo Meditar En 9 Sencillos Pasos 197
Capítulo 12: Crear una lista de tareas. 200
Capítulo 13: Abrazar la positividad. 205
Capítulo 14: Utilizando afirmaciones para aprovechar el pensamiento positivo. 210
¿Qué son las afirmaciones y funcionan? 211
Cómo usar afirmaciones positivas 212
Cómo Escribir una Declaración de Afirmación 213
Ejemplos de afirmaciones 215
Capítulo 15: Convertirse en una persona orientada a la acción. 217

Consejos para tomar acción en superar la sobrethinking 218

Capítulo 16: Superando tu miedo. 221

Capítulo 17: Confía en ti mismo 224

Capítulo 18: Deja de Esperar el Momento Perfecto. 229

Capítulo 19: Deja de preparar tu día para el estrés y la sobrethinking 234

Capítulo 20: Aceptando Todo lo que Sucede. 237

Formas de dejar ir las heridas del pasado 238

Capítulo 21: Da lo mejor de ti y olvida el resto. 242

No tiene que ser difícil. 245

Capítulo 22: No te presiones para manejarlo. 246

Capítulo 23: Diario para sacar los pensamientos de tu cabeza 250

Cómo Empezar 251

Escribir en un diario para mejorar tu estado mental 252

Capítulo 24: Cambia el Canal. 254

Capítulo 25: Tomarse un Descanso. 257

Descanso para obtener resultados 257

Capítulo 26: Trabajar fuera. 260

Cómo el ejercicio promueve el bienestar positivo. 261

Tipos de Ejercicios para Superar la Sobrethinking. 263

Capítulo 27: Tener un pasatiempo. 265

Capítulo 28: No seas demasiado duro contigo mismo ... 268

Cómo dejar de ser demasiado duro contigo mismo ... 269

Capítulo 29: Obtén bastante sueño de buena calidad. ... 272

Beneficios de dormir 273

Cómo obtener el máximo provecho de tu sueño 275

Conclusión. ... 279

© Derechos de autor 2024 por Robert Clear - Todos los derechos reservados. ... 283

Introducción ... 285

Capítulo Uno: ¿Qué es la Autodisciplina? ... 288

Capítulo Dos: Formas Poderosas de Comenzar la Acumulación de Hábitos ... 290

Capítulo Tres: Estrategias Probadas y Comprobadas para Construir y Mantener Hábitos Poderosos ... 302

Capítulo Cuatro: Ganando el Juego de Gestión del Tiempo ... 311

Capítulo Cinco: Dominando Hábitos Positivos ... 329

Capítulo Seis: Construye tu Red de Contactos y Relaciones ... 340

Capítulo Siete: ¿Obstáculos o Oportunidades? ... 345

Capítulo Ocho: Ejercicio Diario y Salud ... 350

Capítulo Nueve: ¿Por qué reinventar la rueda? ... 356

Capítulo Diez: Consigue un Mentor ... 366

Capítulo Once: Mantén un Enfoque Proactivo, No Reactivo ... 382

Capítulo Doce: Construye tu musculo de perseverancia ... 393

Conclusión ... 402

Hackeo Mental y Memoria Fotográfica:

Cómo Cambiar tu Mente y Desarrollar una Memoria Fotográfica en 21 Días. Técnicas Secretas para Memorizar Rápidamente Todo

Derechos de autor 2024 por Robert Clear - Todos los derechos reservados.

El contenido contenido en este libro no puede ser reproducido, duplicado o transmitido sin permiso escrito directo del autor o del editor.

En ningún caso se responsabilizará al editor o autor por cualquier daño, reparación o pérdida monetaria debido a la información contenida en este libro. Ya sea directa o indirectamente.

Aviso Legal:

Este libro está protegido por derechos de autor. Este libro es solo para uso personal. No puedes modificar, distribuir, vender, usar, citar o parafrasear ninguna parte, o el contenido dentro de este libro, sin el consentimiento del autor o editor.

Aviso de responsabilidad:

Por favor, tenga en cuenta que la información contenida en este documento es solo para fines educativos y de entretenimiento. Se ha hecho todo el esfuerzo para presentar información precisa, actualizada y confiable. No se declaran ni se implican garantías de ningún tipo. Los lectores reconocen que el autor no está brindando asesoramiento legal, financiero, médico o profesional. El contenido de este libro ha sido extraído de varias fuentes. Por favor, consulte a un profesional con licencia antes de intentar cualquier técnica descrita en este libro.

Al leer este documento, el lector acepta que bajo ninguna circunstancia el autor es responsable de cualquier pérdida, directa o indirecta, que se incurra como resultado del uso de la información contenida en este documento, incluyendo, pero no limitado a, errores, omisiones o inexactitudes.

Introducción

¿Qué tan buena es tu memoria? ¿Eres capaz de recordar detalles minuciosos, o olvidas los nombres y caras de las personas que conoces inmediatamente? Muchas personas no tienen una buena memoria y son incapaces de recordar información básica después de solo echar un vistazo a algo durante un minuto. Muchos de nosotros desearíamos tener una mejor memoria, pero no sabemos por dónde empezar. Estamos tan frustrados con lo que no podemos recordar, aunque intentamos con todas nuestras fuerzas recordar las cosas básicas de nuestras vidas. Esa es una de las razones por las que tenemos fotos, para capturar momentos en nuestras vidas y dar forma a las experiencias que hemos tenido.

Una de las cosas que las personas desean es una memoria fotográfica, que es una memoria capaz de recordar cosas con precisión vívida porque cuando intentas recordar algo, eres capaz de asociarlo con una imagen en tu mente automáticamente. Esta es la forma en que pensamos, y es la forma en que podemos recordar cosas. Nuestras memorias se forman por imágenes en nuestras mentes para hacer más fácil recordarlas. No podemos olvidar eventos, personas, lugares, números, etc., cuando los hemos codificado en nuestras mentes usando imágenes que nos ayudan a producir un recuerdo de ellos al comando. Tener una memoria fotográfica es un paso esencial para ayudar a una persona a recordar todos los detalles de sus vidas mejor. Y no requiere que seas un genio. Todo lo que necesitas es un poco de entrenamiento y disciplina, y también puedes refinar tu memoria para tener una memoria fotográfica.

Este libro va a explicar el proceso de desarrollar tus habilidades para tener una memoria fotográfica utilizando diferentes métodos y trucos que te ayudarán a hacer tu memoria más nítida que nunca. Aunque puedas pensar que requiere mucho talento y don innato, te mostraremos que este no es el caso. En cambio, nuestras memorias son repositorios complejos de conocimiento e información que se desarrollan con el tiempo y siguen expandiéndose y creciendo, mientras que eliminan algunas memorias. Nuestros cerebros siempre están desarrollando nuevas memorias que podemos llevar con nosotros por el resto de nuestras vidas. Algunas permanecen en nuestra memoria permanente, mientras que otras solo están en nuestra mente por un corto período y luego son desechadas con el viento.

A medida que leas este libro, descubrirás nueve formas en las que puedes hacer que tu memoria sea más aguda y fotográfica que nunca. Este libro comienza presentándote planes de entrenamiento de memoria que te ayudarán significativamente con tu memoria y también un método militar comprobado para mejorar tu capacidad de recordar información textual. Luego, explicaremos cómo factores como el sueño, la dieta, el ejercicio, la cafeína y otras cosas afectan el desarrollo de tu memoria y su bienestar general. Estos factores deben considerarse al desarrollar un programa de bienestar, que mejorará tu memoria.

Agradecemos que nos acompañes en este viaje a la imaginación y la memoria. Esperamos que experimentes nuevas ideas sobre cómo recordar las cosas mejor y que te beneficies de cada paso del camino. Nuestros nueve pasos están garantizados para darte la mejor memoria fotográfica para recordar prácticamente todo lo que puedas nombrar.

Descubramos juntos los secretos de tener esta habilidad única y asombrosa.

Paso 1: Entrenando tu Memoria General

Todos quieren tener una buena memoria, pero muchos de nosotros luchamos por tener habilidades básicas de memorización. La verdad es que el mundo en el que vivimos prospera en formas que no nos hacen usar nuestras memorias. Dependemos de la comunicación y el Internet para almacenar la información en la nube, en diferentes documentos y en otros dispositivos de almacenamiento que están al alcance de un clic pero no están inmediatamente disponibles en nuestra mente.

Pasamos gran parte de nuestro tiempo utilizando dispositivos electrónicos que almacenan cantidades masivas de información, en los que confiamos cada día. No podríamos imaginar funcionar sin Internet o la tecnología móvil, ya que todo en nuestra vida depende del uso adecuado de esos dispositivos. Como resultado, pasamos muy poco tiempo entrenando nuestra memoria para recordar cosas básicas. Algunas personas son incapaces de recordar números básicos como números de teléfono o contraseñas. La era digital nos ha convertido en personas que confían menos en la memoria y más en las computadoras y dispositivos que usamos diariamente para almacenar nuestros recuerdos.

Pero siempre estamos en constante necesidad de recordar momentos y cosas, y sin embargo, siempre parecemos olvidar los elementos esenciales en nuestras vidas. Los dispositivos que usamos todos los días no pueden almacenar completamente nuestros recuerdos de forma permanente. Estos dispositivos eventualmente fallarán y no podrán hacer todas las cosas que queremos que hagan. Además, podríamos perder estos dispositivos, o podrían fallar permanentemente y romperse, por lo que no podríamos recuperar la información almacenada en ellos.

Esto nos lleva al punto de necesitar almacenar nuestros recuerdos en nuestras mentes. El cerebro humano es uno de los dispositivos más complejos y fascinantes del planeta. Tenemos el poder de ser cientos de computadoras dentro de nuestro cerebro. Nuestras mentes son espacios vacíos que almacenan vastas cantidades de información. Al olvidar ciertas cosas, podemos recordar cosas nuevas.

Crear una Memoria Visual

Una de las maneras esenciales en las que podemos entrenar nuestra memoria para visualizar lo que podemos hacer es recordar a través de pistas visuales y espaciales. Podrías intentar la memorización mecánica de diferentes cosas sin contextualización. La memorización mecánica es el acto consistente de repetir algo en tu mente para recordarlo mejor. Es posible que puedas recordar esas cosas durante unos segundos, minutos u horas. Pero después de hacer un examen, no podrás recordar nada de lo que habías estudiado o visto antes. Este es el caso para muchas personas que viven en Asia, donde la memorización mecánica es un concepto educativo crucial que millones de personas hacen todos los días para promover la adquisición de vocabulario. Sin embargo, los profesionales de la educación están en contra activamente de este enfoque y piensan que esto hace más daño que bien al depender únicamente de la memoria a corto plazo, que puede, de hecho, retener una vasta cantidad de información. Pero lo que queremos lograr es una memoria a largo plazo, que retenga mucha información que podamos tener durante mucho tiempo. Ahí es donde tenemos que entrenar nuestra memoria general.

Estudio de caso

Joshua Foer dio una charla TED en 2012, donde habló sobre su experiencia con el entrenamiento de la memoria, ya que participó en una competencia de memoria (Foer, 2012). Comenzó como periodista, entrevistando a diferentes participantes y viendo cómo les fue en la competencia. Sin embargo, quería realmente meterse en la mente de estos participantes. Su estudio sobre la memoria no fue demasiado emocionante, y quería llevar su investigación a un nivel más profundo. Además, decidió intentar participar en una competencia de memoria en la cual pudiera entrenar su memoria audiovisual para recordar lo que fuera que viniera a su memoria.

En sus entrevistas, Foer habló con diferentes hombres y mujeres que participaban en esta competencia. Estaban memorizando números de teléfono, nombres de personas y caras, entre otros datos de memoria. Mientras hablaba con los participantes, reconoció que también tenían memorias promedio. No tenían ningún conocimiento especializado o habilidad. El entrenamiento de la mente no tiene por qué involucrar un talento innato para la memoria. Estas personas, con una memoria promedio, pudieron entrenarse para recordar mucha información en un corto período de tiempo, y demostraron una habilidad que fue adquirida al estudiar un método desarrollado por los antiguos griegos hace 2,500 años, del cual hablaré en los siguientes párrafos.

Hace mucho tiempo, durante la época de los antiguos griegos, las personas confiaban en su memoria y cultivaban la memoria a largo plazo. Lo hicieron sin hacer referencia a otras cosas. Piensa en los poetas griegos, que memorizaban historias y luego las recitaban en voz alta. Gran parte de la información y el conocimiento se impartían a las personas utilizando la tradición oral, que era una forma de entrenar a las personas para recordar cosas que leían, lugares a los que iban y otras cosas. Foer da el ejemplo de Simónides, que era un poeta, y que recitó un largo y épico poema a un grupo de personas en una reunión. Desafortunadamente, durante la reunión, ocurrió un desastre y el edificio se derrumbó, en el que todos murieron, excepto el poeta, Simónides. Diferentes partes del cuerpo estaban esparcidas por la habitación, pertenecientes a las personas que estaban allí. Al depender de su memoria audiovisual, Simónides podía recordar dónde se sentaba cada persona en la habitación. Para las personas que estaban afligidas por la pérdida de sus seres queridos, Simónides podía dirigirlos al área de la habitación donde estaban sus seres queridos. Este es un testimonio fantástico de la memoria y cómo puede funcionar a favor de alguien. Simónides utilizó su memoria visual y espacial para recordar las ubicaciones de las personas en la habitación.

Este antiguo método es uno que se utilizó en la competencia con diferentes campeones de la memoria. Foer habló sobre cómo los competidores fueron sometidos a un escáner de resonancia magnética, y sus cerebros fueron comparados con la persona promedio en el mundo. El estudio encontró que estas personas no tienen cerebros que sean muy diferentes al resto de nosotros. Sin embargo, hubo una diferencia crucial que él señaló. Ellos se basaban más en habilidades espaciales y de navegación dentro de sus cerebros, lo que les permitía recordar más detalles.

Técnicas utilizadas para la memoria general: Asociación de palabras

Foer demostró diferentes métodos para ayudar con la memoria. Una de las técnicas de entrenamiento de memoria más críticas es la asociación de palabras, que es básica pero importante para desarrollar una memoria visual y espacial. Por ejemplo, da a una persona un nombre para memorizar y ve qué persona puede hacer un mejor trabajo. Digamos que tienes el nombre: Baker, y se te da la tarea de memorizar ese nombre. O, se te dice que memorices la palabra, panadero. ¿Qué persona crees que tendrá más facilidad para memorizar? ¿La que tenga que memorizar el nombre o la palabra? Si una persona tuviera que memorizar la palabra, "panadero", sin crear una imagen mental, no podría recordarla. Sin embargo, si puede pensar en una imagen de un panadero, entonces sin duda tendrá más facilidad para recordar la palabra. Panadero tiene muchas connotaciones con las que podemos conectar a nuestra memoria. Cuando escuchamos la palabra, "panadero", podemos asociarla con el muñeco de masa Pillsbury con un sombrero blanco y harina en las manos. Además, podríamos oler el pan de una panadería y cómo podemos visualizar una imagen de una panadería. Si usamos esta pista visual, entonces podríamos recordar fácilmente el nombre de una persona usando la asociación de palabras de panadero.

Aquí tienes otro ejemplo de cómo podemos entrenar nuestros cerebros con asociaciones de palabras. Toma el nombre: Taylor. Eres el CEO de una empresa de consultoría y ves a cientos de personas todos los días. Y tal vez, conoces a diferentes clientes todo el tiempo. Pero hay un problema: no recuerdas nombres y caras. Te esfuerzas por recordar los nombres más básicos. Entonces, lo que haces es desarrollar una técnica para recordar los nombres y caras de las personas que conoces cada día. Tu cliente se llama Michael Taylor. Michael es bastante fácil de recordar, pero el apellido, Taylor, es un poco más difícil de retener. Michael Taylor es un experto en moda, y acude a ti en busca de consejo sobre su negocio de ropa. Ahora puedes recordar su apellido porque Taylor podría ser escrito como "sastre," que también tiene que ver con la ropa. En tu mente, puedes pintar la imagen de un "sastre" en una tienda con mucha ropa. Y entonces, ¡voilà... ahí lo tienes! La imagen está ahí, y ahora puedes recordar el nombre de Michael Taylor porque has creado un espacio visual que puede recordar el nombre, y también puedes asociarlo con un rostro. Esa es la proeza de la memoria visual y espacial.

Haciendo la información significativa

El arte de mejorar tu memoria es encontrar formas de conectar ideas en tu cerebro para que coincidan de manera significativa. Las cosas sin un contexto deben ser unidas para que tu mente pueda visualizar fácilmente de qué estás hablando. Nuestros cerebros están diseñados para pensar de manera contextual. Por lo tanto, es crucial que encontremos formas de conectar ideas para formar un todo. Entonces, podemos visualizar de qué estamos hablando.

Ejemplo

Crear experiencias significativas es esencial para nuestro bienestar físico y espiritual. Cuanto más significado podamos encontrar dentro de nuestras vidas, más experiencias podremos recordar. Recuerda un momento en el que fuiste de viaje con tus padres y donde te dieron tiempo libre para hacer lo que quisieras. Piensa en la libertad que tus padres te dieron. ¿Qué hiciste con ella? ¿Cómo la utilizaste? Reflexionar sobre estas experiencias las hará más memorables. Cuando reflexionas sobre las experiencias que has tenido, puedes recordarlas más clara y vívidamente. Es importante crear momentos increíbles que nunca puedas olvidar.

Crear un Palacio de la Memoria

Usando la técnica de los antiguos griegos, te aconsejamos que crees un palacio de la memoria, que es un edificio de tu memoria. Imagina que tu memoria es un edificio grande que contiene recuerdos de diferentes cosas. Visualiza el palacio de tu memoria y los diferentes espacios dentro de él que contienen información vital sobre tu vida. Esto te permite estar orientado espacial y visualmente para poder recordar mejor momentos de tu vida. Imagina que eres Cicerón y te invitan a dar una charla TED. Tienes que hacer todo de memoria y debes usar la técnica que usaban los griegos. Entonces, ¿cómo lo vas a hacer? Creando ese palacio visual. Veamos un ejemplo a continuación.

Cierra los ojos. Imagina que estás en la puerta de tu casa. Luego, entra en ella. Ves al Monstruo de las Galletas bailando con sus amigos en tu sala de estar. Gira a la derecha, y ves a Britney Spears, escasamente vestida, bailando y cantando, "Hit Me Baby One More Time" en tu mesa de café. También ves a Dorothy, Toto, el Hombre de Hojalata, el León y el Espantapájaros que caminan por el Camino de Baldosas Amarillas que sale de la pared. Juntos, están cantando, "Vamos a ver al Mago". Luego, vas a la cocina donde ves a Martha Stewart cocinando su famosa cena de pavo. Puedes oler el pavo asándose en el horno. Está salteando el ajo y las cebollas para hacer su cacerola de verduras. Luego, vas a tu recámara, donde ves a Snoop Dogg, que está rapeando intensamente en tu cama. Finalmente, sales afuera y ves a Katy Perry, que está cantando su éxito, "Firework", con fuegos artificiales disparándose en el fondo.

Ahora abre tus ojos. Puede que no hayas podido recordar todas esas imágenes en orden, pero puedes juntar las diferentes ideas en tu mente. Con diferentes trozos de información, eres capaz de recordar diferentes momentos en los que pensaste basados en las varias imágenes que estás ensamblando en tu mente, de acuerdo a tu conocimiento previo de la información presentada. Esta es una forma crucial en la que funciona el entrenamiento de la memoria. Implica entrenar activamente tu mente para crear imágenes utilizando tu memoria existente y la asociación de esos pensamientos. Solo entonces podrás recordar la historia mejor que antes.

Recuerda usar imágenes.

Esencialmente, todo esto nos está diciendo que podemos recordar mejor las cosas si les ponemos una imagen. Aprendemos mejor cuando podemos visualizar de lo que estamos hablando. Esta es la forma principal en la que podemos avanzar con nuestras vidas porque necesitamos un medio esencial para relacionarnos con la información que recibimos cada día.

¿Cómo te va a ayudar esto en tu vida? Recordar usando imágenes te va a ayudar a recordar todo. Han pasado los días en los que olvidarás las llaves de tu coche. Puedes encontrar formas de recordarlo también. Podrás recordar todo tipo de información, desde números de teléfono hasta barajas de cartas, entre otras cosas. Todo esto te ayudará a lograr un mayor éxito profesional. Serás la persona a la que todos recurren en busca de información crucial porque tu memoria te proporcionará un vasto depósito de información vital para progresar. También serás muy respetado por todos en tu empresa o lugar de trabajo.

Si aplicas este método de entrenamiento de tu memoria, serás capaz de recordar muchos tipos diferentes de cosas. Revolucionarás tu vida, porque finalmente podrás recordar todas las cosas que pensabas haber olvidado, y será un momento increíble. Desarrollarás habilidades para la vida que podrás utilizar el resto de tu vida. Piensa en cómo quieres almacenar información crítica en tu mente que nunca querrás olvidar. Piensa en el día de graduación de tu hijo de la universidad o de tu boda. Estas son experiencias inolvidables que no quieres olvidar nunca. Pero también quieres retener detalles clave de cada uno de estos eventos importantes para poder almacenar los tesoros en tu mente. Demasiada información se vuelve confusa en una masa que puede olvidar fácilmente las cosas. Podemos ser personas increíblemente olvidadizas. Pero si aplicamos los principios del desarrollo de la memoria, entonces podemos cambiar la forma en que desarrollamos nuestra memoria y entrenarnos para recordar todos los eventos importantes de la vida.

Paso 2: Usa el Método Militar

Nuestros cerebros no pueden capturar completamente cada detalle de nuestras vidas. No son cámaras. Algunas personas nacen con mejores memorias que otras. Aquellos que tienen un talento de memoria extraordinario se llaman "eidetikers", pero incluso estas personas pueden tener problemas para recordar información necesaria porque sus cerebros no son completamente fotográficos ("Memoria eidética", s.f.). Puede que pienses: "Oh, soy tan olvidadizo y ni siquiera puedo recordar el camino a mi casa". La buena noticia es que puedes entrenar tu cerebro para recordar los detalles de cualquier cosa. En el capítulo anterior, vimos cómo puedes preparar tu cerebro para pensar en diferentes imágenes y asociaciones de palabras. Esa es una de las mejores formas de entrenamiento general. En este capítulo, vamos a ver cómo utilizar el método militar para obtener buenos resultados.

El ejército está continuamente realizando investigaciones avanzadas e impresionantes sobre diferentes cosas, incluyendo espías psíquicos, visualización objetiva y memorias fotográficas (Boureston, s.f.). El ejército ha entrenado a millones de soldados en cómo recordar coordenadas, mapas, etc. Entonces, ¿por qué no lo intentamos? Vamos a utilizar algunas técnicas militares probadas para recordar algunos detalles y ver cómo afecta nuestras habilidades.

Este método te enseñará cómo entrenar tu cerebro para

tener una memoria fotográfica pero también una buena memoria que recuerda muchos detalles útiles. Es un entrenamiento que puedes hacer en casa. Aquí están los pasos que puedes seguir para hacerlo.

Descargo de responsabilidad

Antes de entrar en cómo usar el método militar, es vital que te informemos que este método tomará un tiempo prolongado para desarrollarse; no sucederá de la noche a la mañana. Date al menos un mes para hacer este experimento. Debe practicarse todos los días. Si te saltas un día, entonces puede que tengas que empezar de nuevo. Por lo tanto, es crucial que encuentres tiempo para hacer esto todos los días, así que reserva tiempo en tu horario.

Pasos para promulgar el Método Militar

Los siguientes pasos describen cómo entrenar exitosamente tu memoria utilizando el método militar (Boureston, s.f.).

Paso 1: Encuentra una habitación oscura que no tenga ventanas y donde puedas apagar todas las luces. Necesitas estar en un lugar donde no tengas distracciones. Pero debes tener una lámpara brillante que cuelgue sobre la habitación. Un baño sería un lugar ideal para hacer esto.

Paso 2: Siéntese en una posición donde pueda encender y apagar la luz rápidamente sin tener que levantarse de su asiento. Luego, tome una hoja de papel y corte un agujero rectangular a través de ella que sea del tamaño de un párrafo en un libro.

Paso 3: Toma tu libro o el objeto que estás intentando memorizar y cúbrelo con una hoja de papel que solo te permita ver un párrafo.

Crea una distancia razonable entre tú y el libro para que cuando abras y cierres los ojos, puedas ver y concentrarte en las palabras inmediatamente.

Paso 4: Apaga las luces y permite que tus ojos se acostumbren al entorno oscuro. Luego, enciende la luz durante una fracción de segundo y luego apágala de nuevo. En este punto, tendrás una imagen impresa en tu memoria del material que se colocó frente a tus ojos.

Paso 5: Si la memoria de este texto se desvanece, entonces encienda la luz de nuevo por un nanosegundo y luego vuelva a mirar el texto.

Paso 6: Continúa haciendo esto hasta que puedas recordar todas las palabras del párrafo en la secuencia correcta.

Si estás siguiendo este paso de la manera correcta, serás capaz de visualizar el texto en tu mente y leer todas las imágenes del texto, como si estuvieran justo frente a ti, porque tu memoria ha impreso visualmente estas imágenes en tu mente, de la misma manera que una fotografía.

Practica esto una vez al día durante 15 minutos durante un mes.

Debes ser capaz de comprometerte con esta práctica una vez al día durante un mes. Intenta hacerlo durante 15 minutos al día, y podrás recordar la información de cualquier texto. Será asombroso.

A medida que entrenas tu mente, podrás visualizar diferentes piezas de texto y aplicar este principio a tu vida diaria. Te ayudará mucho más en tu capacidad para hacer todas las cosas de manera efectiva.

Usando el Método Militar para Ayudar con la Memoria—Ejemplo Práctico: Ron White, Dos Veces Campeón de Memoria de USA

En un video de YouTube, Ron White, Campeón de Memoria en Dos Ocasiones, explicó cómo fue entrenado por un ex SEAL de la Marina llamado TC Cummings para ayudarlo a alcanzar la meta que quería lograr (Ron White Memory Expert, 2016). Utilizando cinco técnicas militares diferentes, White pudo alcanzar su objetivo y ganar el campeonato, pero lo logró a través de mucho trabajo duro y dedicación para desarrollar su memoria.

Aunque White no era un Navy SEAL, pudo aprender mucho de lo que los militares estaban haciendo en su entrenamiento, porque le ayudaron a ganar confianza en sí mismo y en sus habilidades para hacer grandes cosas. Aquí hay algunos aspectos destacados que quería destacar mientras estás entrenando al estilo militar tu memoria.

"Cuanto más sudas en tiempos de paz, menos sangras en tiempos de guerra."

Este era un principio que aplicaba a su vida mientras se preparaba para entrenar su memoria porque sabía que debía enfrentarse a circunstancias adversas para alcanzar su objetivo. Cuando estás entrenando para competencias de memoria u otras cosas, es esencial que prepares tu memoria para la guerra, en lugar de para tiempos de paz, porque es probable que tengas que enfrentar experiencias traumáticas en tu vida. Nuestras vidas no son fáciles. Debemos enfrentar algunas realidades duras que impactan quiénes somos como personas. Por lo tanto, es crucial que encontremos formas de entrenarnos en condiciones menos que ideales porque nunca sabes cuándo tu salud empeorará o cuándo te encontrarás con una situación traumática que cambiará tu vida.

White ilustró este punto diciendo que iba a entrenar bajo el agua en clima frío en enero con una baraja de cartas y equipo de buceo. Memorizaba barajas de cartas mientras nadaba bajo el agua. Fue una tarea difícil, pero pudo hacerlo porque estaba enfrentando los elementos, incluso cuando no era durante una “guerra.” Por lo tanto, pudo entrenar mucho mejor que si lo hubiera hecho bajo condiciones normales.

2. Desarrollar una mentalidad positiva: Actitud ganadora.

En segundo lugar, si quieres ser bueno para memorizar algo, ya sea para un examen o una competencia de memoria, debes tener una mentalidad positiva y adoptar una actitud de "ganador" que te permita recordar todas las experiencias que has tenido. Piensa en la competencia de debate del equipo de la escuela secundaria que ganaste, el premio a mejor delegado en la simulación de Naciones Unidas que recibiste, u otros logros que tuviste durante tu infancia y juventud. Y luego, motívate para poder lograr todo lo que te propongas hacer.

3. Establece pequeñas metas para tu memorización.

Si quieres memorizar 20 barajas de cartas al día, hazlo. Empieza por aprender un texto corto un poco cada día, y verás resultados. Por ejemplo, un hombre podía memorizar un capítulo entero de Moby Dick cada día creando un palacio de la memoria y lograba hacerlo muy rápidamente con el tiempo. Pero le costó entrenamiento y trabajo para lograrlo (Vox, 2016).

Paso a paso, podrás lograr la meta que te has propuesto. Pero tendrás que dedicarle tiempo y energía porque nada sucede instantáneamente. Todo requiere cierta cantidad de paciencia y perseverancia para que funcione.

En círculos cristianos o religiosos, memorizar textos sagrados es una práctica importante. Date unos pocos fragmentos o versos para recordar cada día, y verás cuánto puedes aprender y crecer a partir de esta experiencia. Será fantástico.

4. Siempre enfrenta las consecuencias de no alcanzar una meta.

Aunque podamos establecer metas que queramos alcanzar, no siempre las logramos, y cada vez, debemos establecer alguna forma de consecuencia para nosotros mismos, porque eso será una parte esencial de nuestro entrenamiento. Perder es una consecuencia que puede ocurrir, pero tenemos que darnos alguna forma de pequeño castigo, como estar debajo de agua fría durante dos minutos, especialmente si no nos gusta que nos tiren agua fría.

Puede ser fácil intentar ocultarlo y no hacer nada al respecto, pero necesitamos encontrar formas de enfrentar las consecuencias de nuestras acciones porque cada paso que damos tendrá algún resultado tarde o temprano. Por lo tanto, cuanto antes nos acostumbremos a las consecuencias de no alcanzar nuestro objetivo, mejor estaremos.

5. Entrena tu memoria todos los días, incluso cuando no tengas ganas.

El aspecto crítico del entrenamiento es hacerlo todos los días en preparación para un evento, como una gran prueba o una competencia. No puedes dejar de entrenar simplemente porque estás cansado o no te apetece. Esa no es la forma en que funciona. Debes entrenar incluso en los días que no te apetece seguir con ello. Es vital desarrollar la disciplina para hacer las cosas militarmente porque lo harás independientemente de si te sientes bien o no. White tuvo que pasar por esto con su entrenador. Se sentía enfermo y le dijo a su entrenador, Cummings, "TC, estoy enfermo. No puedo venir a entrenar". TC le dijo que tenía que entrenar y que iba a enseñar de todos modos. Incluso estando enfermo, White tuvo que completar su entrenamiento. Solo porque estás enfermo o no te sientes bien no significa que puedas saltarte el entrenamiento. Como mencioné en el punto #1, tienes que "enfrentar la realidad", incluso cuando no te sientas al nivel adecuado sobre algo.

El día de la competencia, White tuvo otro obstáculo aparentemente imposible. No estaba enfermo, pero no estaba en las condiciones adecuadas para tener éxito en la competencia de memoria. En lugar de estar enfermo esta vez, solo había dormido 45 minutos la noche anterior, por lo que había estado despierto toda la noche. La falta de sueño puede representar un gran problema para algunas personas, y claramente, era algo con lo que White luchaba, dado que no había descansado adecuadamente la noche anterior. Pero aquí está la cosa: había entrenado para esto. Había pasado meses preparándose para este momento, y no iba a permitir que la falta de sueño le impidiera alcanzar sus objetivos. Por lo tanto, se lanzó a por él con todo lo que tenía. Y fue increíble ver el resultado final.

Paso 3: Mejorar tu dieta para la memoria fotográfica

Tal vez quieras sumergirte en ese gran filete con papas fritas. Pero antes de hacerlo, tienes que examinar el hecho: la dieta puede influir en nuestro bienestar mental y psicológico en general. Cuanto más comida no saludable comemos, más probabilidades tenemos de desarrollar enfermedades como la demencia a medida que envejecemos ("Mejora tu memoria", 2012).

La carne que quieres morder está rica en grasas saturadas, lo cual puede elevar tus niveles de colesterol y darte niveles de colesterol no saludables. Este colesterol dañino no solo se sabe que daña tu corazón y otros órganos vitales, sino que también puede dañar tu cerebro ("Mejora tu memoria", 2012).

¿Cómo está conectada la memoria a la dieta?

La dieta es un aspecto esencial de lo que consumimos todos los días. Hay algo de verdad en el dicho: "eres lo que comes", porque somos la suma de las cosas que consumimos día a día. Por lo tanto, es crucial que alimentemos nuestras mentes con ideas que sean útiles y beneficiosas para nuestro bienestar general. De lo contrario, terminaremos sintiéndonos débiles y cansados, lo cual no es útil para nuestra salud en general. Las cosas que necesitamos limitar en nuestra dieta incluyen el colesterol, el azúcar en la sangre y los niveles de presión arterial porque son necesarios para proteger nuestra memoria ("Mejora tu Memoria," 2012).

También debemos ser conscientes de abastecernos de grasas saludables, que nos ayudarán a preservar la memoria. Esto incluye las grasas mono y poliinsaturadas, que se encuentran en alimentos como el aceite de oliva, pescado y frutos secos. Estos alimentos también son conocidos por prevenir la demencia del Alzheimer y el deterioro cognitivo leve (DCL), que es un tipo de pérdida de memoria que aparece justo antes de la demencia ("Mejora tu memoria", 2012).

Los alimentos de la dieta mediterránea son especialmente útiles para ayudar con la memoria. Aquí hay algunos ejemplos de ellos: frutas, verduras, granos enteros y aceite de oliva. También, el pescado son buenos alimentos para la memoria. Además, el consumo moderado de alcohol puede ayudar a aumentar los niveles de colesterol saludable de lipoproteínas de alta densidad (HDL) y reducir la resistencia a la insulina de una persona. La resistencia a la insulina puede llevar a la demencia ("Boost Your Memory," 2012.).

Dieta de la Memoria de Ejemplo

Desayuno

- Tostada de grano entero con bayas frescas y almendras; o

- 8 oz. de yogur griego con bayas esparcidas por encima.

Almuerzo

Ensalada griega mediterránea con tiras de pollo a la parrilla; o

Pasta de grano entero con hummus y tomates cherry.

Cena

◯ Salmón al horno con tomates y aceitunas, espinacas, pasas y peras; o

Pollo a la parrilla con ajo y limón, espárragos.

Aunque algunos alimentos han demostrado proteger la memoria, la investigación aún no ha demostrado qué alimentos pueden mejorar nuestras memorias. Sabemos cómo es una dieta saludable para el corazón, pero no sabemos exactamente cómo es una dieta saludable para el cerebro. Sin embargo, los médicos están tratando de encontrar la correlación entre los alimentos para el cerebro y los alimentos saludables para el corazón ("Potencia tu memoria", 2012). Comer dietas saludables para el corazón bajas en grasas saturadas puede ayudar a disminuir el riesgo de diabetes y obesidad, condiciones que se han relacionado con la pérdida de memoria.

Una dieta saludable para el corazón puede ser una dieta saludable para el cerebro.

Aquí hay algunos alimentos que debes considerar añadir a tu dieta para que puedas obtener los beneficios de una dieta saludable para el corazón, lo cual también puede ayudar al desarrollo de tu cerebro.

Frutas y verduras

● Alimentos integrales y pasta

● Frijoles y nueces

Aceite de oliva virgen extra (AOVE)

● Cantidades limitadas de carne roja

● Consumo moderado de alcohol (cerveza o vino)

Las dietas han demostrado afectar significativamente nuestra capacidad de llevar a cabo diferentes tareas cognitivas. Por lo tanto, es crucial que encontremos formas de mejorar nuestra dieta, ya que eso afectará cómo comemos, cómo vivimos nuestras vidas y cómo obtenemos la nutrición adecuada que es necesaria para llevar un estilo de vida más saludable. Ir a McDonald's cada semana puede parecer una tentación con la que muchos de nosotros nos enfrentamos, y es posible que no pensemos mucho en las consecuencias de nuestras acciones. Sin embargo, es cierto que una dieta rica en grasas y aceites insaturados poco saludables no ayudará a nuestra mente a pensar con más claridad o eficiencia. En consecuencia, nuestro pensamiento puede verse afectado por ello. Pero cuando comemos de manera saludable, todo nuestro cuerpo puede sentir la diferencia, incluido nuestro cerebro. Más sangre puede fluir hacia el cerebro, dándole más energía y sustento, lo cual es necesario para sentirnos en nuestro mejor estado. Ya no más intentar enmascarar todo con cafeína y subidas de azúcar, lo que puede llevarnos a desplomarnos. Si adoptamos una dieta saludable, podremos desempeñarnos mucho mejor y obtener los resultados que deseamos en nuestra vida. Y nuestra memoria mejorará porque estamos cuidando de nuestros cuerpos al obtener la nutrición adecuada. Sé que es tentador intentar simplemente agarrar una comida por conveniencia, especialmente cuando estamos súper abrumados con cosas por hacer. Pero debemos tener en cuenta que nuestras vidas dependen de un cierto nivel de autocuidado que nos permita hacer todas las cosas que queremos hacer por nosotros mismos y mantener nuestros cuerpos en óptima forma.

Los alimentos y bebidas que recomendamos que pruebes para tener una memoria mejor

Puede que te estés preguntando, "¿qué tipo de cosas puedo comer para mejorar mi memoria y estar al día con las diversas cosas que debo hacer?" Tenemos algunas ideas para ti aquí.

Café

Muchos de nosotros dependemos de nuestro café de la mañana para pasar el día. Si eres una de esas personas, debes saber que el café es muy bueno para ti. Los dos aspectos principales del café, la cafeína y los antioxidantes, son beneficiosos para tu cerebro. Además, la cafeína en el café puede ayudarnos de varias maneras, como hacernos más alerta al bloquear la adenosina, que es un químico que nos hace somnolientos. Además, el café libera químicos que nos hacen sentir bien, como la serotonina. También permite a una persona concentrarse más en lo que está haciendo en ese momento. Además, si bebes café durante un largo período, reduces tu riesgo de enfermedad de Parkinson y Alzheimer (Jennings, 2017). ¿Suena como un gran plan para tomar tu próxima taza de café, verdad?

El café es una de las mejores creaciones en el planeta. Tomar café también ayuda a tu sistema digestivo a procesar diversos alimentos. Puede ayudarnos a recordar las cosas más claramente, porque podemos enfocarnos en lo que es importante para nosotros. Por otro lado, también es importante vigilar que nuestro consumo de café no se salga de control. La moderación siempre es la mejor manera de avanzar.

Cúrcuma

La especia amarilla que se encuentra en el curry tiene muchos beneficios para el cerebro. La cúrcuma puede ingresar directamente al cerebro y hacer cosas buenas para nuestras células cerebrales. Tiene un fuerte antioxidante; del cual los pacientes con Alzheimer pueden beneficiarse. Además, ayuda con la depresión, para que no te sientas demasiado abatido durante el día. También fomenta el crecimiento celular, lo que ayuda con la memoria en las personas mayores. Si quieres beneficiarte del uso de la cúrcuma, debes agregarla a diferentes platos o hacer té de cúrcuma (Jennings, 2017).

Brócoli

¿Alguna vez has pensado que el brócoli podría ser muy bueno para ti? Bueno, lo es. Está lleno de antioxidantes. El brócoli tiene un alto contenido de vitamina K, que se ha vinculado a tener una mejor memoria. También tiene compuestos que pueden ayudar a proteger el cerebro del daño con el tiempo (Jennings, 2017).

Chocolate negro

El chocolate negro y el cacao en polvo contienen una gran cantidad de compuestos, incluyendo antioxidantes y cafeína, que mejoran la función de tu memoria. Contiene flavonoides, que ayudan al cerebro a aprender y memorizar diferentes piezas de información. En un estudio, los investigadores demostraron que estos compuestos podrían ayudar con el deterioro mental en personas mayores. El chocolate también mejora nuestro estado de ánimo, porque provoca sentimientos positivos. No está claro por qué hace feliz a la gente, pero tal vez tenga que ver con el delicioso sabor (Jennings, 2017).

Naranjas

Las naranjas tienen mucho vitamina C, la cual ofrece muchos beneficios para la salud, incluyendo prevenir el deterioro mental en la vejez. Cuando consumimos suficientes alimentos que contienen vitamina C, también podemos protegernos contra la enfermedad de Alzheimer. La vitamina C ayuda en la mejora de la salud general de nuestro cerebro (Jennings, 2017).

Huevos

Los huevos contienen varios nutrientes que ayudan a fortalecer nuestro cerebro, incluyendo colina, que ayuda con la regulación del estado de ánimo y la memoria. Dos estudios han demostrado que las personas que consumen más colina tienen una memoria mejorada y un funcionamiento cognitivo más alto (Jennings, 2017). Obtener tu dosis de colina puede ser tan simple como comer la yema del huevo, donde puedes encontrar la mayoría de los nutrientes beneficiosos.

Té verde

Similar al café, el té verde también tiene cafeína, que mejora la alerta, el funcionamiento cognitivo y la memoria de las personas. Además, les permite concentrarse mejor en las tareas que tienen que hacer. Uno de los químicos que se encuentra en el té verde es L-teanina, que te hace sentir menos ansioso y más relajado (Jennings, 2017).

Prueba dietas que incluyan más grasa y menos carbohidratos.

Hay muchos planes de dieta por ahí, y no todos son útiles, pero si quieres, puedes probar un plan de dieta que te ayudará a alcanzar tus objetivos de pérdida de peso. Por ejemplo, podrías probar la dieta Keto, que es rica en grasas y proteínas pero baja en carbohidratos y azúcar. Los carbohidratos y el azúcar nos pueden dar energía por períodos cortos, pero luego nos agotan de energía y nos hacen caer en una somnolencia profunda, lo que nos dificulta concentrarnos. Cuanto más comemos estos alimentos, es más probable que experimentemos aumento de peso y otros efectos no deseados. Además, queremos comer alimentos que nos den energía durante todo el día y no nos hagan colapsar. Además, cuando puedes proporcionar a tu cuerpo más grasa, puedes almacenar esa energía e incorporar el ayuno intermitente a tu rutina.

Ayuno intermitente

La integración del ayuno en tu dieta es una forma en que puedes mejorar tu rendimiento cognitivo, ya que puedes concentrarte más en tus estudios, y es fácil de implementar en tu estilo de vida. Si adoptas una dieta que te pueda llevar por horas, te ayudará a poder empezar el ayuno intermitente, que ha demostrado tener beneficios para la salud. Pruébalo. Verás que puedes desarrollar energía y resistencia al hacer ayuno intermitente, y también puedes potenciar tu rendimiento cognitivo.

Beber moderadamente para recordar más

El alcohol ha demostrado ayudarnos a olvidar los momentos difíciles y recordar más de los buenos tiempos. Afecta a un gen llamado receptor D2-like, que registra la memoria y la codifica como agradable o desagradable. El alcohol puede hacernos olvidar los momentos incómodos en nuestras vidas y produce un mecanismo de recompensa que podemos experimentar cada vez que bebemos. Sin embargo, también puede hacer que olvidemos las cosas fácilmente (Kekatos, 2018).

Muchas personas, especialmente jóvenes y adultos jóvenes, son propensos a abusar del alcohol de manera destructiva para su salud y memoria. No solo el consumo excesivo de alcohol provoca problemas para controlar el comportamiento y pasar un mal rato en el bar, sino que también causa problemas para la retención de la memoria, lo que hace cada vez más difícil recordar cosas de nuestro pasado. Puede hacer que una persona sea especialmente olvidadiza y pierda la memoria. Piénsalo. Cuando una persona bebe en exceso, es poco probable que pueda recordar lo que sucedió la noche anterior, porque el efecto del alcohol provoca problemas para recordar eventos. Beber en exceso es probable que afecte el funcionamiento cognitivo por un tiempo después de beber en exceso, lo que puede dificultar funcionar al día siguiente y poder hacer todas las actividades que te propusiste hacer.

Estudio de caso

John se dio cuenta de que su dieta no estaba ayudando a su salud en general. Comía fuera todo el tiempo y no controlaba las calorías que estaba consumiendo. En consecuencia, sentía que estaba ganando peso todo el tiempo y no podía controlarlo. John sabía que sus hábitos eran poco saludables, pero no quería hacer nada al respecto. Entonces, un día, recibió el diagnóstico: diabetes. Se sorprendió por este descubrimiento y sintió que tenía que hacer algo al respecto. Su médico y nutricionista le dieron algunas herramientas para volver al camino correcto. Escogió una dieta constante de frutas, verduras y proteínas, que le ayudarían a mantener un peso saludable. Adicionalmente, consumiría más grasas y menos carbohidratos. Después de algunas semanas, John notó que sus niveles de energía eran más altos. También podía recordar mejor detalles de su vida. No sentía que estaba perdiendo la razón. Tenía una mejor memoria, lo que le servía bien en su trabajo como asistente de ventas.

Paso 4: Dormir por la memoria.

El estadounidense promedio está viviendo su vida en privación crónica de sueño. Estamos viviendo una vida de exceso de trabajo. Nuestras vidas van pasando realmente rápido. Estamos trabajando más duro que nunca, tomando menos tiempo de vacaciones que antes, y tratando de ganar más dinero que antes. Y todo parece ser un esfuerzo para querer ser más próspero. Pero ¿qué tal si te dijera que el secreto para vivir una vida más feliz radica en dormir más y consumir menos cafeína y café, que mantienen tu mente y cuerpo despiertos a todas horas de la noche? En este capítulo, vamos a analizar cómo dormir bien te ayudará a desarrollar una mejor memoria, una memoria fotográfica.

Por qué es importante dormir bien.

Pasamos más de un tercio de nuestras vidas durmiendo. Es posible que no pensemos a menudo en por qué dormimos, pero vemos la manifestación externa de los beneficios de dormir. Nos sentimos más enérgicos y alerta y podemos concentrarnos mejor en las tareas que estamos realizando. Sin dormir, nuestras funciones cognitivas sufren y rendimos menos bien ("¿Por qué dormimos?", s.f.).

Para que podamos apreciar completamente el sueño, debemos reconocer que el sueño es una función vital de nuestros cuerpos. Deberíamos considerarlo tan importante como comer. Sabemos que necesitamos alimentos y nutrientes para sobrevivir. No hay forma de vivir nuestras vidas sin ello. Nos ayuda a crecer, desarrollarnos, reparar tejidos rotos y funcionar bien. Es un proceso físico que requiere que ingiramos las cosas que necesitamos para seguir adelante cada día. Pero es posible que estés pensando, "dormir simplemente no es tan importante como comer". Pero es una parte vital de nuestros procesos corporales.

Un buen sueño nos lleva a un lugar de restauración física y mental de todas las cosas que están afectando a nuestros cerebros y causando que se cansen, se sobrecarguen, entre otras cosas. El sueño permite que nuestras funciones corporales internas se ralenticen, mientras nuestro cuerpo descansa y se recupera de diferentes factores estresantes y situaciones que pueden causar estragos en él. En nuestro mundo moderno, ponemos tanta presión en nuestro cuerpo para hacer cosas que solo puede hacer bien si duerme bien por la noche. Seguimos sin dormir y tratamos de funcionar sin demasiado de él, lo cual provoca ansiedad, depresión y otras afecciones de salud mental. También nos lleva a estar más cansados e incapaces de realizar cognitivamente las tareas que debemos hacer durante nuestro día.

Las teorías detrás del sueño

Aunque se sabe mucho sobre los beneficios inherentes para la salud del sueño, se ha entendido poco acerca de por qué dormimos, pero existen algunas teorías. Una de ellas es la teoría de la inactividad, que proviene de un instinto evolutivo donde los animales dormirían para permanecer inmóviles en la naturaleza y protegerse de los depredadores durante el día ("¿Por qué dormimos?", s.f.).

Otra teoría habla de cómo las personas pueden conservar energía y reducir el consumo de energía para que puedan ser guardadas para otro día. Sin embargo, otra habla de cómo nuestro cuerpo necesita restaurar ciertos aspectos de lo que se pierde durante el día. Cuando estamos despiertos, las neuronas en el cerebro pueden producir adenosina, lo que puede llevar a sentir fatiga. Este sentimiento se bloquea cuando consumimos cafeína y nos mantenemos alerta. Cuando estamos despiertos, esta hormona continúa acumulándose en nuestro cerebro y permanece alta hasta que se elimina durante el sueño. Cuando dormimos, nuestro cuerpo puede eliminar la adenosina de la mente. Esto nos permite sentirnos mucho mejor al día siguiente cuando nos despertamos a primera hora de la mañana. Nuestra mente y cuerpo se sienten refrescados por los efectos del sueño ("Why Do We Sleep," s.f.).

Dormir es vital para nuestro bienestar porque no podríamos funcionar sin él. Si dejáramos de dormir y no tuviéramos un descanso adecuado cada noche, dejaríamos de trabajar bien con el tiempo. Con el transcurso del tiempo, nos volveremos más fatigados y eventualmente nos desgastaremos y nos quemaremos. Los peores escenarios de privación de sueño incluyen la enfermedad y el agotamiento. Estos requieren una recuperación continua de los períodos intensivos que causan la privación de sueño, y puede ser extremadamente perjudicial para nuestro bienestar general no dormir lo suficiente.

¿Qué hace el sueño por la memoria?

Además de su necesidad para que nuestro cuerpo funcione correctamente, el sueño funciona de manera significativa para ayudar a nuestras memorias mientras descansamos nuestros cerebros por la noche. La investigación ha demostrado que el sueño puede ayudar a una persona a aprender y retener cosas en su memoria de manera efectiva. Cuando una persona tiene privación de sueño, no podrá aprender eficientemente y será propensa a olvidar cosas. Además, el sueño es responsable de la consolidación de la memoria, lo que permite a una persona aprender nueva información ("¿Por qué dormimos?", s.f.).

Para que la memoria de una persona funcione correctamente, se deben seguir diferentes pasos. Primero, el cerebro debe adquirir nueva información. Luego, debe consolidar los datos durante los cuales la memoria puede volverse estable. Finalmente, el cerebro debe poder recordar los datos después de que hayan sido almacenados en el cerebro de una persona. Podemos adquirir y recordar las diferentes partes de las cosas en nuestro estado de vigilia. Pero los estudios han demostrado que el sueño es el estado en el que ocurre la consolidación de la memoria ("Why Do We Sleep," s.f.).

Lo que debemos comprender es que nuestros recuerdos se afianzan en nosotros mientras dormimos. Siempre que estudiamos para un examen, confiamos en el almacenamiento de esos recuerdos en nuestro cerebro para poder acceder rápidamente a la información cuando estamos despiertos y tomando el examen. Esto se hace principalmente de manera inconsciente sin que seamos conscientes de ello. Hay mucha sabiduría en descansar adecuadamente antes de hacer algo importante como una presentación, un examen o una competencia. Si no descansamos bien, no podremos rendir bien en estos eventos. Eso no significa que sea imposible rendir bien si no descansamos adecuadamente antes del evento. Pero simplemente obstaculiza cognitivamente a nuestros cerebros en su capacidad para hacer las cosas bien. Cualquiera puede atiborrar una gran cantidad de información en su cerebro la noche anterior a un gran examen y esperar obtener un buen resultado en el examen. La memoria a corto plazo es más fácil de acceder, ya que podemos recordar cosas que acabamos de ver, pero es muy probable que olvidemos por completo la información que hemos atiborrado justo después del examen. Por lo tanto, el método de atiborramiento es muy ineficiente y no permite a las personas obtener los resultados correctos para su memoria. En cambio, divide nuestro conocimiento en fragmentos y lo hace mucho más fácil de olvidar.

Ejemplo de Corea: Escuelas de refuerzo, memorización mecánica y la falta de sueño.

Eres transportado a la moderna ciudad de Seúl, Corea. Es una ciudad hermosa y metrópoli que se asemeja a la ciudad de Nueva York. Muchas personas residen en esta área, al menos 10 millones de personas. Ve a un lugar llamado Gangnam, donde podrías ver un montón de BMW o Rolls Royce pasando. Salir aquí por la noche puede costarte 100,000 won ($100 USD) porque estás en la zona lujosa de Seúl. Ahora, ve a un lugar llamado Daechi-dong en Seúl, donde hay cientos de escuelas de inglés en la zona llenas de estudiantes, quienes están estudiando para los exámenes coreanos SAT, TOEFL y TOEIC. Bienvenido a la cultura de la educación en inglés de Corea, un lugar donde muchas personas estudian intensamente inglés, pero espera, ¿realmente están aprendiendo inglés o solo memorizando?

Si vas a una academia de inglés (o en coreano: hagwon), encontrarás miles de estudiantes estudiando intensamente para sus exámenes y memorizando listas de cientos de palabras de vocabulario. Los profesores de inglés coreanos les dan a sus estudiantes 50 palabras por día para estudiar. En otros días, estudian 100 palabras al día o incluso 500 palabras a la semana. Estudian arduamente y memorizan palabras en inglés y coreano. Abundan las pruebas diarias de palabras, y los estudiantes están continuamente estudiando intensamente y tratando de grabar la información en sus mentes, sin mucho éxito debido a que sus cerebros adolescentes aún se están desarrollando y solo están afianzando conocimientos fragmentados. La verdad es que este método es ineficiente para ayudar en el desarrollo cognitivo de los adolescentes, ya que atraviesan por un periodo de adolescencia y adultez temprana. Los niños y adolescentes se ven afectados por un periodo de angustia intensa al estudiar inglés porque están utilizando un método de memorización mecánica.

Además, los estudiantes en Corea no están durmiendo lo suficiente. Están durmiendo mucho menos cada noche. Están durmiendo 4-5 horas. Van a la escuela desde la madrugada hasta las 3 o 4 de la tarde. Luego, típicamente van a una academia de inglés por separado de 4 pm a 10 pm y continúan estudiando hasta la 1 o 2 de la madrugada, momento en el que finalmente se van a dormir por la noche. Esta es la vida típica de un adolescente coreano, "estudiando" inglés todo el tiempo, y sin dormir. Hay consecuencias graves para la salud mental de los adolescentes coreanos, ya que sufren y no duermen casi nada. Las repercusiones son importantes. Incluso después de estudiar tanto, cerca de 14 horas al día, los estudiantes no pueden retener la información que se les da. Olvidan todo después del examen. Después de todo el estudio, solo les queda un poco más que un resultado de examen para mostrar por sus cientos de horas de estudio cada mes. La industria de las escuelas de "cram" es un negocio lucrativo debido a la naturaleza explotadora tanto de los profesores como de los estudiantes.

¿Qué nos enseña Corea sobre el sueño? Las enormes cantidades de privación del sueño en Corea deberían indicar que el sueño es crucial para el éxito académico. Sin embargo, también muestra que a pesar de que los estudiantes se centran intensamente en los exámenes y pueden ser en última instancia exitosos al obtener el resultado del examen estudiando interminablemente a todas horas, su desarrollo cognitivo se ve severamente afectado, porque están empacando grandes cantidades de información en un corto período de tiempo. Realmente no están aprendiendo la información, aunque constantemente están bombardeados con ella. En consecuencia, no son capaces de procesar completamente todo lo que están estudiando porque su cerebro no tiene tiempo para procesar la información que tienen de manera visible. Pero una de las razones clave es que no están durmiendo en el proceso, por lo que sus cuerpos se desgastan y se vuelven muy insalubres. No tienen un cerebro adecuadamente desarrollado, lo que hace que sea mucho más difícil para ellos aprender cualquier cosa, y mucho menos inglés.

La privación del sueño tiene consecuencias graves para nuestra memoria.

Ahora, debemos ser conscientes de que la privación del sueño tendrá consecuencias graves en el desarrollo de nuestra memoria. Si pasamos sin dormir diariamente, perderemos nuestros recuerdos, y puede ser difícil recuperarse por completo de estos períodos de nuestras vidas. El descanso tiene un poder restaurador que nos permite funcionar plenamente y recuperarnos de diferentes situaciones en nuestras vidas que causan pérdida de energía. Sin embargo, debemos encontrar maneras de recuperar nuestro sueño porque nuestros cuerpos lo necesitan. Nuestra memoria también lo necesita, porque, para recuperar los recuerdos que están almacenados en lo más profundo de nosotros, debemos dormir y descansar nuestras mentes. Nuestros sueños demuestran mucho de lo que nuestra conciencia puede consolidar, así que mientras más soñemos, más podremos ver que nuestros cuerpos se están restaurando y llenando nuestros recuerdos con información que se puede almacenar por el resto de nuestras vidas.

¡Cómo mejorar tu memoria y permitirte recordar: ¡Dormir!

Entonces, ¿cuál es nuestra recomendación sobre cómo puedes recuperar tu memoria? ¡Dormir! En serio, ve a dormir ahora. Si te quedas despierto hasta tarde, no lo hagas. Trata de acostarte más temprano. No te permitas consumir cafeína y mantenerte despierto a todas horas sin descanso. Descansa tu mente y no hagas nada que requiera demasiado esfuerzo. El descanso está subestimado en esta economía. Todo parece ser sobre la productividad y cuánto trabajo puedes producir para tu empleador. Pero debemos ser conscientes de que no podemos operar de esta manera. Nuestros cerebros no están diseñados para operar de esta manera. Necesitan dormir para funcionar adecuadamente, así que dormir lo suficiente por la noche te ayudará a recordar cosas. Si te estás apoyando constantemente en la cafeína para pasar el día, te estás perdiendo de dormir tus horas todas las noches y solo consigues 4-5 horas de sueño, y entras a la oficina con un galón de tu café con un extra de espresso. Pero este no es la forma de vivir tu vida. Deberías obtener tu dosis diaria de sueño porque eso hará toda la diferencia en cómo puedes vivir una vida mejor y tener un mejor equilibrio entre trabajo y vida personal. Pero también es la clave para desbloquear tu memoria, porque, mientras más descanses, más tu cerebro será capaz de consolidar y almacenar el conocimiento que recopila diariamente, lo que nos hace soñar por la noche. ¿No quieres tener más sueños por la noche? Te ayudará mucho en tu vida.

Estudio de caso

Jane era una estudiante concienzuda, aunque no siempre sabía cómo estudiar. Su vida estaba llena de empollar para los exámenes y a menudo se quedaba despierta hasta las 3 am para hacer su trabajo. Desafortunadamente, no sabía cómo administrar bien su tiempo, así que terminó teniendo muchos problemas de concentración en la escuela. Cuando llegaba a clase, estaba exhausta y no podía escuchar al profesor. Ella intentaba tomar notas sin pensar, pero todo lo que quería era apoyar la cabeza y dormir. Sus profesores notaron que estaba teniendo problemas y querían ayudarla. Un profesor le dijo: "Jane, necesitas dormir por la noche. Puedo ver que no duermes mucho y eso afecta tu capacidad para concentrarte en mi clase. Necesitas adoptar una hora de dormir normal y seguirla religiosamente". Jane no se dio cuenta de que lo que había estado haciendo afectaba cómo podía hacer sus tareas. Aunque Jane intentó estudiar mucho por la noche, terminaba desmayándose por el estrés de todo. Comenzó a hacer lo que su profesor le había dicho y, después de uno o dos meses, pudo concentrarse en clase. Ya no se quedaba dormida en clase como solía hacerlo. Además, pudo obtener mejores calificaciones en sus exámenes, porque podía recordar lo que había estudiado la noche anterior. Eso la ayudó mucho.

Paso 5: Usa dispositivos mnemotécnicos para recordar casi cualquier cosa.

En este capítulo, discutiré cómo podemos recordar casi cualquier cosa usando dispositivos mnemotécnicos, los cuales pueden facilitar una mejor memoria.

Nuestros recuerdos están destinados a ser moldeados por las asociaciones de palabras que formamos con ellos. Tenemos que desarrollar significado construyendo imágenes que estén conectadas por alguna idea. Una forma en que podemos hacer esto es a través del uso de dispositivos mnemotécnicos para recordar cosas en nuestras vidas. A menudo, no recordamos las cosas, porque no entendemos cómo entrenar nuestras mentes para recordar. En consecuencia, olvidamos cosas e intentamos depender de la memorización mecánica. Pero como hemos aprendido, este método es ineficaz y estéril. Lo que necesitamos enfocarnos es en cómo podemos aplicar conceptos de memoria a nuestras vidas y poner en práctica nuevas ideas.

Los dispositivos mnemotécnicos son algo que se ha utilizado desde hace mucho tiempo. Mnemónico proviene de la palabra griega, mnemonikos, que significa "ser consciente" ("Mnemónico," s.f.). Los dispositivos mnemotécnicos permiten a una persona recordar mejor algo. Te permite codificar algo en tu memoria para que puedas recordar las cosas cuando lo necesites. Los dispositivos mnemotécnicos se han utilizado desde los tiempos de los antiguos griegos, y les permitieron a las personas tener mejores memorias.

Aquí hay algunos ejemplos de dispositivos mnemotécnicos:

El Método de Loci

El método de Loci es una técnica en la que te imaginas a ti mismo en un lugar familiar, como tu casa o un parque. Es similar a la idea del palacio de la memoria. Y luego usas los lugares habituales para almacenar tus recuerdos. Lees una lista de palabras o conceptos que requieren memorización y luego colocas cada una de esas palabras en las ubicaciones de tu lugar familiar. Te ayudará a memorizar casi cualquier cosa. Luego, podrás volver a través de esta información en el futuro ("Dispositivos de Memoria y Mnemotécnicos," s.f.). Es una idea fantástica.

Acrónimos

Las personas han estado usando acrónimos durante mucho tiempo para recordar diferentes conceptos. Piensa en tu clase de álgebra de la secundaria, donde tenías que recordar PEMDAS para el orden de operaciones. Entonces, cada vez, pasarías por él y dirías que el orden de operaciones en un problema de matemáticas era: Paréntesis, Exponentes, Multiplicación, División, Suma y Resta. Estoy seguro de que después de esa clase de álgebra de la secundaria, nunca has olvidado cómo hacer esas operaciones. Es probable que puedas resolver un problema aritmético simple basándote en esta estrategia, también. A veces, puedes recordar el nombre de una persona simplemente escribiendo palabras diferentes para describir a esa persona. Por ejemplo, toma el caso de una persona llamada Daniel, podrías construir un significado para ese nombre simplemente escribiendo un poema acróstico sobre esa persona.

• Atrevido

• Increíble

● Navegacional

● Intelligente

• Expresivo

● Orientado al lenguaje

Cada una de estas cualidades describe a una persona en específico en mi mente, quien también es un buen amigo mío llamado Daniel. Si uso este mismo acrónimo, podré recordar su nombre sin ningún problema. Es mejor que la memorización mecánica y también me permite recordar aspectos de las personas de una manera que me ayuda a conocerlas mejor.

Creando una Clase de Memoria (Para Maestros)

Para los maestros, siempre hay una ansiedad constante en torno a los nombres de los estudiantes en un salón de clases. Los maestros que trabajan en entornos multiculturales también pueden encontrar que aprender los nombres es bastante complicado y difícil de manejar. ¡Pero no te preocupes! ¡Tú puedes hacerlo! Recordar los nombres en un salón de clases puede ser divertido y emocionante. Una forma es visualizar dónde está cada estudiante en el salón e identificar dónde se encuentran. El uso de un diagrama de asientos puede ayudar con este proceso, ya que podemos visualizar dónde están sentados los estudiantes en un salón de clases en cualquier momento dado. El dispositivo de un diagrama de asientos puede ayudar a las personas a recordar los nombres muy rápidamente y puede aportar una dimensión espacial específica al aprendizaje y memorización de los nombres de diferentes estudiantes.

En diferentes culturas: Utilizar nombres en inglés

Los profesores de inglés en Corea son conocidos por dar a sus estudiantes nombres en inglés porque no pueden pronunciar correctamente los nombres coreanos debido a lo increíblemente complicados que son. Este método es particularmente útil para los profesores de inglés que trabajan en universidades coreanas, donde normalmente se enseña entre 100 y 150 estudiantes por semana en clases y tienen muchas formas diferentes de recordar los nombres. Esta es una de las maneras de ayudar a una persona a recordar cien nombres de memoria. O mejor aún, también podrías usar un diagrama de asientos y utilizar nombres en inglés para algunas clases, mientras que conservas los nombres coreanos para otros cursos. Eso también ayuda. De cualquier manera, te permite desarrollar un fuerte sentido de comprensión sobre cómo hacer las asociaciones. Otra cosa que un maestro puede hacer es permitir a los estudiantes escribir sus acrósticos, lo que te permitirá entender los diferentes aspectos de las personalidades de los estudiantes.

Rimas

Otro dispositivo mnemotécnico que las personas pueden usar es el concepto de rima, que ayuda a los estudiantes a memorizar largas listas. Es comúnmente conocido que Shakespeare utilizaba el verso blanco y el pentámetro yambo con rima para que sus líneas fueran más fáciles de recordar. Por lo tanto, citar a Shakespeare debería ser factible para la mayoría de las personas en diferentes capacidades. Hay varias formas de rimas que usamos todo el tiempo para intentar recordar cosas. Veamos varios ejemplos comunes de esto.

En mil cuatrocientos noventa y dos, Colón navegó por el Océano Azul.

Todo está bien cuando termina bien.

● Cielo rojo por la mañana, advertencia de pastor.

La poesía, que está destinada a ser leída en voz alta, a menudo incluye un componente de rimas, porque el sonido de rimas finales similares permite a las personas recordar las palabras del verso con mayor claridad y eficiencia. Esto también hace que recitar poesía de memoria sea una forma particularmente útil de memorizar.

¿Cómo memorizas ese largo poema? Crea una imagen de él en tu mente.

¿Alguna vez te has preguntado cómo la gente memoriza poemas largos que tienen tantas palabras? Bueno, no sucede simplemente mirando una página durante mucho tiempo. No, recordar requiere una forma única de visualizar cómo suceden las cosas en la página. Cuando aprendes un poema de memoria, memorizas las vistas y sonidos que se desprenden de la página. Percibes los cinco sentidos y entonces puedes hacerlo bien. Una forma de hacer esto es imaginar la imagen que quieres estudiar utilizando los cinco sentidos. Por ejemplo, si estás estudiando un poema sobre la nieve, entonces puedes visualizar cómo sabe, se ve, huele, se siente y suena la nieve. Piensa en todas esas cosas y construye la imagen en tu mente.

Una vez que hayas estudiado las imágenes y las hayas hecho reales en tu mente, entonces puedes comenzar a memorizar el poema. Nuevamente, la estrategia no es la memorización mecánica; en cambio, es crear la imagen, para que sea una imagen real para ti. Si no puedes visualizarlo en tu mente, entonces no hay forma de que lo puedas recordar. Simplemente lo olvidarás. Desafortunadamente, esta es la forma en la que la mayoría de las personas operan. Se quedan mirando un texto durante mucho tiempo y luego intentan reproducirlo en un examen. Pero luego, olvidan todo. Es como si la memoria nunca se formara en sus mentes, y todo es porque nunca hubo una imagen tangible en primer lugar.

Estudio de caso

Jeremy disfrutaba leyendo poesía en casa. Quería aprender a memorizar varios poemas, porque quería actuar en la próxima competencia de poesía en la escuela. Así que trabajó con todas sus fuerzas en memorizar "El bandolero" de Alfred Noyes. Este era uno de sus poemas favoritos de la secundaria y quería desafiarse a sí mismo a recordar todo el poema mientras participaba en la competencia. Fue capaz de recordar mucho del poema simplemente recordando los sonidos de las palabras onomatopéyicas que pronunciaba en voz alta, mientras practicaba. Aquí tienes un ejemplo de una sección que pudo memorizar perfectamente:

El bandolero vino cabalgando—Cabalgando—cabalgando— Los casacas rojas verificaron su carga! Ella se puso de pie, firme y quieta. (Noyes, s.f.)

Mientras memorizaba estas líneas, comenzó a visualizar todo desde esta escena y recorrió todo el poema. Luego, pudo recrear gráficamente la imagen, mientras leía el poema. Finalmente, pudo recitar todo el poema sin mirar las palabras. Durante la competencia de poesía, recitó todo el poema de memoria y recibió un aplauso atronador.

Cómo memorizar líneas para la próxima obra de teatro del pueblo.

¿Alguna vez te has preguntado cómo los actores pueden memorizar líneas de manera eficiente? Recuerda a Linus en Charlie Brown Christmas: "No puedo memorizar estas líneas tan rápido. ¡¿Por qué tengo que pasar por tanto agonía?!" (Tracy Stratford, s.f.). Puede parecer perturbador intentar memorizar líneas para una obra de teatro o una película, pero en realidad, es bastante simple y fácil de hacer. Aprender líneas es algo que se puede hacer rápidamente y de manera fluida, dependiendo de cómo lo hagas. Pero necesitas crear algunas mnemotécnicas para ello, y luego estás listo para empezar. A menudo, los actores visualizan el papel que están a punto de encarnar, y luego lo hacen. Es asombroso cómo pueden lograrlo tan bien. Ayuda que los actores realmente puedan "convertirse" en los roles que están leyendo de un guión. Todo comienza con la lectura, pero luego, cuando actúas en el escenario o en la pantalla, creas el personaje, lo que ayuda a los actores a recordar. Es una experiencia de cuerpo completo, en la que todo es mnemotécnico en diseño para que los actores puedan recordar fácilmente las líneas del guion e encarnar a los personajes que nacieron para interpretar.

Estudio de caso: Jemima

Jemima era una friki del teatro. Le encantaba poner un espectáculo para la gente. Pero su memoria estaba llena de agujeros que le resultaba difícil memorizar sus líneas en las obras. Ella se esforzaba, y se esforzaba, y se esforzaba todo el día para estar en la obra. Debido a que su memoria era bastante irregular, los directores no querían darle partes críticas de una obra.

Por consiguiente, siempre recibía los papeles de apoyo y a veces incluso los papeles extra. Fue bastante horrible. Se sentía mal. Jemima quería mejorar su memoria, así que necesitaba entrenarse para desarrollar su memoria y poder conseguir un papel principal en una obra local. Después de un tiempo, Jemima comenzó a memorizar dispositivos mnemotécnicos, lo cual le permitió recordar la información de manera efectiva. Integró los mnemotécnicos en su rutina diaria para recordar fácilmente sus líneas en la obra. Cuando llegó a la próxima audición, lo logró. Recordaba completamente todas sus líneas con éxito. Fue un día fantástico, ya que se sentía lo suficientemente segura como para poder decir las líneas hacia atrás debido a sus estudios intensivos la semana anterior a la audición. Fue una historia fantástica.

Agrupamiento y Organización

Otra forma en que podemos recordar información, como números de teléfono, es agrupando y ordenando los datos en "trozos", lo que hace más fácil recordarlo. Hacemos esto todo el tiempo para poder retener nuestro número de teléfono. Decimos cosas en grupos de tres o cuatro para poder recordarlo mejor. Los diez dígitos se dividen en tres partes, lo que permite a las personas reconocer la información rápidamente. Nuestros cerebros están diseñados para recordar las cosas en pequeños trozos, no en grandes cantidades. Además, cuanto más alimentamos nuestras mentes con información en fragmentos, más probable es que podamos retener las cosas en lo alto de nuestras mentes. Nuestra memoria a corto plazo está limitada a siete elementos de información, y a medida que depositamos todo en diferentes agrupaciones, nuestro cerebro tendrá una recuperación más rápida y efectiva de los datos ("Memory and Mnemonic Devices," 2018).

Otra forma de recordar es usar el método de organización para clasificar toda la información en categorías individuales, lo que nos permite recordar todos los detalles. Esta es una forma particularmente útil de hacerlo. Cuando puedes categorizar los datos, entonces puedes colocarlos en diferentes lugares para que puedas hacer todas las cosas que deseas hacer con los datos. Luego, puedes dividirlos en listas que harán que sea más fácil recordar todo.

Estudio de caso: Jason

A Jason le encantaba usar su imaginación. Tenía una habilidad única para hacer las cosas creativas, incluyendo memorizar historias. Cuando era joven, le encantaba memorizar historias de libros como la Biblia y el Corán. Tenía una orientación espiritual y quería hacer lo mejor posible para descubrir diferentes religiones. La técnica que usaba para ayudarlo a memorizar era agrupar varios textos juntos y luego memorizar cada parte de la historia. En lugar de mirar fijamente un texto durante un cierto período de tiempo, elegía memorizarlo por partes. Lo que hacía era tomar una historia y dividirla en secciones que pudiera memorizar rápidamente. Escribía una de las historias religiosas, luego cortaba el papel en pedazos y luego trataba de volver a unir todo en orden. Al hacer esto usando la repetición, eventualmente pudo recordar toda la historia. Fue una hazaña increíble de la imaginación, y todo se debió a su laboriosidad y talento.

Haz un jingle o un baile para recordar las cosas bien.

¿Por qué no intentar hacer un jingle o un baile para recordar las cosas? Podrías intentar hacer el "Bone Dance" de Hannah Montana para recordar la anatomía de tus huesos (Robinson, 2008). Es una experiencia de cuerpo completo, donde memorizas las diferentes partes de la anatomía y luego cantas las palabras. Es bastante increíble recordarlo. Mientras veía este video, podía recordar vívidamente haberlo visto cuando era más joven, y mi corazón saltó de alegría porque conocía el "Bone Dance". El jingle está atrapado en mi memoria, aunque tal vez esté enterrado en las cavernas del tiempo.

Hacer una canción o un baile te proporciona una experiencia cinestésica y audiovisual de la memoria que tenías de algo. Se vuelve mucho más real porque recuerdas exactamente cómo sonaba, cómo se veía, etc. Y cuando aplicas esto a memorizar, por ejemplo, la Tabla Periódica de los Elementos, entonces puedes hacerlo bien para recordar todas las cosas que necesitas. Mucha gente ha estado haciendo esto desde hace siglos. Todavía es una forma útil de recordar cosas. Es increíble cuánto puedes recordar porque tu memoria muscular y audiovisual pueden proporcionarte un recuerdo fantástico. Te hace sentir como si fueras un superhumano.

Estudio de caso

Henry siempre quiso mejorar en memorizar cosas, e intentó memorizar las fórmulas de las matemáticas. No era muy bueno en matemáticas, porque tenía problemas con los cálculos. Como resultado, intentó con todas sus fuerzas encontrar maneras de recordar sus tablas de multiplicar. Su madre lo ayudó un poco en el camino, pero aún luchaba por recordar cómo multiplicar y dividir números. Pero luego, una idea llegó a su mente. Pensó, "¿por qué no invento una tonadilla que pueda ser usada para ayudarme a recordar todas las tablas de multiplicar?" Henry tenía habilidades musicales y sabía mucho sobre composición, incluso a una edad muy temprana (tenía alrededor de nueve años en ese momento). Como un pequeño Mozart, fue a su teclado y comenzó a componer una tonadilla, logrando producir una pequeña obra increíble que luego combinó con sus tablas de multiplicar. Después, empezó a cantar la tonadilla y sintió que podía disfrutar más de su vida. Para cuando tuvo otro examen de multiplicación en la escuela, pudo obtener una calificación del 100%. Fue una hazaña increíble de la imaginación y su memoria fotográfica y musical.

Paso 6: Técnicas Diarias: Usa los Sentidos

En este capítulo, vamos a hablar sobre cómo puedes usar técnicas comunes para tener éxito en crear una imagen mental de casi cualquier cosa bajo el sol. Comencemos por usar los cinco sentidos y ver cómo eso nos puede ayudar.

Cómo hacer que las cosas sean reales: crear imágenes absurdas para recordar.

Uno de los aspectos críticos de aprender algo es hacer asociaciones que sean extrañas y escandalosas para recordar los detalles al respecto. Piensa en algo en esta línea: bebés llorando y gritando, chapoteando en la nieve, charcos de lluvia, cubos de mantequilla. Estas son asociaciones que utilizan aliteración y los cinco sentidos para despertar tu imaginación. Cuanto más puedas usar tu imaginación, mejor estarás en recordar. Así que, necesitas pensar en formas de recordar y usar tu imaginación para empezar.

La imaginación humana es una de las cosas más grandes en el planeta, y nos brinda la profundidad de perspicacia, conocimiento y entendimiento de todas las cosas a nuestro alrededor. Siempre y cuando podamos formar imágenes mentales en nuestra mente, el cielo es el límite cuando se trata de producir modelos mentales que pueden ayudarnos a tener imaginaciones creativas. Hemos sido dotados con una visión que pinta el mundo con posibilidades y nos ilumina con las mejores ideas del futuro. Al mismo tiempo, nuestras imaginaciones pueden llevarnos a lugares muy lejanos, a donde no queremos ir, y a áreas que son poco saludables y no necesarias. Sin embargo, la imaginación humana puede producir más ideas de las que podemos pensar, y es porque hemos creado un concepto que nos mantiene avanzando y nos permite encontrar soluciones a los problemas del mundo.

Tener una buena imaginación va a ayudar a tu memoria, especialmente si quieres desarrollar una memoria fotográfica. Leer buenos libros, ver películas y otros medios te permitirá cultivar tu imaginación y convertirla en una herramienta útil que producirá buenos resultados. Ahí es donde necesitas entrenar tu imaginación en desarrollar pensamientos que puedan ser beneficiosos y productivos.

Estudio de caso

Emily quería leer de manera más amplia. Buscaba en los clásicos como su fuente de inspiración. Mientras tanto, ella quería hacer lo mejor en sus estudios. Por un tiempo, pintaba y usaba su imaginación. Se dio cuenta de que necesitaba pintar las imágenes de las historias en su mente porque no podía recordar todos los pequeños detalles de las cosas que leía en las historias. Así que utilizaba su imaginación cada vez más, y así creaba más. También recurrió a escribir sus pensamientos mientras pintaba. Como resultado, concluyó que podía recordar más detalles de las historias que estaba leyendo porque escribía todo y también pintaba imágenes de pasajes de las lecturas. Esto la ayudó a recordar las cosas con más claridad. Fue a través de estas experiencias que pudo recordar las cosas que venían a su mente de los diversos libros que estaba leyendo. Emily fue capaz de mejorar su memoria en general. A partir de ese momento, las cosas fueron bien.

Transforma los sonidos de los nombres que aprendemos en imágenes.

Tal vez estás aprendiendo nombres en un grupo, y te presentas a un hombre llamado Jacob, y piensas para ti mismo, "He olvidado por completo el nombre. ¿Cómo pude hacer eso?" Luego, tal vez podrías relacionar a Jacob con un personaje bíblico o con una persona que ya hayas conocido con ese nombre. Una vez que hagas estas conexiones, es más fácil recordar cosas, como en este caso, el nombre de alguien. O quizás te presentas a una mujer llamada Melanie. Podrías pensar en su nombre y también en las palabras "melón" y "rodilla". A veces también es útil que pienses en imágenes visuales que conecten con los nombres de las personas que estás tratando de recordar. Por ejemplo, si conoces a un hombre llamado Charlie, puedes recordar su nombre haciendo referencia a Charlie Chaplin, Charlie y la Fábrica de Chocolate, o Charlie Brown. Bastará poco tiempo para que te conviertas en un profesional de asociación de memoria.

Estudio de caso

El Sr. Park era maestro de escuela primaria. Trabajó en una escuela privada en Seúl, Corea del Sur, donde enseñaba inglés a niños de primaria durante dos horas a la semana. El Sr. Park luchaba por recordar la mayoría de los nombres de sus estudiantes. Tenía una mala memoria. Pero fue capaz de inventar algunos dispositivos, que le permitieron recordar la mayoría de los nombres que tenía en sus listas de clase.

Primero, desarrolló nombres en inglés para todos sus niños para poder recordar una lista de veinte estudiantes en una clase. Luego, retuvo los nombres de algunos de ellos en coreano. Fue capaz de recordar mucho más rápido con este método. Memorizó los nombres de diferentes estudiantes. Por ejemplo, podía recordar a los estudiantes llamados David basándose en los Davids que había enseñado antes. Pero también pensaba en algunas personas famosas que se llamaban David. También aprendió los nombres de estudiantes con los meses del año. Fue capaz de aprender esos nombres y aplicarlos a la memoria rápidamente. El nombre de otro niño era Ellie, así que cuando la miraba, pensaba para sí mismo, "Ellie Goulding." Fue haciendo estas asociaciones que el Sr. Park pudo aprender los nombres de todos los estudiantes en sus clases. Eso le ayudó mucho.

Utiliza tantos de tus sentidos como sea posible

En tus esfuerzos por memorizar, deberías utilizar tantos sentidos como sea posible, porque esto te permitirá lograr casi cualquier hazaña. Por ejemplo, si quieres memorizar el nombre de un hombre llamado Mike, puedes visualizar a Mike con un micrófono cantando una canción de karaoke durante la noche. O mejor aún, podrías imaginarte a Michael Jordan encestando en un juego de los Chicago Bulls en 1998. Esto puede crear un recuerdo histórico que puedes mantener en tu banco de memoria. Si quieres recordar el nombre de una chica llamada Melanie, puedes recordar a Melanie Hamilton, esa "buenita" de "Lo que el viento se llevó," que era la rival de Scarlett O'hara y una mujer de corazón puro.

Otro ejemplo: piensa en el nombre, Harry. ¿Cómo recuerdas a

un hombre llamado Harry? Piensa en Harry Potter, un mago volando por el espacio con una varita mágica.

En cuanto a una mujer, piensa en el nombre, Eva. ¿A quién piensas cuando escuchas el nombre, Eva? Tal vez a Eva en el Jardín del Edén, quien fue tentada por la serpiente y pecó junto a Adán. O, quizás piensas en Eva con el homónimo Yves Saint Laurent. Entonces, inmediatamente piensas en moda y pasarelas, y en modelos hermosos que desfilan luciendo la última tendencia de moda.

Cuando se trata de números, usa el mismo método

Los números a menudo nos desaniman, porque pensamos, "No puedo memorizar tantos números. Mi memoria es tan mala." Pero podemos aplicar los mismos principios a los números que hacemos con los nombres. Por ejemplo, podrías pensar en 0 como un agujero de donut. O podrías recordar 007 para James Bond o 00 para Ozzy Osbourne. Muchas personas recuerdan fechas esenciales como 9/11 para el 11 de septiembre o el 4 de mayo, May the Fourth be With You, Star Wars Day. Puedes usar mucha creatividad para recordar diferentes números. No es tan complicado, así que inténtalo.

Estudio de caso

Jericho no era bueno en matemáticas ni en números, para el caso. Olvidaba su número de teléfono y contraseña para entrar a su casa todos los días. Aunque guardaba la información en su teléfono, aún así lograba olvidar toda la información. Mientras estudiaba para sus exámenes, inmediatamente olvidaba todo lo que había estudiado después porque dependía de sus limitadas y defectuosas habilidades de memorización mecánica. Pero luego, comenzó a pensar en los patrones que podría formar con los números y las diferentes maneras en que podía recordar diferentes cifras. Al principio fue difícil, pero pronto se dio cuenta de que podía asignar valores a los diferentes números. Por ejemplo, podía pensar en el 7 como el número ideal en diferentes contextos. Jericho también podía recordar diferentes cifras con el 6 porque representa el ideal griego de la perfección.

Otro ejemplo es 747. Si alguna vez veía esta cifra, podía recordarla al instante, porque podía evocar la imagen de un avión 747 en su mente que volaba hacia Nueva Zelanda.

Utiliza tu memoria sensorial para recrear experiencias

La memoria sensorial es algo que muchos actores utilizan para recrear experiencias que han tenido en el escenario y en la pantalla. Este método se conoce como memoria afectiva, que es cómo manipulas tu experiencia para recrear una experiencia emocional en un personaje (Timoney, 2016). Cuando los actores recuerdan sus experiencias, pueden demostrarlas en el personaje que crean en la pantalla. Aquí tienes un ejemplo de una situación que podrías usar con la memoria afectiva:

En esta escena, se te ha pedido que recuerdes un momento en el que rompiste con tu novia o novio. Debido a que la experiencia está fresca en tu mente, entonces tienes un buen desencadenante emocional que ayudará a recordar y luego re-crear la experiencia.

Tan pronto como pienses en un recuerdo específico, puedes revivir la experiencia en tu mente y recordar las vistas, sonidos y olores que experimentaste en ese momento. Por ejemplo, puedes recordar el olor del pan de ajo en el restaurante que visitaste hace unos meses, donde de repente experimentaste dolor en el estómago. El recuerdo doloroso te permite recordar esa experiencia. Más tarde, cuando te pidan que actúes una escena, simplemente puedes recordar el olor del pan de ajo, y entonces todas las sensaciones te traerán de vuelta el recuerdo.

Aunque podemos estar inconscientes de ello, cada recuerdo que tenemos utiliza uno de los cinco sentidos. Cuando recordamos un acontecimiento, a menudo solo recordamos la vista y el sonido. Pero, si involucramos todos los sentidos, entonces podemos recordar vívidamente cada aspecto de la experiencia.

Estudio de caso

Se le invita a recordar un recuerdo en el que estuvo en una relación a larga distancia con alguien. Habían estado saliendo por mucho tiempo. De vez en cuando te encuentras con tu pareja en la ciudad natal del otro. Digamos, tu nombre es Kelsey y el nombre de tu novio es Taylor. Encuentras a Taylor en su casa en Tulsa, Oklahoma. Vuelas desde California para encontrarte con él. Taylor está preparado para cenar contigo y se está preparando para sacar un anillo de compromiso que no esperabas. No sentías tanto por Taylor y no querías herir sus sentimientos, así que simplemente guardaste el anillo, por lo que tampoco le dijiste "sí". En cambio, le dijiste: "Déjame pensarlo primero". El momento ha sido perfectamente capturado en tu mente. Recuerdas el restaurante, el vino tinto, el pan, la ensalada con vinagreta balsámica y el pollo parmigiana, que sabía exquisito. Luego, abordaste un avión con destino a San Francisco, y pensaste para ti mismo: "Dios mío, no tengo ni idea de qué decir. Me siento como una terrible persona. ¿Por qué hice esto? Pensé que amaba a Taylor, pero siento un lugar frío en mi corazón que no puedo explicar. Simplemente no puedo casarme con él. No es posible." Te pusiste muy emotiva en el vuelo de regreso, recordando cada momento de esa cena con él y la imagen de tu novio dándote el anillo seguía loop en tu mente. Cuando llegaste a California, lo llamaste y le dijiste; "Hemos terminado. Lo siento, Taylor. No te lo dije antes, pero no podemos seguir así. No quiero hacerte daño, pero no puedo casarme contigo. No eres la persona adecuada para mí." Lloraste durante aproximadamente una semana después de eso, recordando constantemente ese momento con tu ahora exnovio.

Este recuerdo fue gráfico, porque recordabas todas las vistas, olores y sabores de la experiencia. Te resultaba fácil volver continuamente al recuerdo, porque era un momento auténtico. Te sentiste un poco traumatizada por ello, porque no podías creer lo que estaba sucediendo. La propuesta de tu exnovio fue tan abrumadora que quedó permanentemente grabada en tu memoria. Ya no serás la misma persona de nuevo. A través de tus cinco sentidos, eres capaz de recordar exactamente lo que sucedió ese día y puedes volver a este recuerdo en cualquier momento.

Por qué funciona la memoria sensorial.

Podemos recrear una emoción utilizando nuestra experiencia pasada y luego expresarla de manera auténtica. Cuando usamos los cinco sentidos, podemos tener la imagen completa de la experiencia. También nos puede ayudar a acceder a un objeto liberador emocional. Esto podría ser el sonido de un reloj, el olor de cigarrillos en un hogar, o la vista de una puesta de sol. Para cada recuerdo, hay un objeto sensorial subconsciente que desbloquea todas las demás partes del recuerdo. Una vez que hayas accedido al objeto sensorial, entonces cada detalle de ese momento regresa a tu mente.

La memoria sensorial nos permite recordar experiencias pasadas, pero también puede resultar traumática, porque si nos perdemos demasiado en la memoria, entonces nos perdemos a nosotros mismos en ella. Si la memoria se apodera de nuestras mentes, puede ser mejor depender de un recurso menos potente, nuestra imaginación.

Tan pronto como hayas pasado por los cinco sentidos y encontrado algo con lo que conectarte emocionalmente en tu memoria, entonces tu recuerdo del momento en particular volverá a ti fácilmente y sin mucha vacilación.

Cómo utilizar tu memoria sensorial

A medida que entrenas tu memoria para recordar experiencias, piensa en ello como un ejercicio que te permite liberar una emoción cuando lo desees. Puede ayudarte a pensar como un actor y sacar los sentimientos, porque sabes cómo acceder a tu objeto de liberación emocional. Ahora hagamos algunos ejercicios para ayudarte a hacer eso.

Siéntese en una silla sin brazos e intente tensar su cuerpo y luego relájelo, de modo que parezca un cadáver que está recostado en la silla. Si siente algún estrés, entonces intente gritar en voz alta.

El momento en que te sientas relajado, piensa en tu recuerdo elegido. Pasa por cada sentido, uno a la vez. Continúa reviviendo el recuerdo e intenta encontrar la emoción que sentiste. Tómate tu tiempo, ya que puede ser un proceso largo. Una vez que hayas descubierto la emoción, permítete sentirla para que puedas recordar cada parte de la reacción emocional.

Para entrenarte, es importante que integres práctica regular a lo largo de tu día. Intenta hacer esto todos los días. Cuando hayas dominado tu memoria sensorial, podrás evocar cualquier emoción en cualquier momento dado. Entonces, podrás deshacerte de la incomodidad de crear dramatismo durante la vida cotidiana, o si eres actor, para una audición. Si puedes empatizar con otros, entonces probablemente serás un buen candidato para obtener roles de mayor perfil y expandir tu red.

Por qué esta técnica es para actores y para todos.

Esta técnica es útil para los actores, porque les permite producir respuestas emocionales a voluntad, cada vez que están grabando o proyectando. Sin embargo, es posible que te estés preguntando, "¿cómo puede esta información ser útil para mí si no soy actor?" Usar la memoria sensorial y afectiva te ayudará a relacionarte con las emociones de los demás. Cada vez que puedas traer de vuelta los recuerdos del pasado, te convertirás en un mejor empático, que puede identificarse con las luchas de las personas que están pasando por tiempos difíciles. Por ejemplo, cuando ves que un amigo está pasando por la pérdida de un abuelo, puedes recordar el momento en que perdiste a tu abuelo y cómo se sintió tener a tu madre llorando en tu hombro en ese momento. Es un recuerdo vívido que no desaparece, pero te permite ponerte en el lugar de otra persona que está pasando por una experiencia similar.

En una nota más positiva, el uso de la memoria sensorial y afectiva te ayuda a sentir las emociones de alguien que está experimentando una victoria en su vida. Cuando escuchas sobre uno de tus amigos que se ha graduado summa cum laude de su universidad, puedes recordar el día que recibiste un premio por obtener una A perfecta en la escuela, y eso te hizo sentir increíble. Cuando has experimentado la victoria en tu vida, entonces puedes celebrar también los éxitos de los demás. Te ayuda a relacionarte con los demás.

Paso 7: Utilizar técnicas que aumenten la actividad cognitiva y mejoren tu memoria.

En este capítulo, vamos a adentrarnos en las técnicas que puedes utilizar para desarrollar el poder de tu cerebro para retener información esencial. Explicaremos los métodos que se utilizan para aumentar la actividad cognitiva. Permite que tu mente absorba esta información vital que te ayudará en tu vida.

1. Actividad Física: Haciendo ejercicio

En diciembre de 2013, los investigadores de la Escuela de Medicina de la Universidad de Boston descubrieron que la actividad física proporciona beneficios para la salud del cerebro y la cognición. El estudio de 2013 encontró que las hormonas liberadas durante el ejercicio pueden ayudar a mejorar la memoria de una persona. Los investigadores encontraron similitudes entre los niveles de hormonas y el nivel de condición física aeróbica de una persona, que estaba relacionado con el nivel general de condición física de una persona. En octubre de 2013, los investigadores de la Escuela de Medicina de Harvard llevaron a cabo un estudio que vinculó el ejercicio con la actividad cerebral general. El ejercicio te permitirá hacer cosas increíbles y obtener los resultados deseados para tu mente. El ejercicio puede aumentar tu cognición general, lo que ayuda en la memoria general y la retención de información. También se ha demostrado en niños en sus habilidades en la escuela. El ejercicio aumentará significativamente la capacidad de pensar con claridad y objetividad de una persona (Bergland, 2014).

Es posible que estés pensando, "¿por qué debería ir al gimnasio? ¿Qué va a hacer eso con mi memoria?" Bueno, escúchame bien: hacer ejercicio va a potenciar tu memoria de diferentes maneras. En primer lugar, es una actividad cinestésica que desencadena la memoria muscular y otras cosas que te permiten recordar varios aspectos de tu vida. Cuantas más actividades hagas, más debe involucrarse tu cerebro en el ejercicio. Además, el ejercicio es útil tanto para la mente como para el cuerpo, porque estás realizando un entrenamiento de cuerpo completo. Y cuanto más ejercites, mejores resultados verás en esta área.

Pero la cosa es, no deberías limitarte solamente a ir al gimnasio como la única cosa que puedes hacer. La verdad es que hay tantas opciones disponibles para ti, en cuanto al tipo de ejercicio que puedes hacer. Puedes caminar por la calle y hacer tu ejercicios del día. Mejor aún, usa tu teléfono como un podómetro y ve cuánto puedes caminar cada día. Un día promedio puede ser alrededor de 10,000 pasos, y una vez que hayas alcanzado ese umbral, estás haciendo bien. Pero cómo uses esos pasos depende de ti. Sin embargo, si haces un esfuerzo por hacer al menos 10,000 pasos al día, entonces estás listo. Verás resultados, independientemente de si eliges correr, caminar, o hacer algún otro ejercicio aeróbico. De cualquier manera que lo hagas, puedes beneficiarte de la actividad extra. Nuestros cuerpos pueden transportarnos a numerosos lugares, así que deberíamos usarlos para llevarnos a lugares. No solo corras hacia tu auto y hagas de eso tu medio de transporte predeterminado. Usa tus piernas y pies; fuiste destinado para el movimiento, ¡así que hazlo!

Estudio de caso

La mayoría de los días, Tim era un teleadicto. Prefería pasar el tiempo jugando World of Warcraft en su computadora, y no podía dormir por la noche porque se quedaba despierto hasta las 4 de la madrugada en su dispositivo. Estaba un poco adicto, por decir lo menos. Además, estaba creciendo como el irresponsable Joe en su casa, porque vivía con sus padres. Ya se había graduado de la universidad y tenía que pagar sus préstamos estudiantiles. Pero estaba desempleado. No podía conseguir trabajo en su campo de comunicaciones masivas, aunque había estudiado mucho para ello. Tenía una deuda de $30,000 en préstamos estudiantiles que estaba pagando lentamente en el plan mínimo, pero sentía que su vida estaba estancada. El peso de Tim también aumentaba cada día. Había llegado a ser obeso, y visitaba frecuentemente al médico. El médico le dijo: "Tim, necesitas controlar tu dieta. Tienes 28 años. También quiero que hagas ejercicio. ¡Ponte en forma! Eso es lo que necesitas hacer". Sintiéndose profundamente afectado por esas palabras, Tim se dio cuenta de que tenía que ponerse en forma lo antes posible. Necesitaba hacer algunos cambios en su vida rápidamente porque se estaba volviendo obeso y se sentía muy mal consigo mismo. Su autoestima estaba por los suelos. Pensó para sí mismo: "¿Qué estoy haciendo con mi vida? Ojalá pudiera salir de esto".

Un día, Tim fue al gimnasio. Era la primera vez en más de seis años en un gimnasio. Conoció a algunos otros hombres, que estaban luchando con su peso, que estaban entrenando duro y lo estaban animando. Tim dijo: "Estoy buscando perder unos kilos porque tengo sobrepeso. ¿Sabes de alguna manera en que pueda hacerlo?" Jason, que trabajaba en el gimnasio, le dijo: "Claro, amigo. Puedes hacerlo aquí. Podemos darte un plan para que puedas empezar por el camino correcto. ¿Quieres inscribirte hoy?" Él aceptó hacerlo, y en seis meses, fue capaz de llegar a un peso saludable. Tim perdió 20 libras, y se sintió genial con su cuerpo. Al final, logró bajar de peso, y se sintió mejor.

2. Mantente abierto a nuevas experiencias.

Un estudio de octubre de 2013 descubrió que aprender nuevas habilidades exigentes es una forma esencial de aumentar la memoria (Bergland, 2014). Actividades menos exigentes mentalmente, como escuchar música clásica o hacer búsquedas de palabras y crucigramas, no van a proporcionar los beneficios importantes que necesitas. Lo que necesitas para mejorar tu memoria y función cognitiva en general es estar abierto a nuevas experiencias. Cuando haces cosas que están fuera de tu zona de confort, puedes lograr todo lo que te propongas, y es increíble. Salir de tu pequeña caja, donde te sientes súper cómodo, es un paso esencial para el crecimiento y la madurez, no solo en términos de tu vida personal, sino también para tu vida mental. Necesitamos experimentar desafíos; es la única forma en que podemos avanzar.

Desafiar tu cerebro es una de las cosas más importantes que puedes hacer por ti mismo. Necesitas darle a tu cerebro formas de pensar más profundamente sobre ciertas cosas. Cambiar tu rutina y tomar un camino diferente a casa es una forma en la que puedes desafiar a tu mente a pensar de manera diferente. El cambio es algo que tu cerebro necesita para reformar la forma en que puedes hacer ciertas cosas. Como criaturas de costumbre, a menudo queremos hacer las cosas de la misma manera a la que estamos acostumbrados. Ya sea que nos demos cuenta o no, siempre estamos haciendo esto. Podemos estar haciendo sin pensar la carrera de la vida, solo notando un pequeño detalle al mirar hacia arriba desde nuestro teléfono en el metro o en el coche.

El cambio va a ayudar a desarrollar tu cerebro más. ¿Has estado sentado en el mismo trabajo durante años? ¿No te gustaría hacer algunos cambios? ¿Te sientes demasiado cómodo con lo que haces? Entonces, deberías abrir tu mente para recibir nuevas experiencias. Esto hará mucho para aumentar tu cognición general y tu capacidad de pensar y razonar bien. Cambiar de trabajo o de ciudad te ayudará a llegar a donde quieres estar, no solo porque quieres estar en una posición diferente, sino también porque quieres tener una mentalidad diferente, y esto solo puede lograrse a través de cambios en tu vida que hagan la diferencia en la forma en que haces las cosas. Tu cerebro pensará de forma más clara y podrás encontrar soluciones a nuevos problemas que puedas tener que enfrentar en el camino. Utilizando tus habilidades creativas, realmente puedes encontrar formas que abrirán tu mente a nuevas posibilidades.

Estudio de caso

Victoria vivía una vida normal como milenial. Se graduó de la universidad en 2011 con un título en enfermería. Después, pasó tres años en la industria de la salud, pero encontró que era agotador, que chupaba la vida y muy estresante, así que sintió que necesitaba salir de allí. Descubrió que su vida estaba estancada y le resultaba difícil funcionar. Permítame agregar, Victoria había vivido en la misma ciudad toda su vida, por lo que no tenía experiencias de otros lugares porque no se había mudado a otros lugares ni viajado mucho. Por lo tanto, se sentía estancada. Victoria tenía todos sus amigos; su vida social estaba floreciendo. Y tenía una gran comunidad con su trabajo de enseñanza de inglés como segundo idioma que estaba haciendo de lado. Aparte de eso, las cosas eran bastante cómodas. Un día, Victoria se dijo a sí misma: "Sabes qué, necesito hacer algo atrevido y aventurero. No sé qué estoy haciendo con mi vida. ¡Necesito salir y experimentar el mundo!" Así que, Victoria buscó en línea diferentes programas donde pudiera enseñar inglés en China. Nunca había estado en China y no hablaba el idioma, pero sabía en su corazón, "¡Tengo que ir!" Además, se inscribió en la bolsa de trabajo de ESL y realizó docenas de entrevistas para el puesto adecuado. Consiguió un puesto en una universidad en Shanghai para comenzar en el semestre de otoño.

En agosto, ella abordó un avión y voló a China. Fue un nuevo mundo de experiencias para ella. Sentía que estaba saliendo de su zona de confort. Esto estaba marcando una gran diferencia en su vida en general. Su memoria y cognición se vieron mejoradas, porque estaba absorbiendo todos los paisajes, sonidos, olores y sabores de un lugar nuevo. Era abrumadoramente hermoso y aterrador al mismo tiempo. Pero Victoria sabía que valía la pena correr este riesgo y aventurarse a enseñar inglés donde no conocía el idioma. Victoria luchó un poco al principio. Se sentía nostálgica y no podía hablar el idioma con nadie. Ella era la única que podía hablar inglés en su comunidad. Pero se sentía revitalizada por la riqueza de nuevas experiencias, las cuales estaban creando un recuerdo visual que llevaría consigo por el resto de su vida.

3. Utilice sus habilidades artísticas y creativas.

A continuación, necesitas utilizar tus habilidades artísticas y creativas que ayudarán a tu cognición y memoria en general. A menudo, recordamos una canción o una pieza de música y podemos recordar instantáneamente cómo era. Bueno, nuestra habilidad musical también puede mejorar nuestra memoria, ya que podemos hacer cosas que nos permitirán tener una cognición mejor y más eficiente. Piénsalo. Muchas personas están tocando instrumentos musicales en estos días, y ayuda mucho a pensar claramente sobre otras cosas en la vida. La formación musical mejora nuestra cognición en general de maneras profundas porque permite que nuestras mentes se expandan y crezcan.

Tocar un instrumento musical influye en cómo el cerebro puede interpretar y asimilar distintos tipos de información sensorial, especialmente en niños menores de siete años. En un estudio de 2013, neurocientíficos demostraron cómo el entrenamiento musical promueve el desarrollo y crecimiento del cerebro en jóvenes (Bergland, 2014).

Estudio de caso

A Jamie le encantaba la música clásica. La había estudiado desde que era un niño pequeño. Jamie conocía a todos los compositores famosos y podía citar la música clásica que escuchaba en algún café en un día dado. Era un joven increíblemente talentoso, pero durante su infancia, luchó con el desarrollo de la memoria. Había desarrollado epilepsia desde una temprana edad y tendría convulsiones que lo hacían temblar incontrolablemente. Se sometió a una resonancia magnética cuando tenía alrededor de nueve años, y fue en ese momento cuando los médicos determinaron que sufría de epilepsia y rápidamente encontraron una cura para ella: tratamiento musical.

Además, Jamie comenzó a tomar lecciones de violín a los 9 años, lo que él pensó que mejorarían su memoria. Tomó clases de violín con su profesora, la Dra. Emily Carter, quien le ayudó a construir coraje y resistencia para ser un mejor violinista. Con el tiempo, Jamie aprendió el método Suzuki, que te permite estudiar piezas musicales y memorizar cada movimiento de los libros 1-6.

Porque Jamie tocaba el violín, su memoria muscular se mejoró. El violín es una actividad cinestésica muy placentera que implica movimiento, cognición y emoción al mismo tiempo. Es una forma fantástica de ejercicio. Practicaba una y otra vez hasta que podía tocar los pasajes en los que había trabajado. Eventualmente, Jamie tocaba piezas musicales en recitales de memoria, porque había trabajado tan duro, pero también, el violín le permitía recordar todo lo que había aprendido. Tocar el violín creó recuerdos que lo seguirán el resto de su vida. Y hasta el día de hoy, todavía puede visualizar y recordar las piezas que aprendió, porque todas estaban almacenadas en su banco de memoria permanente a largo plazo.

4. Conexiones Sociales

Un estudio de febrero de 2014 encontró que hay consecuencias en estar solo por un tiempo (Bergland, 2014). La soledad puede llevar a un deterioro psicológico y cognitivo, lo que puede causar muchos problemas de salud diferentes. Por lo tanto, es crucial que encuentres formas de conectarte con otras personas. Esto mejorará tu salud mental general y tu salud cognitiva. Sentirse aislado de los demás puede llevar a una serie de problemas, incluyendo interrupciones del sueño, presión arterial alta, estrés y depresión. En general, si te sientes solo, es probable que no estés disfrutando de tu vida y es mejor que salgas de ese mal momento lo antes posible. Estar solo puede tener algunos de los efectos adversos que fumar o beber pueden tener en tu cuerpo. No estamos destinados a vivir en aislamiento los unos de los otros. En cambio, estamos destinados a formar conexiones duraderas con los demás. Por lo tanto, es crucial que encontremos formas de relacionarnos con los demás y construir relaciones duraderas que puedan ser un antídoto para nuestra soledad.

Las relaciones sociales son buenas para nuestro cerebro porque pensamos mucho cuando hablamos con otras personas. Formamos relaciones duraderas con la gente porque hay un aspecto visual en ello, el cual influye en cómo nos sentimos, pensamos y reaccionamos en diferentes situaciones. A medida que seguimos hablando con las personas y pasando tiempo con ellos, mejoramos nuestra memoria en general, ya que podemos disfrutar de los momentos que pasamos juntos, y podemos recordar los buenos tiempos y olvidar los malos tiempos.

Estudio de caso: Frank

Frank era un introvertido empedernido. Cuando era adolescente, nunca hablaba con otros niños. Prefería pasar tiempo solo en lugar de entablar relaciones significativas con sus pares. Tenía una timidez dolorosa. No quería admitir su debilidad, porque sentía un orgullo secreto en sus habilidades. Pero lo que Frank no se daba cuenta era de lo profundamente deprimido que estaba. No tenía amigos y se sentía muy solo. La gente notaba que no comía y solo bebía agua día tras día. También evitaba cualquier interacción social. Entonces, un día, Peter se acercó a Frank y le preguntó: "¡Hey, Frank! ¿Cómo estás? ¿Quieres encontrarnos para cenar y luego ir a ver una película?" Frank estaba muy nervioso cuando respondió: "Siiii... eemm... claro, no hay problema. Me encantaría". A partir de ese momento, Frank empezó una amistad con Peter. Pasaban tiempo juntos todos los fines de semana. Aún luchaba con la soledad a veces, porque pensaba que no podía conectarse con sus pares. Pero a medida que crecía en su amistad con Peter, se volvía más seguro. Pronto pudo hablar con sus pares e invitarlos a su casa, donde les cocinaba la cena. Su primera cena fue el proceso de maduración para Frank, ya que finalmente entró en el ámbito de la vida social, beneficiándose enormemente de ese tiempo.

A lo largo de este tiempo, Frank notó una mejoría notable en sus calificaciones. Comenzó a estudiar con sus compañeros. Formaron un grupo de estudio y solían ir a la biblioteca los miércoles por la noche para estudiar. Gracias a esto, Frank pasaba mucho tiempo con sus amigos. Juntos, memorizaron todas las fórmulas de química para su examen de química. ¡Fue un gran trabajo en equipo! Se divirtieron mucho juntos; fue estupendo. Y luego llegó el momento de los exámenes finales. Todos juntos estudiaron muchísimo. Frank clavó el examen con un 95 (lo que significa una A). Estaba muy feliz, porque se había memorizado todas las fórmulas de química, y lo había hecho con la ayuda de sus amigos.

5. Atención plena y Meditación

En un estudio de 2013 en el hospital Harvard Beth Israel, los investigadores lograron descubrir que los cambios cerebrales que vienen con la meditación y el alivio del estrés juegan un papel esencial en la prevención de trastornos como la enfermedad de Alzheimer y la demencia más adelante en la vida (Bergland, 2014). La atención plena puede ayudarte a combatir todas estas cosas porque ayuda a que tu memoria se desarrolle más con el tiempo.

La atención plena es una práctica en la que puedes enfocarte en la meditación y permitirte mantenerte sereno en el momento presente durante un tiempo determinado. Con la meditación, descansas en la circunstancia actual, sabiendo que eres consciente de tu entorno. Es una forma de relajarte y salir del ajetreo de la vida cotidiana. Practicar la atención plena es una de las formas más importantes en las que puedes mejorar tu memoria, también, porque puedes recordar mucho más cuando no estás estresado o lleno de ansiedad.

Al liberarte del estrés, puedes experimentar una mayor libertad y autonomía para hacer lo que te gusta. Entonces, no tienes que pensar tanto en tu futuro. Estás tan enfocado en el aquí y ahora que puedes concentrarte mucho mejor, y no te sientes agobiado por el peso de las cosas en tu vida. Es vital que encuentres formas de practicar la atención plena todos los días para poder alcanzar tus metas en la vida y decir que no al estrés.

Ha habido una conexión entre el estrés y trastornos mentales crónicos y declive, así que si podemos evitar más de eso, nos sentiremos y estaremos mejor. Es crucial que encontremos formas de reducir nuestro estrés. Aunque es una realidad siempre presente que debemos enfrentar, tenemos que mantenernos alerta o de lo contrario caeremos en ansiedad y desesperación, lo cual puede causar un deterioro mental crónico que nos afectará el resto de nuestra vida. Por lo tanto, si deseas mejorar tu memoria y prevenir el deterioro mental más adelante en la vida, es mejor que luches contra el estrés ahora en este momento de tu vida.

Estudio de caso

Kelly estaba estresada crónicamente. Siempre olvidaba sus llaves y a veces sus citas. Su horario era tan ocupado que se volvió cada vez más olvidadiza. Kelly estaba muriendo bajo la ola de estrés que la estaba infectando por completo. No sabía qué hacer consigo misma. Cuando llegaba al trabajo, a menudo experimentaba sudoración y jadeo (con falta de aliento). También estaba fuera de forma y con sobrepeso. Además, luchaba contra sentimientos de baja autoestima. Debido a que Kelly estaba lidiando con su peso, también experimentaba episodios depresivos. No sabía qué hacer con su problema de memoria debido a sus frecuentes olvidos. Además, acudió a su médico para ver qué podía hacer para ayudarla. Él le recomendó que fuera a ver a un terapeuta que pudiera atender su situación. Así que, fue a ver al Dr. Fitzgerald, que era un consejero. El consejero recomendó de inmediato que hiciera algo de meditación guiada todos los días para aumentar su memoria y para hacerla menos estresada. Kelly comenzó a meditar durante una hora todos los días. Fue increíble. Pudo sentir los resultados en su mente de inmediato. Practicaba en su habitación todos los días, y podía ver que las cosas mejoraban. Cada día se volvía más y más optimista, viendo cómo la luz del día surgía de la oscuridad. Fue increíble. Luego, poco después, Kelly comenzó a practicar ejercicios mentales recomendados por su médico para aumentar su memoria fotográfica. Pronto, nunca más olvidó sus citas. Siempre recordaba dónde había puesto sus llaves. Poco después, ya no era la olvidadiza Kelly, sino la consciente Kelly, que estaba continuamente atenta a sus circunstancias presentes. En el trabajo, comenzó a sentirse menos estresada y más tranquila. A veces se sentía bajo presión, pero aun así pensaba que era capaz de manejar cualquier cosa que se le presentara porque había crecido en confianza y fortaleza. Fue un gran testimonio de su sanación.

6. Disminuir la Ansiedad y el Estrés

Finalmente, una de las cosas más importantes que puedes hacer por ti mismo para aumentar tu memoria es reducir el estrés que está en tu vida. Nuestro estrés afecta nuestra capacidad para funcionar y hacer las cosas de manera efectiva. Cuanto más estresados estemos, más propensos estamos a enfermarnos y a sentirnos generalmente mal. Ahora bien, es cierto que no puedes deshacerte de la mayoría del estrés en tu vida. Continuamente tenemos que luchar contra él en nuestra vida. Pero lo que podemos hacer es decir "no" a situaciones estresantes que nos lastiman y nos hacen sentir miserables con nosotros mismos. Necesitamos encontrar maneras de eliminar la ansiedad general que impregna nuestra sociedad moderna actual. Demasiado de nuestro mundo está gobernado por el caos y el desorden. El miedo al otro, que se utiliza en la filosofía moderna, nos hace pensar como Sartre en que "el infierno son los otros", por lo tanto, queremos volvernos reclusos y escondernos en nuestras cuevas.

Sin embargo, lo que debemos hacer es deshacernos del estrés innecesario que carga nuestras vidas. Nuestras vidas están gobernadas por la ocupación de modo que no podemos hacer todas las cosas que deseamos hacer. Llenamos nuestras agendas hasta los topes con actividades, eventos, trabajo, entre muchas otras cosas. Es una lástima que siempre estemos experimentando el dolor y la ansiedad de nuestra vida; sin embargo, no es suficiente seguir adelante. Así que sufrimos y sufrimos aún más.

Lo que me gustaría recomendar a todos los que quieren mejorar su memoria fotográfica es que se detengan. ¡Detente! ¡Espera un momento! No vayas más lejos. Nuestra sociedad nos exige "¡adelante! ¡Adelante!". Pero quiero que te detengas, que retengas ese pensamiento y que respires profundamente. Aguántalo y luego exhala. Permítete desestresarte y desintoxicarte. Es vital para tu bienestar general. Tienes que ser amable contigo mismo y tratar de hacer cosas que te traigan mayor felicidad. Sé amable contigo mismo y permítete llenarte de alegría.

A medida que te desestreses, te darás cuenta de que estás tomando propiedad de la situación presente y podrás respirar con más facilidad. No estarás agobiado por las dificultades y desafíos de tu vida. En cambio, te sentirás motivado y capacitado para hacer grandes cosas. Y tu memoria será más precisa que nunca porque no tendrás todo ese estrés nublando tu juicio. Finalmente, descubrirás que desestresarte será el mejor paso para ti en tu lucha por salvar tu memoria del declive y disfunción cognitiva.

Estudio de caso

María tenía ataques de pánico con frecuencia. Se sentaba al borde todos los días. Como resultado, estaba esperando que algo malo le sucediera. Vivía con miedo de cometer errores la mayoría de los días. Y efectivamente, comenzó a cometer un montón de errores en su trabajo, porque se excedía con la cafeína y no dormía lo suficiente por la noche. Su trabajo le causaba una gran cantidad de ansiedad. En consecuencia, era incapaz de recordar la mayoría de las cosas en su agenda. Su memoria a corto plazo experimentaba lagunas de modo que no podía usar nada excepto su memoria de trabajo, que se agotaba todos los días. Afortunadamente, María estaba trabajando en proyectos paralelos que pensaba podrían sacarla adelante. Pero pronto se dio cuenta de que su trabajo la estaba matando. Le causaba tanto estrés y ansiedad. Tampoco le gustaban sus compañeros de trabajo. Eran negativos y le causaban una gran cantidad de dolor.

Un día, María tuvo una epifanía. Se dio cuenta de algo y se dijo a sí misma: "¿Qué estoy haciendo con mi vida? Parece que todo se está desmoronando. No puedo seguir así en mi trabajo. Necesito perseguir mi sueño, abrir mi propio negocio. Eso es lo que quería hacer antes. Ya he ahorrado suficiente dinero. ¿Por qué no renuncio a mi trabajo y comienzo mi negocio? Me ayudará mucho. Me sentiré mucho mejor y eliminaré ese estrés de mi vida". Eso es exactamente lo que Maria hizo. Renunció a su trabajo y abrió su propio negocio. Fue una de las experiencias más aterradoras e inolvidables de su vida, pero María sabía que iba a disminuir mucho su nivel de estrés, por lo que no tendría que preocuparse por los demás y sus opiniones sobre ella.

Abrir su propio negocio fue una gran decisión para Maria, porque podía pensar más claramente sobre sus objetivos y estaba menos ansiosa por el futuro. Además, tenía una mejor memoria general de las cosas, lo cual fue una gran ventaja. Debido a que ya no luchaba con la ansiedad, podía hacer todas las cosas que planeaba hacer sin preocuparse. Muy pronto, sus capacidades cognitivas generales se vieron afectadas de manera positiva para que pudiera completar sus tareas y trabajar en su negocio en la comodidad de su propio hogar. Trabajar desde la oficina en casa le permitió concentrarse y hacer más cosas, y podía tener más tiempo flexible para pasar con ella misma. Al final, estaba feliz y sentía que su memoria estaba más clara que antes.

7. Escucha música clásica o toca un instrumento

Una de las formas de aumentar la capacidad de nuestra mente para recordar es escuchando música. El género que parece aumentar la actividad cognitiva de nuestro cerebro es la música clásica. Entonces, si estás buscando algo para escuchar, manten un oído atento a Beethoven, Mozart o Schumann. Permítete empaparte de los sonidos de los instrumentos, incluyendo las cuerdas, metales y percusión. Concéntrate en las diferentes secciones de la pieza musical, y serás capaz de recordar diferentes partes. La música clásica aumenta la concentración de nuestra mente para que podamos completar las tareas que tenemos frente a nosotros. Cuanto más llenemos nuestra mente con pensamientos positivos y actividad cerebral aumentada, más claramente podremos pensar en las cosas. Y eso nos permite tener una mejor memoria que puede recordar detalles.

Si pensamos en "Los Planetas" de Gustav Holst, podemos imaginarnos transportados a otra época, a una era pasada. Al escuchar "Júpiter", experimentamos una teleportación a una zona donde somos conscientes de las cosas que nos rodean y pensamos en los anillos de Júpiter y la emoción del espacio exterior. Además, escuchamos un himno famoso en el medio, que nos recuerda a la Vieja Inglaterra. Hay muchas imágenes que podemos tener al escuchar "Los Planetas" de Holst, lo que nos brinda un recuerdo aún más brillante de las cosas.

Cada vez que escuches música clásica, permítete pintar imágenes de una escena o un concierto en tu mente, y piensa en ello. Luego, cuando la vuelvas a escuchar, puedes imaginarte en esa situación. El efecto de la música clásica mejorará significativamente tu imaginación y memoria para que puedas recordar cosas.

Estudio de caso

Durante años, Whitney tocaba el violín. Pasó años mejorando su técnica. Además, pasó por la Escuela de Violín Suzuki, lo que le permitió aprender de manera más efectiva y memorizar todos los pasajes que tenía que tocar. Al memorizar los pasajes, su memoria aumentó significativamente, y pudo imaginar diferentes cosas sucediendo dentro de eso.

En su propio tiempo, Whitney escuchó las "Cuatro Estaciones" y memorizó diferentes pasajes del concierto "Primavera". Continuamente escuchaba la música y la tenía grabada en su mente. Después de un tiempo, pudo tocar la pieza de memoria. La memorizó para una audición en la Escuela de Música Juilliard. Whitney audicionó con el concierto "Primavera" y fue aceptada en la escuela de música con una beca completa, para que pudiera asistir sin pagar matrícula. Fue una experiencia fantástica.

Paso 8: Toma medidas para aumentar la alerta mental

En este octavo paso, hablaremos sobre cómo puedes tomar medidas adicionales para aumentar tu alerta mental y tener más poder de memoria para apoyar tu memoria fotográfica (Alban, 2019).

Para tener una mente activa y positiva, necesitamos aumentar nuestra alerta mental, lo cual nos permite estar despiertos todo el tiempo. A menudo, nos sentimos somnolientos porque no dormimos lo suficiente, o nos sentimos aturdidos por haber dormido demasiado. Algunas personas no pueden abrir los ojos por la mañana porque bebieron demasiado la noche anterior. En cualquier caso, es esencial que encontremos formas de aumentar nuestra alerta mental, la cual disminuye a medida que envejecemos. Cuando envejecemos, perdemos la energía vital que teníamos en nuestra juventud y necesitamos más horas de sueño para restaurar nuestros sistemas. Ahora veamos algunas maneras en las que podemos aumentar nuestra fuerza mental y resistencia para poder enfrentar cualquier situación que se nos presente.

1. Hidratación

Debido a que nuestros cuerpos están formados principalmente por agua, necesitamos alimentarlo continuamente con líquidos durante el día. Es crucial que le proporcionemos suficiente agua para mantener un estado de equilibrio y sentir que estamos en nuestro nivel óptimo. Si no bebemos suficiente agua, nos deshidrataremos y esto afectará no solo nuestro cuerpo físico, sino también nuestra capacidad cognitiva para funcionar. De hecho, podemos perder la concentración cuando estamos deshidratados y experimentar síntomas que imitan a la demencia. Puede ser muy peligroso para tu cuerpo cuando no bebes lo suficiente. Podemos pasar largos períodos sin comida, y no es un problema. Pero no podemos sobrevivir más de tres días sin agua. Por lo tanto, debemos mantenernos hidratados en todo momento si queremos estar en el lugar correcto. Esto es especialmente cierto si estamos haciendo ejercicio, ya que debemos utilizar alrededor del 10% de los fluidos de nuestro cuerpo a través de los trabajos intensivos. Haz lo posible por beber la mayor cantidad posible.

Sé que a la mayoría de las personas no les gusta beber agua pura porque es aburrida y no proporciona un sabor refrescante que a la mayoría les gusta. En cambio, no tiene sabor pero se siente fresca. Si no quieres beber demasiada agua, entonces prueba con un jugo de frutas, una bebida deportiva o té. Hay bastantes líquidos que calificarían para reponer tu cuerpo con el fluido necesario que puedes consumir cada día. No necesariamente tiene que ser agua. Aunque el café puede deshidratarte, también puede ser utilizado como un líquido en tu dieta para ayudarte, mientras te refrescas cada día.

Estudio de caso

Leo era un corredor. Le encantaba salir afuera y correr. Pero desafortunadamente, no consumía suficiente agua, así que experimentó deshidratación. Un día, casi se desplomó. Tenía moretones rojos que aparecieron en su piel en áreas deshidratadas. Casi tuvo que ir a la sala de emergencias para reponer los fluidos de su cuerpo. Fue una vista aterradora. Leo reconoció después de ese incidente que tenía que reponer su cuerpo cada día y beber más porque de lo contrario, no sería capaz de funcionar cognitivamente. Leo también tuvo problemas para concentrarse en la escuela en ese momento, porque no había bebido suficiente agua. En consecuencia, no podía estudiar bien y tenía malas calificaciones. Después de empezar a beber más agua, Leo sintió que podía concentrarse mucho mejor y sus calificaciones mejoraron. Fue un buen resultado de la hidratación.

2. Verifica la cafeína.

Todos podemos consumir cafeína en un día determinado. Es una maravillosa creación de la que nos beneficiamos porque ayuda a mitigar los efectos de una noche sin dormir. La mayoría de las personas en América aman tomarse un par de tazas de café todas las mañanas. Se ha demostrado que el café puede mejorar nuestro rendimiento cognitivo, así que si bebemos más, veremos mejores resultados. Por el contrario, si bebemos demasiado, experimentaremos más deshidratación, nos sentiremos somnolientos y nos desplomaremos a mitad del día. Además, es vital que tengamos cuidado con la cantidad de cafeína que introducimos en nuestros cuerpos cada día. Puede causar problemas con tu sueño y hacer que sea más difícil conciliar el sueño por la noche.

La cafeína también puede ponernos nerviosos y mantenernos despiertos durante la noche. Piensa en cuánta cafeína puedes consumir antes de una presentación en una conferencia. Puedes ponerte tan nervioso que comienzas a temblar y sudar. La cafeína también puede causar falta de aliento, en cuyo caso no podemos mantener nuestra concentración en situaciones de alto rendimiento. Por lo tanto, deberías quedarte con una botella de agua, así no estarás nervioso y no estarás corriendo al baño cada cinco minutos (Alban, 2019).

Además, los efectos cognitivos de la cafeína se van desvaneciendo con el tiempo, lo que provoca que te sientas agotado a mitad del día. En consecuencia, no puedes concentrarte y sientes la necesidad de tomar una larga siesta para sentirte mejor. Dormir será una de las cosas más importantes que puedes hacer para que tu memoria se sienta en su mejor momento.

Estudio de caso

En un día dado, Sharon solía tomar de 5 a 8 tazas de café. Iba a Starbucks al menos tres veces al día y seguía tomando más café durante el día en la oficina. Ella era una "café-adicta". Solía decir, "¡despierten y huelan el café, gente! ¡Es un día nuevo! ¡Estoy lista para enfrentar al mundo!". Sharon lograba hacer mucho en el trabajo, porque constantemente se terminaba su taza de café, y estaba claro que estaba haciendo mucho. Pero en su interior, siempre temblaba, porque no había dormido lo suficiente la noche anterior. Su adicción estaba afectándola porque colapsaba en casa después de cada día de trabajo. La cafeína se estaba agotando y la hacía dormirse profundamente. Y luego se despertaba de su siesta y estaba despierta hasta las 3 de la mañana. Esto continuaba intermitentemente por mucho tiempo. Al principio, no le causaba problemas, pero muy pronto, le estaba haciendo llegar tarde al trabajo, porque posponía su alarma y se despertaba tarde, y se estaba enfermando, porque su sistema estaba en sobrecarga, pero no podía detenerse. Eventualmente, su cuerpo ya no pudo soportarlo más.

Después de enfermarse, Sharon fue a ver a su médico, quien le dijo que necesitaba dejar de beber cafeína durante dos meses. Quería desacostumbrar su cuerpo de toda esa cafeína que estaba controlando su mente y cuerpo. Le dijo a Sharon: "Creo que la cafeína ha estado tomando el control, y ya no eres tú quien habla, sino la cafeína. Debes tener cuidado la próxima vez y no excederte. Esto también ayudará a que tu memoria esté en su mejor estado". Entonces, Sharon lo intentó. El régimen fue agotador para ella. Cada día era una lucha que tenía que librar, pero lo superó. Luego, después de dos meses, pudo volver a tomar café y limitarse a solo dos tazas al día. Al final, logró restaurar su concentración y productividad en el trabajo.

3. Pierde el GPS y encuentra otras formas de llegar a casa.

Porque tenemos un sistema GPS en nuestros dispositivos móviles, nos hemos vuelto más perezosos porque todo lo que tenemos que hacer es buscar nuestro destino en nuestros dispositivos y nos guiará a nuestro destino. Aunque esto nos ha facilitado ir a cualquier lugar en el mundo. Nos volvemos menos propensos a perdernos porque usamos el sistema de navegación en nuestro teléfono para ayudarnos a ir a lugares. Al mismo tiempo, hemos perdido nuestro sentido de una brújula humana personal, que puede determinar en qué dirección ir. Se han ido los días en los que confiábamos en un mapa para llegar a cualquier lugar. No hay necesidad de memorizar nada porque toda la información está disponible para nosotros a través de Internet. Sin embargo, con esta constante dependencia de la tecnología GPS, nuestras mentes se vuelven más embotadas y menos propensas a recordar cosas. Nuestra memoria espacial-visual se ve afectada, y puede llevar a la disminución de nuestro cerebro, como resultado de no utilizar los poderes de la imaginación que son responsables de ayudarnos a recordar dónde están las cosas (Alban, 2019).

Si quieres mejorar tu memoria, apaga el GPS y trata de mirar un mapa o señales en la carretera para determinar cómo llegar a tu destino. Trata de encontrar una forma alternativa de regresar a casa desde un lugar desconocido. Si haces esto, harás cosas increíbles para tu cerebro, porque estarás usando poderes cognitivos de concentración que se enfocan intensamente en los diferentes marcadores que tu mente ha creado para navegar hacia donde está tu destino. Es muy saludable para ti. Así que, ayuda a tu cerebro y apágalo.

Estudio de caso

Mark amaba los viajes por carretera con sus amigos. Muchas veces, él recorría el país para conocer diferentes paisajes y destinos. Un verano, él y sus amigos condujeron desde Cleveland, Ohio hasta Seattle, Washington. Les llevó aproximadamente 36 horas hacer todo el viaje con paradas en el camino y algunas noches en hoteles. Pero Mark tenía una debilidad. Tenía dificultades con la navegación. Como resultado, no podía leer mapas y tenía que depender mucho de su GPS para llegar a donde necesitaba estar. En lugar de disfrutar del paisaje de los lugares a donde iba en estos viajes por carretera, se enfocaba en su GPS todo el tiempo.

Los amigos de Mark le dijeron: "¡Amigo! Necesitas deshacerte del GPS. No te está ayudando a conducir de manera más efectiva. Solo estás mirando fijamente al GPS. ¿Por qué no utilizas un mapa o miras los letreros?" Mark decidió escuchar su consejo obstinadamente, y se deshizo de su GPS. Al principio, tuvo dificultades para llegar a lugares, porque se había vuelto dependiente de la tecnología para llevarlo a todas partes. Pero muy pronto, Mark comenzó a usar su cerebro en lugar de la tecnología. Se dio cuenta de que podía encontrar soluciones creativas a sus problemas en lugar de confiar en que el GPS pudiera hacerlo todo por él. Al final, llegó a los lugares donde necesitaba estar.

Hasta el día de hoy, Mark no utiliza un GPS. En su lugar, memoriza un mapa y crea un palacio de la memoria en su mente, lo que le permite recordar detalles mientras conduce. Utiliza elementos visuales como señales en la carretera para ayudarlo a llegar a su destino. Esto ha hecho una enorme diferencia en su vida.

4. Seguir un pasatiempo

Además de perder el GPS, debes perseguir algo que te dé alegría y pasión. Encuentra algo que te motive. ¿Qué es lo que te hace levantarte por la mañana y seguir adelante en la vida? Encuentra algo que puedas seguir haciendo durante un período prolongado. La socialización puede incluirse en eso. Tal vez te guste pintar. Únete a una clase de pintura. O quizás desees cantar. Únete a un coro. Quizás disfrutes de la lectura y la escritura, así que podrías intentar unirte a un club de lectura o un club de escritores. Haz cosas que te ayuden a mejorar en lo que quieres hacer con tu vida (Alban, 2019).

Encontrar tu pasión va a ayudarte con tu memoria, también, porque cuando amas lo que haces, recordarás las cosas mucho más fácilmente. Si estás haciendo cosas que no te interesan o no te dan alegría, pensarás para ti mismo, "Bueno, olvídalo. Es pura basura." Hacer el mismo trabajo de siempre que no aporta beneficios, excepto un salario, puede drenar la energía de ti y dejarte agotado. Por lo tanto, es vital que encuentres formas de sacar tus jugos creativos y hacer cosas que te hagan más feliz.

Estudio de caso

Annelies trabajaba en una organización de turismo en París. Le encantaba ir en bicicleta al trabajo, algo que muchos holandeses hacían en los Países Bajos. Annelies era muy aficionada a viajar y disfrutaba visitando nuevos lugares y conociendo gente nueva. Annelies ama las nuevas experiencias y tomar riesgos. Había viajado a casi todos los países de Europa. Su objetivo era visitar todos para el año 2020, así que actualmente está trabajando en ese objetivo. Aún no ha visitado los países bálticos, que suelen ser poco visitados por muchas personas. Aunque está soltera y no tiene novio, le encanta socializar con otros y a veces va a los bares de expatriados.

Lo que le ha dado a ella una memoria colectiva de su experiencia es el viaje que ha hecho a lo largo de los años. Vivir en el extranjero como expatriada le ha dado un lugar para vivir lleno de aventuras. No hay dos días iguales. Annelies siempre está aprendiendo y creciendo. Ser residente de otro país es difícil, especialmente para una persona que lo está haciendo sola, por lo que eso la convierte en una mujer valiente. Ha soportado muchas dificultades en los últimos años, habiendo perdido a su novio por cáncer y a sus padres por el divorcio. Pero Annelies permanece fuerte y firme. No se tambaleará con el viento cuando los tiempos se pongan difíciles. Ella sabe que ha pasado por momentos difíciles, pero puede superar todo lo que la vida le ponga por delante porque es resiliente y trabajadora.

Annelies es muy perspicaz y recuerda detalles vívidos. Haber viajado y hablado idiomas extranjeros le hace pensar mucho y su cerebro está constantemente trabajando, lo que le permite mejorar sus habilidades. También ayuda con sus habilidades motoras finas. Esto le ayuda a manejar su bicicleta de manera efectiva y estar atenta a los vehículos en la carretera.

Annelies ha desarrollado su pasión por viajar. Su hobby la ha llevado a muchos lugares. Está encantada con su vida porque ha descubierto nuevos lugares y personas, y le ha ayudado a recordar todas las experiencias que ha vivido. Aunque su memoria no es perfecta, aún puede recordar muchas cosas, lo que le ayuda a vivir una vida significativa, llena de relaciones duraderas. Su vida está llena de un hermoso edificio de conocimiento y educación que perdurará toda la vida.

Paso 9: Habilidades de estudio: en qué puedes trabajar ahora para aumentar tu memoria fotográfica

En este capítulo, vamos a discutir varias habilidades de estudio diferentes que puedes aplicar a tu vida para aumentar tu memoria fotográfica (Leyden, 2019). Estas técnicas te ayudarán mientras estudias para un examen, haces trabajo escolar o completas diversas tareas que requieren el uso de tu cerebro. ¡Comencemos!

1. Repetición Espaciada

La mayoría de la gente sabe que la memorización mecánica no es la manera de estudiar para tu próximo examen. Muchas personas intentan memorizar palabras en una página simplemente mirando fijamente el papel y luego, cinco minutos después, son incapaces de recordar lo que ya han aprendido. En lugar de depender únicamente de la memorización mecánica para llegar a donde necesitamos estar, hay otras formas que permiten a los estudiantes recordar las cosas que necesitan saber. Una de esas formas es la repetición espaciada.

La repetición espaciada requiere que el estudiante estudie continuamente el vocabulario y otro contenido por un período extendido usando tarjetas de memoria, aplicaciones y otras herramientas para ayudar con el estudio. La repetición espaciada ayuda al estudiante a revisar el material que aprendieron en clase y dar seguimiento a cada lección. Las personas usan este método todo el tiempo al revisar palabras al memorizar. Es un método útil porque puedes actualizar tu conocimiento y seguir estudiando hasta que recuerdes lo que has aprendido en clase. La repetición espaciada se hace de manera que puedas reconocer el vocabulario paso a paso y no todo de una vez, como es común con el memorizar todo de una sola vez.

¿Por qué es perjudicial para tu cerebro estudiar de forma intensiva? Los adolescentes coreanos son conocidos por estudiar y memorizar el material que se les presenta frente a ellos. Estudian, estudian, estudian, y luego toman el examen, y una vez que está hecho, olvidan todo lo que aprendieron. Casi como si no hubieran aprendido nada en el proceso. Es triste que muchas personas olviden todas las cosas que aprendieron después del examen, como si nunca hubieran aprendido el material en primer lugar. Piensa en las personas que estudian para el GRE, TOEFL, SAT u otros exámenes estandarizados y después del examen olvidan cientos o incluso miles de palabras que "adquirieron" en sus sesiones de estudio intensivo. Desafortunadamente, ese es el caso para muchas personas en los Estados Unidos también.

En lugar de intentar memorizar toda esa información, es útil espaciar las cosas un poco, para que puedas gestionar cómo estudias y hagas un poco cada noche. Nuestras mentes solo pueden consolidar tanta información a la vez antes de saturarse. Como resultado, no pueden asimilar información en períodos demasiado cortos de tiempo. Nuestra memoria a corto plazo solo puede retener una cierta cantidad de datos antes de que ya no sea posible mantenerla. Por lo tanto, es vital que te des un descanso de vez en cuando, para contrarrestar la sobrecarga de información que siempre experimentamos cuando estamos estresados.

Estudio de caso

Adán estaba estudiando para el GRE, y compró un libro de revisión que le permitió ver todos los materiales que necesitaba repasar. Se dio cuenta de que le faltaban conceptos matemáticos y que necesitaba compensarlo memorizando diferentes fórmulas y problemas. Adán había escuchado sobre la repetición espaciada en un taller en su escuela, donde pudo obtener algunas ideas para mejorar sus habilidades de estudio. Estudió durante tres meses para el GRE, y cada día practicaba problemas de matemáticas que estarían en el GRE. Miraba problemas de geometría durante una semana, y practicaba resolverlos todos los días. Luego, iba en línea y tomaba exámenes que se calificaban instantáneamente, para que pudiera recibir retroalimentación de inmediato. Utilizaba tarjetas de memoria y aplicaciones para ayudarle a recordar conceptos clave que estaba utilizando para resolver los problemas. Aunque le resultaba difícil, aún podía resolver todos los problemas todos los días. Además, contrató a un tutor para que le ayudara a llenar las lagunas de su conocimiento. Su tutor le ayudó a practicar con frecuencia para que pudiera obtener más retroalimentación y más asistencia para estudiar para el examen. Después de tres meses, Adán se sintió más seguro, porque podía recordar los temas matemáticos que había estudiado con facilidad. Estaban arraigados, no solo en su memoria de trabajo, sino también en su memoria permanente, por lo que fue una forma efectiva de estudiar para el examen. Adán utilizaba una variedad de métodos para recordar palabras y fórmulas. Cuando llegó al examen, pudo resolver los problemas sin esfuerzo dentro del tiempo dado, y aprobó el examen.

2. Usa tus aplicaciones de teléfono inteligente, incluidas Study Blue y Memrise.

La segunda cosa que debes hacer es usar aplicaciones en tus teléfonos inteligentes, como Study Blue y Memrise. Estas aplicaciones permiten a una persona utilizar la tecnología de repetición espaciada para estudiar en cualquier momento y en cualquier lugar, donde haya Internet. Puedes descargar las aplicaciones en tu teléfono inteligente o computadora. Las aplicaciones son particularmente útiles si eres profesor y quieres utilizar la tecnología en tu clase. Para muchos cursos, profesores y maestros pueden utilizar la tecnología de repetición espaciada para crear juegos de memorización, en los que los estudiantes individuales y los grupos pueden practicar memorizando vocabulario. Usando aplicaciones como Study Blue, los estudiantes pueden divertirse conociendo las diferentes palabras que adquieren con el tiempo.

Study Blue y Memrise también pueden ser compartidos con toda una clase. El profesor puede hacer una lista de palabras y luego compartirla con toda la clase a través de sus teléfonos inteligentes, para que los estudiantes puedan estudiar en casa y hacer toda la memorización en la comodidad de sus dormitorios. Ayudará a los estudiantes a afianzar la información en sus mentes, ya que practican la repetición espaciada en sus dispositivos.

Estudio de caso

William tenía dificultades para memorizar información. No era bueno en la memorización mecánica, porque cuando hacía pruebas de vocabulario durante su clase de inglés, siempre fracasaba. Quería estudiar justo antes, pero inmediatamente al mirar un papel, olvidaba la información presentada, como si nunca hubiera visto las palabras. William habló con su profesor de inglés sobre cómo encontrar formas de mejorar su vocabulario y desempeñarse bien en las pruebas. Su profesor, el Sr. Kyle, le dijo que necesitaba usar ejercicios de repetición espaciada para mejorar en la memorización de vocabulario. Entonces, Kyle lo invitó a Studyblue a usar las cartas que se estaban utilizando en clase. El Sr. Kyle se dio cuenta de que estudiantes como William necesitaban herramientas de autoestudio en casa, así que las puso a disposición de todos los estudiantes y las entregó gratuitamente. Ayudó mucho con la confianza de los estudiantes. Se pusieron a estudiar y lo pasaron en grande. Toda la clase estaba sacando calificaciones por encima del 90% en los cuestionarios de vocabulario porque estaban practicando lo suficiente mientras estudiaban en casa.

3. Para clases de idiomas, tome pruebas de vocabulario en línea para el autoestudio.

Por lo general, encontrarás que muchas personas estudian vocabulario en clases de idiomas extranjeros, donde es necesario memorizar muchas palabras. El vocabulario necesita ser evaluado continuamente en el aula para asegurar que los estudiantes estén aprendiendo correctamente los textos que están estudiando. Hacerlo en línea es una excelente manera de hacer que los estudiantes estudien arduamente porque pueden verificar su progreso y ver sus resultados de inmediato. Encontrar los recursos en línea adecuados permitirá que tu clase se desempeñe bien en poco tiempo.

Además de los exámenes en línea, debes tratar de usar las palabras o conceptos de tus listas en una oración o en un contexto específico para consolidar todo en tu mente. No es suficiente depender únicamente de la memorización de la palabra sin algún contexto. Rápidamente la olvidarás si no la utilizas en una oración. Por lo tanto, es crucial que encuentres formas de integrar el estudio de vocabulario de maneras prácticas para que puedas verlo en acción todo el tiempo.

Estudio de caso

Joyce tuvo dificultades para recordar todo el contenido de vocabulario que había adquirido en su clase de francés, así que quería encontrar una manera de recordarlo mejor. Sabía que memorizar no era el camino a seguir, pero le costaba encontrar algo que funcionara para ella. Le pidió a su profesor que la ayudara a encontrar una forma de mejorar su vocabulario. El profesor le dijo que buscara en línea y encontrara cuestionarios de vocabulario que ella misma pudiera diseñar y resolver. Joyce buscó en línea y descubrió una forma de preparar un examen de vocabulario y luego tomarlo después. Esto la ayudó mucho. También mejoró en su rendimiento general en clase; así que fue un éxito.

4. Dibuja imágenes de historias y los conceptos que estás estudiando.

Una cosa que podría parecer infantil es dibujar un cuadro de las diversas historias y conceptos que estudiamos en la escuela. En la escuela primaria, probablemente hacíamos esto a menudo. Sin embargo, cuando dibujamos un cuadro, podemos echar un vistazo a nuestras imaginaciones. Cuando imaginamos lo que aprendemos, entonces podemos recordar las cosas mucho mejor. ¡No te sientas avergonzado si disfrutas dibujando imágenes. Hazlo por tu memoria! Puedes recordar las historias que aprendes en clase de literatura si haces un storyboard. Te ayudará a visualizar todo. Y luego, tal vez uno mes, un año, o tres años después, tendrás el recuerdo de esa imagen por el resto de tu vida. Eso no sucede de la misma manera cada vez, pero podría resultar útil para tu memoria en general.

Estudio de caso

Una artista de profesión, a Colleen le encantaba dibujar imágenes. En la escuela, se aburría fácilmente, así que a menudo dibujaba en su cuaderno. A veces hacía garabatos de su maestra. En otras ocasiones dibujaba las diferentes experiencias de su vida. Era hábil en esto, y siempre le encantaba dibujar imágenes únicas de las diversas cosas que estaba estudiando. Cuando llegaba el momento de trabajar en grupo, Colleen siempre quería sentarse sola y dibujar por su cuenta. Era bastante introvertida, así que el trabajo individual nunca fue un problema para ella. Un día, su maestra le dijo: "Colleen, quiero que compartas tus dibujos con tus amigos. Ellos pueden interpretar tu imagen y ver si corresponde con lo que estamos leyendo. ¿Qué te parece?" Colleen respondió: "Está bien, haré lo que diga la maestra." Colleen nunca se arrepintió de ese momento después de empezar a hablar con sus amigos. Inmediatamente se emocionó. Sus amigos comenzaron a escuchar lo que ella decía sobre las historias de la clase. Describió cada detalle de la historia tal como la había dibujado, coincidiendo con lo que los estudiantes habían estado leyendo. Fue increíble. Colleen estaba orgullosa de sí misma. Sabía que tenía grandes ideas que compartir sobre los textos que la clase estaba analizando, y quería compartirlas con los demás. Esto la hizo crecer como estudiante, y también ayudó a otros estudiantes.

5. Recita un texto para competencias de poesía y otros concursos.

Para entrenar tu memoria como un profesional, convierte la memorización en algo que puedas disfrutar con competiciones, como concursos de poesía y concursos de memorización. La recitación puede ser una forma divertida de memorizar con tu clase, grupo de amigos u otro círculo. Mejor aún, puedes ofrecer algún premio o incentivo para que sea más motivador y menos temido por todos.

Cuando lees algo en voz alta, involucra tu corazón y mente en el texto que estás leyendo. Puedes memorizarlo aún mejor cuando conoces el libro de memoria. Recordar tanto la versión escrita como la hablada del texto va a ayudar mucho a tu memoria para que puedas compartir tus ideas con otros. Te va a dar mucha más confianza para lograr tus objetivos. Además, te instamos a probar esta técnica mientras memorizas un guion o poema. Te ayudará a ser más asertivo y dispuesto/a a enfrentar cualquier desafío que se te presente.

6. Utiliza un gancho mnemotécnico para recordar cosas por su rima.

Si quieres mejorar tu capacidad de memorizar cosas para un examen, intenta hacer que cada palabra rime con un número. Puedes asignar estos números como una especie de código secreto con el que puedas trabajar diariamente. Veamos algunos ejemplos.

1 = hijo

2 = a través

3 = ver

4 = más

5 = prosperecer

6 = palitos

7 = Kevin

8 = estado

9 = bien

10 = cuando

Pero ¿cómo harías conexiones al hacer una lista de compras, por ejemplo? Si estuvieras creando una lista para ir a la tienda pero la olvidaste, ¿cómo podrías recordar? Piensa en formas de vincular tu lista usando imágenes como estas:

Huevos: Imagina el amanecer sobre un lugar nevado o huevos que se están cocinando fritos por un lado.

Cebollas: Piensa en animales teniendo una guerra entre ellos y utilizando granadas de cebolla.

Zanahoria: Imagina un rifle disparando balas de zanahoria.

Bacon: Piensa en frutos de tocino en un árbol.

Al visualizar las imágenes en tu lista, entonces puedes recordar lo que pensaste que habías olvidado. Utiliza estos enlaces para retener tanta información como sea posible.

7. Reduce la velocidad del estudio

Cuando estás estudiando para diferentes pruebas, es mejor disminuir la velocidad tanto como sea posible y aprender menos cosas. Puedes sentirte tentado a tratar de memorizar tantas palabras como sea posible en un tiempo dado, pero estudios han demostrado que menos es más cuando se trata de estudiar. Cuando puedes revisar y aprender más en ese corto período, te ayudará en tu retención general. ¿Quién quiere estudiar tanto cuando pueden estudiar solo un poco a la vez? Entonces, pueden recordarlo todo. Veamos un estudio de caso de esta técnica.

Estudio de caso

Kane siempre pensó que tenía que estudiar mucho para ingresar a la universidad. Solía estudiar intensamente para cada examen. Falló cinco veces de cada diez porque no podía repasar el material y retenerlo. Su cerebro no podía manejar la memorización del contenido. No se dio cuenta de que tenía que hacer un poco cada día para que se le quedara grabado. Kane contrató a un tutor para que le ayudara con la memorización de información. El tutor le dio todo lo que necesitaba saber al respecto. Luego, Kane comenzó a tomar 10 palabras cada día y a utilizar diversas técnicas de estudio para ayudarlo a memorizar para sus pruebas. Después, añadió unas cuantas palabras más cada día. Poco a poco, fue aprendiendo el contenido. Para cuando tuvo que tomar el examen, lo sabía todo y empezó a obtener un 100% en todas las tareas. Fue fantástico, todo gracias a su tutor, que lo había ayudado fielmente.

8. Mira un documental sobre el tema que estás estudiando.

Una excelente manera de aprender sobre algo es ver un documental sobre el tema. Los documentales te permitirán ver toda la historia si la pregunta es sobre historia. Luego, puedes recordar los detalles clave de la historia, y podrás ver la recreación real de la misma. Esta técnica es especialmente útil para los estudiantes que no pueden visualizar situaciones por sí mismos. Cuando puedes depender de la imaginación de otra persona, entonces puedes tener una mejor idea de las cosas que estudias. Cuando tengas dudas, o cuando te resulte difícil formar una imagen mental de lo que estás estudiando, entra en Youtube y mira un documental al respecto. Esto puede darte más motivación para estudiar más y de manera más efectiva. Luego, podrás aprobar ese examen. Puedes mejorar tu memoria de esta manera.

9. Toma descansos para estudiar

Cuando estés estudiando, recuerda que necesitas tomarte descansos, porque no podrás retener la información que estás leyendo después de estudiar durante 1 hora y 30 minutos. Por lo tanto, es crucial que te tomes un descanso después de 45-50 minutos. Hazte un favor, tómate un descanso para tomar un café y aléjate del trabajo por un rato. Te despejará la mente y te hará sentir más fresco y listo para conquistar más que nunca. Hazlo por el bien de tu memoria.

Estudio de caso: Tracy

Tracy era una estudiante intensa. Estudiaba duro en la biblioteca. A veces, no podía dejar de repasar para diferentes clases. De alguna manera, estaba enganchada a sus estudios, y era porque se apasionaba por el tema. Pero a menudo, estudiaba durante 10 horas seguidas sin descansos entre medias. Poco después, empezó a sentir fatiga, lo que provocaba que se durmiera durante la clase. Su agudeza mental no estaba ahí fácilmente; tenía que cambiar. Su mentor le recomendó que tomara más descansos y saliera a jugar con sus amigos. Tracy se dio cuenta de que estaba estudiando demasiado duro, así que intentó segmentar su tiempo, para poder encontrar periodos de descanso con momentos de estudio intensivo. Sabiendo que solo puedes concentrarte en algo durante unos 30 minutos seguidos, Tracy empezó a tomar descansos después de cada hora. Iba al baño, se tomaba un vaso de agua, o caminaba por el pasillo de su biblioteca, para que pudiera hacer fluir su sangre.

Después de tomar descansos, Tracy notó que no solo podía estudiar mejor, sino que también podía recordar mucho mejor lo que estaba revisando. Las pausas programadas le dieron tiempo para relajarse y experimentar más libertad. Tracy pudo recuperar su concentración, así que pudo estudiar más. Gradualmente, Tracy también desarrolló un equilibrio entre el trabajo y la vida, lo que le permitió llevar un estilo de vida más saludable.

10. Encuentra nuevos espacios de estudio

A menudo, cuando estudiamos o trabajamos, pensamos que quedarnos en el mismo lugar cómodo es donde podemos hacer más cosas. Sin embargo, la retención de información puede mejorar cuando cambias la ubicación de donde estás estudiando de vez en cuando. La mayoría de las veces, a los estudiantes les gusta estudiar en casa o en la biblioteca, pero encontrar nuevos espacios de estudio puede ayudar a tu cerebro a adaptarse a nuevas situaciones y aprender nuevo material de manera más rápida y fácil. Esto te ayuda a experimentar nuevos avances en tu estudio. Puedes pensar que encontrar ese lugar perfecto para estudiar es lo principal que buscas. Sin embargo, lo que debes darte cuenta es que tu cerebro necesita un descanso de lugares familiares, y deberías seguirle la corriente. Darle a tu mente un descanso de la rutina diaria puede mejorar tu memoria en general y tu capacidad para retener el material que estás estudiando.

Estudio de caso

Dexter estaba continuamente buscando el mejor lugar para estudiar, pero quería quedarse en la misma área cada vez. Desafortunadamente, se dio cuenta de que se estaba estancando cada vez que encontraba un buen lugar para estudiar. Entonces, sentía que ya no podía estudiar allí. Como resultado, le costaba concentrarse en su trabajo. Dexter no era un estudiante brillante. Tenía buenas calificaciones, pero nunca recibía A en sus tareas. Pronto, sintió que su vida académica se estaba volviendo más monótona y menos interesante. Después de hablar con sus amigos, Dexter se dio cuenta de que tenía que cambiar las cosas. No podía simplemente quedarse en el mismo lugar de estudio todo el tiempo. Tenía que levantarse y trasladarse a un lugar nuevo. A veces, podía estudiar en una cafetería o biblioteca, y a veces, podía simplemente quedarse en su habitación de residencia y relajarse con la música de Maroon 5 de fondo. Dexter notó que estudiar se volvía más intrigante cada vez que hacía esto, porque podía adaptar su mente a un nuevo lugar de estudio, y eso afectaba su retención de la memoria de los conceptos que estaba estudiando. Entonces, Dexter dedicó su tiempo a cambiar su entorno de estudio cada semana. Visitaba al menos tres lugares distintos. Después de completar este experimento, Dexter notó que recordaba muchos más detalles de sus tareas y las cosas que tenía que memorizar. Sus calificaciones mejoraron, y fue un éxito, gracias a su dedicación y esfuerzo.

11. Nunca hagas una noche en vela. Nunca.

Se ha demostrado que trasnochar es una de las peores cosas que puedes hacer para tu cuerpo y mente ("¿Qué tan malo es trasnochar?", s.f.). En la universidad, es común trasnochar antes de los exámenes finales, con una memorización de último minuto. Sin embargo, lo cierto es que, si haces esto, es probable que pongas todo en tu mente temporal y luego olvides todo el día del examen. Pero también, como hemos demostrado, el sueño es esencial para tu memoria, y si pierdes el sueño la noche anterior a un gran examen, es probable que no recuerdes nada y potencialmente fracases estrepitosamente. Dicho esto, hay excepciones a esta regla. Algunos estudiantes son expertos en trasnochar y pueden mantenerse despiertos toda la noche durante una semana y luego dormir la siguiente semana. Esta es una práctica abominable. Por lo tanto, debes tratar de alejarte de esta opción, porque no te ayudará a aprender nada. Te hará olvidar muchas cosas. Y tu cuerpo no te lo agradecerá. Te implorará que le des sueño. Consejo del experto: nunca hagas un trasnochar. Nunca es una buena idea. Siempre es mejor dormir. Divertirse a lo grande es para estudiantes de primer año en su primer semestre de la universidad. Para un estudiante de posgrado o un profesional trabajador, eso nunca es una opción. Además, mi mejor consejo es crecer y dejar de hacer cosas que sean infantiles y que no te ayudarán a largo plazo.

Estudio de caso

Daniel K. era un estudiante de ingeniería en una escuela desconocida en Tennessee. Vivía con un estudiante de humanidades. Daniel era muy desordenado y descuidado, y su compañero de cuarto era ordenado y mantenía sus cosas organizadas. Daniel solía ser un estudiante muy desorganizado, sin embargo, lograba obtener calificaciones decentes en sus clases de ingeniería. Durante la temporada de exámenes finales, pasaba noche tras noche sin dormir. Esto molestaba a su compañero de cuarto, que intentaba dormir. Daniel no se dio cuenta hasta más tarde de que esta práctica era inútil y no lo llevaba a ninguna parte. Continuó consumiendo grandes cantidades de cafeína y a veces se quedaba bebiendo café hasta las 5 de la mañana. Además, no se duchaba y a veces olía bastante mal, debido a su falta de higiene. Su compañero de cuarto, Jason, le dijo: "Daniel, ¿por qué no te vas a dormir? Yo me voy a dormir. Así que te sugiero que hagas lo mismo. Estoy seguro de que no necesitas estar despierto toda la noche estudiando para este examen. Entonces, ¿por qué no intentas dormir un poco ahora y ves qué sucede?" Daniel respondió a Jason: "Esa es una buena idea. Lo intentaré y veré qué ocurre." Daniel dejó de estudiar y se dio cuenta de la importancia del sueño. Poco a poco mejoró su capacidad de estudio y sus calificaciones aumentaron. Fue una historia de éxito, demostrada por los métodos probados de Jason. Al final, Daniel logró sobresalir en la universidad.

Y eso es todo.

Imagina que tu vida es una película y está capturando cada momento vivido. Piensa en una cámara de seguridad que está encendida todo el tiempo y te está observando mientras te mueves en tu día a día. Eso puede asustarte, pero también puede hacerte darte cuenta de que tu vida está llena de momentos infinitos. Tenemos momentos Kodak a diario, y siempre queremos recordarlos. Pero a menudo, nos consumimos con aplicaciones como Instagram, donde nos encanta compartir fotos de esos momentos en nuestra vida. Te pierdes en el proceso de tratar de recordar algo. Lo que debemos hacer es aprender a disfrutar de nuestras vidas y crear recuerdos con nuestra imaginación, utilizando nuestro cerebro y no los dispositivos que contribuyen a nuestras funciones diarias.

Este libro ha demostrado nueve formas diferentes de mejorar tu memoria fotográfica. En primer lugar, hablamos de cómo mejorar tu memoria general. Enfocarse en tu memoria general te permite pensar en todas las formas en que creas una evocación fotográfica de las cosas en tu vida. Esto incluye cosas como el Palacio de la Memoria, que es una forma comprobada de recordar prácticamente todo. Usar el Palacio de la Memoria te ayudará a ubicar las cosas espacialmente en la mente. El segundo paso que demostramos fue cómo usar el Método Militar para entrenarte a recordar mejor. Este fue un método probado por un Navy SEAL que permitió a un hombre lograr lo imposible en una competencia de memoria. Definitivamente no es la única forma de hacerlo, pero es algo que puedes hacer para entrenar tu mente para realizar tareas asombrosas. En el tercer capítulo, hablamos sobre la dieta y cómo impacta en tus habilidades de pensamiento. La dieta es uno de los factores más importantes que contribuye al desarrollo o declive de nuestra memoria. Alimentando tu mente con buena comida, puedes aumentar la actividad cerebral y la retención de memoria. Por otro lado, los alimentos poco saludables provocarán un declive en la memoria, lo que lleva a trastornos como el Alzheimer y la demencia. Estamos seguros de que te gustaría evitar tales casos tanto como sea posible. El capítulo 4 trató sobre el tema del sueño y cómo muchas personas no obtienen el descanso que merecen. Dormir es el momento de consolidación de la memoria en el que el cerebro ensambla los recuerdos acumulados durante el día y pone algunos de los recuerdos en un centro de almacenamiento permanente. Este acto permite al cerebro retener una gran cantidad de información y hacer todas las cosas maravillosas para mejorar tu vida.

En el quinto capítulo, hablamos sobre dispositivos mnemotécnicos y cómo pueden ayudarte a recordar muchas cosas basadas en los diferentes patrones que formas en tu mente. Por ejemplo, podrías utilizar acrónimos u otras pistas útiles que te entrenan para recordar varios conceptos. Los dispositivos mnemotécnicos son especialmente útiles cuando deseas recordar fechas y otros hechos históricos. A continuación, en el sexto capítulo, vimos la memoria sensorial y cómo esto permite a una persona recordar usando todos los sentidos. Este tipo de memoria se utiliza para actores, que se preparan emocionalmente para los roles, donde deben empatizar y sentir las emociones del personaje para representar el papel en el escenario o en la pantalla. Aunque este método es útil para los actores, también es una herramienta ingeniosa para ayudarte a apoyar a otros que están luchando con sus emociones y que están de duelo o celebrando su éxito. En el séptimo capítulo, hablamos de todas las formas de aumentar cognitivamente tus habilidades. Exploramos diferentes ejercicios que podrían aumentar la actividad cognitiva y ayudarte a llegar a donde necesitas estar con tu memoria. El octavo capítulo trató sobre cómo hacerte más alerta mentalmente para enfrentar diferentes desafíos, incluida la hidratación. Debes tomar estos pasos para sentirte en tu mejor estado todos los días. Finalmente, el último capítulo trató sobre varios trucos de estudio que te ayudarán a recordar todas las cosas que necesitas para los exámenes, presentaciones y otras tareas que encontrarías en una escuela secundaria, universidad u otro programa académico.

Poniéndolo todo junto, podemos concluir que crear una memoria fotográfica no es una tarea fácil. Requiere una gran inversión de tu tiempo y recursos. Tienes que dar todo lo que tienes, porque no va a ser algo sencillo para ti. Hay una razón por la que se llama entrenamiento de memoria, porque, al igual que entrenar en un gimnasio, tu mente necesita tener actividades que le ayuden a recordar las cosas que pasan continuamente. Nuestros cuerpos y mentes están continuamente en un estado de sobrecarga informativa. Experimentamos muchas sensaciones y emociones cada día, lo que nos hace vulnerables al olvido. Debido a que somos seres finitos, no hay forma de que toda esa información se almacene en nuestros cerebros. Afortunadamente, para nuestro rescate, podemos olvidar muchas cosas, especialmente los recuerdos dañinos y difíciles que tenemos. Existe una bendición en el olvido, pero también dificulta recordar los buenos momentos. Es por eso que confiamos en las cámaras, la toma de notas y las grabaciones de audio para ayudarnos a retener la información en un lugar seguro.

Si quieres tener una memoria fotográfica, necesitarás tomarte el tiempo para seguir los pasos que hemos delineado en este libro. Paso a paso puedes llegar a donde necesitas estar. El entrenamiento de la memoria es un proceso, no un destino. Requiere paciencia, pero también requiere repetición espaciada. Como ahora sabes, estudiar de manera intensiva no te lleva a ningún lado, cuando se trata de desarrollo de memoria permanente. Si quieres retener todas esas palabras de vocabulario para ese examen, debes memorizar un poco a la vez. Además, para todo lo que estudies, debes memorizar utilizando imágenes. Debido a que nuestras mentes están conectadas para la memoria espacial y visual, debemos hacer todo lo posible para colocar la imagen en nuestra cabeza. De lo contrario, olvidaremos. Permite que todas las sensaciones de la experiencia lleguen a tu mente. Y luego, recordarás mejor. No te permitas depender de la memorización mecánica. Nunca funciona. En su lugar, intenta memorizar la información utilizando una variedad de técnicas que te ayuden a asimilar los datos en tu mente, para que puedas aprobar el examen o simplemente recordar las experiencias cotidianas que encuentras.

Gracias por acompañarnos en este viaje. Tu aventura personal continúa por el resto de tu vida, pero esperamos haber podido guiarte por los caminos que te llevarán a tu desarrollo y realización personal. Tómate el tiempo hoy para apreciar las cosas en tu mente. Apaga tu teléfono o computadora, disfruta de la vista y permite que tu cerebro procese cada experiencia que tengas. No te apoyes demasiado en la tecnología que forma parte de tu vida. En su lugar, vive tu vida de manera baja en tecnología, más lenta y más espaciada, para que puedas vivir momento a momento con más vigor y emoción que nunca antes.

Cómo Dejar de Pensar Demasiado:

27 Técnicas Poderosas para Aliviar el Estrés. Hacking Mental para Encontrar la Libertad Emocional. Despeja tu Mente y Aprende el Arte de Dejar Ir.

Derechos de autor por Robert Clear 2024 - Todos los derechos reservados.

El contenido de este libro no puede ser reproducido, duplicado o transmitido sin permiso directo por escrito del autor o del editor.

En ningún caso se responsabilizará al editor o autor por cualquier daño, reparación o pérdida monetaria debido a la información contenida en este libro. Ya sea directa o indirectamente.

Aviso legal:

Este libro está protegido por derechos de autor. Este libro es solo para uso personal. No puedes modificar, distribuir, vender, usar, citar o parafrasear ninguna parte, o el contenido dentro de este libro, sin el consentimiento del autor o editor.

Aviso de descargo de responsabilidad:

Por favor, tenga en cuenta que la información contenida en este documento es solo para fines educativos y de entretenimiento. Se ha realizado todo el esfuerzo para presentar información precisa, actualizada y confiable. No se declaran ni se implican garantías de ningún tipo. Los lectores reconocen que el autor no está proporcionando asesoramiento legal, financiero, médico o profesional. El contenido de este libro ha sido derivado de varias fuentes. Por favor, consulte a un profesional con licencia antes de intentar cualquier técnica descrita en este libro.

Al leer este documento, el lector acepta que bajo ninguna circunstancia el autor es responsable de cualquier pérdida, directa o indirecta, que se incurra como resultado del uso de la información contenida en este documento, incluyendo, pero no limitado a, errores, omisiones o inexactitudes.

Introducción

Pensar demasiado es muy común y debilitante. Puede impedirte socializar, tener un sueño reparador, afectar tu desempeño en el trabajo e incluso arruinar unas vacaciones bien planeadas. Cuando pensar demasiado se vuelve crónico, puede provocar malestar físico y mental. En resumen, pensar demasiado puede dejarte exhausto tanto física como mentalmente. Si te sientes así en este momento, es posible que hayas intentado varias formas de escapar de esta situación deprimente sin éxito.

Pero entonces, ¿qué es el trastorno de pensar demasiado? En circunstancias normales, todos nos preocupamos por una cosa u otra, pero cuando esas ansiedades comienzan a consumirnos, entonces se convierte en un problema serio. Aunque no todos sufrirán de ese grado de preocupaciones, algunas personas son más propensas a padecer esos trastornos que otras, especialmente aquellas con antecedentes de trastornos de ansiedad. Los científicos han descubierto que pensar demasiado puede activar varias áreas del cerebro que regulan la ansiedad y el miedo.

Pero incluso si nunca has tenido un historial de trastorno de ansiedad, es posible que aún seas propenso a pensar demasiado, especialmente si asumes la responsabilidad de ser un "solucionador de problemas". Tu mayor fortaleza como pensador analítico puede terminar convirtiéndose en tu peor enemigo, especialmente cuando te quedas atrapado en un lodazal de pensamientos improductivos. Además, los sentimientos de incertidumbre en gran medida pueden inducir un trastorno de pensamiento excesivo. Por ejemplo, si ocurriera un cambio significativo como una gran pérdida en tu vida, podrías perder el control de tu mente y podría girar en una dirección obsesiva improductiva.

Es reconfortante aprender que se puede superar la sobrethinking (y la ansiedad). Hay muchas técnicas efectivas para resolver las ansiedades, sin importar la causa, ya sea la sobrethinking debido a una relación fallida, problemas de salud o financieros. Mantente atento, ya que este libro te llevará a través de las técnicas de cómo dejar de sobrethinking. Pero primero, este libro comenzará definiendo cada problema y luego discutiendo las soluciones más efectivas para cada problema.

Capítulo 1: ¿Qué es la rumiación excesiva?

Como su nombre indica, pensar demasiado simplemente significa pensar demasiado. En realidad, cuando pasas más tiempo pensando en lugar de actuar y participar en otras actividades, entonces estás pensando demasiado. Puedes encontrarte analizando, comentando y repitiendo los mismos pensamientos una y otra vez, en lugar de tomar acción, entonces estás pensando demasiado. Estos malos hábitos pueden obstaculizar tu progreso, dejándote improductivo.

Cada individuo experimentará el pensamiento excesivo de manera diferente y ninguna dos personas piensan demasiado de la misma manera. Pero en general, todos aquellos que piensan demasiado estarán de acuerdo en que la calidad de su vida ha sido afectada por su incapacidad para controlar sus pensamientos y emociones negativas. Tales hábitos hacen que sea muy difícil para la mayoría de las personas socializar, ser productivas en el trabajo o disfrutar de pasatiempos debido a la enorme cantidad de tiempo y energía que su mente consume en una línea específica de pensamiento. Tales emociones incontroladas pueden ser muy perjudiciales para la salud mental del individuo.

Pensar demasiado hace que sea más difícil hacer nuevos amigos y mantener amigos, te resultará difícil conversar con ellos porque estás demasiado preocupado por qué decir o qué hacer para mantener la conversación. Algunas personas que sufren de este trastorno pueden encontrar difícil participar en conversaciones generales o interactuar con los demás incluso en un entorno normal. Además, algunos pueden tener problemas para mantener una cita o ir a la tienda. Este tipo de pensamiento desperdicia tiempo y te quita energía, evitando que tomes medidas o explores nuevas ideas. También obstaculiza el progreso en la vida. Esto se puede comparar con atarse una cadena conectada a un poste alrededor de la cintura y luego correr en círculos, estarás ocupado pero no productivo. Pensar demasiado deshabilitará tu capacidad para tomar decisiones acertadas.

En tales circunstancias, es más probable que estés preocupado, ansioso y carente de paz interior. Sin embargo, cuando dejas de pensar demasiado, te volverás más productivo, feliz y disfrutarás de una mayor paz.

¿Por qué pensamos demasiado?

Hasta ahora, hay dos explicaciones principales para la razón por la que las personas piensan demasiado:

- El cerebro que sobrepiensa
- Cultura contemporánea.

El Cerebro que Sobrepiensa

Nuestro cerebro está diseñado de tal manera que todos nuestros pensamientos están interconectados en redes y nodos. Por ejemplo, los pensamientos sobre el trabajo pueden estar en una red, y los pensamientos sobre la familia en otra.

Existe una conexión fuerte entre nuestras emociones y estados de ánimo. Las actividades o circunstancias que estimulan sentimientos negativos parecen estar conectadas a una red, mientras que aquellas que inducen felicidad están vinculadas a otra red.

Aunque esa interconexión de sentimiento y pensamiento puede ayudar a las personas a pensar de manera más eficiente, también puede hacer que las personas piensen demasiado.

En general, los estados de ánimo negativos a menudo activan pensamientos y recuerdos negativos, incluso si dichos pensamientos no están relacionados. Reflexionar demasiado mientras se está en un estado de ánimo negativo puede llenar la mente de muchas ideas negativas y cuanto más reflexione una persona de esa manera, más fácil será para su cerebro inducir asociaciones negativas.

Según la investigación de expertos en cerebro, se ha descubierto que el daño (o conexiones erróneas) de ciertas áreas del cerebro pueden hacer que uno sea propenso a la depresión y al exceso de pensamientos. Estas áreas incluyen la amígdala y el hipocampo, que están involucrados en el aprendizaje y la memoria, y la corteza prefrontal, que ayuda a regular las emociones. Este conocimiento explica en parte por qué algunas personas tienden a sobreanalizar más que otras.

La Generación de la Sobrethinking. Los informes de los estudios realizados por el autor mostraron que los jóvenes, así como las personas de mediana edad, tienden a sobre pensar aún más que las personas mayores (aquellas mayores de 65 años) lo hacen.

¿Qué puede ser responsable de esto? Hay 4 posibles tendencias culturales que pueden ser responsables:

- Obsesión por los derechos: Muchos hoy en día tienen un sentido excesivo de derechos. Se sienten con el derecho de ser ricos, exitosos y felices, y como tal, nadie puede impedirles obtener lo que se merecen. Por lo tanto, la mayoría de las personas se preocupan porque no están obteniendo lo que se merecen, intentan descubrir qué es lo que les está frenando. Esta actitud de pensar demasiado ha convertido a muchos en una bomba de tiempo, listos para explotar ante la menor provocación.

- El vacío de valores: La mayoría de las personas hoy en día, especialmente los jóvenes, han cuestionado todos los valores que sus padres les transmitieron, como la religión, la cultura y las normas sociales. Por lo tanto, estas personas se quedan con solo unas pocas opciones y sin valores, lo que hará que terminen cuestionando cada elección que hagan y se pregunten si tomaron la decisión correcta. (Esto también puede llevar a pensar demasiado).

- Cultura del ombligo: La cultura moderna y la

psicología popular a menudo animan a las personas a ser más expresivas y a desarrollar más autoconciencia. Sin embargo, la mayoría de las personas a menudo llevan esto al extremo, volviéndose excesivamente absorbidos por sí mismos, se sobreanalizan a sí mismos y sus sentimientos. Muchas personas pierden demasiado tiempo "mirando fijamente sus ombligos," reflexionando sobre el significado de cada cambio emocional.

- La necesidad compulsiva de soluciones rápidas: El siglo XXI está lleno de personas que tienden a buscar soluciones rápidas, en lugar de tomarse el tiempo para resolver las cosas gradualmente. Por ejemplo, si alguien está triste o preocupado, puede recurrir a alguna salida rápida como beber alcohol, ir de compras, tomar medicamentos recetados, participar en un nuevo deporte o hobby, u otras actividades. En resumen, las soluciones rápidas solo proporcionan una solución temporal (o incluso incorrecta).

Síntomas de Pensar Demasiado

Tener una lista bien definida de síntomas de pensar demasiado puede ser bastante útil. De hecho, la conciencia es tu mejor defensa, te ayudará a saber cuándo estás en la zona de peligro, y no estar en guardia es muy peligroso para tu bienestar mental.

Estar atento a los siguientes síntomas puede ayudarte a llevar a cabo una prueba de trastorno de sobre-pensamiento. Si observas que estás experimentando el trastorno de sobre-pensamiento, puedes observar uno o más de los siguientes síntomas:

- Cuando no puedes dormir: Intenta todo lo posible para descansar adecuadamente, pero tu mente simplemente no se apaga. Luego comienzan la agitación y las preocupaciones.

- Si te automedicas: La investigación sobre el trastorno de pensamiento excesivo ha demostrado que aquellos que sufren de él a menudo recurren a la comida, el alcohol, las drogas o cualquier medio para modular los sentimientos.

- Suele estar cansado: El cansancio puede ser resultado del insomnio, o debido a pensamientos repetitivos que agotan tu energía.

- Quieres estar en control de todo: Intentas planificar todos los aspectos de tu vida hasta el último detalle. Pero la verdad es que hay un límite a lo que puedes controlar.

- Te obsesionas por el fracaso: El miedo al fracaso te ha convertido en un perfeccionista y a menudo imaginas lo mal que saldrán las cosas si no funcionan bien.

- Temes al futuro: En lugar de emocionarte por lo que depara el futuro, estás atrapado en tus pensamientos.

- Dudas de tu propio juicio: reconsideras cada decisión que tomas, desde lo que te pones, hasta lo que dices y cómo te relacionas con los demás.

- Tienes dolores de cabeza por tensión: Es posible que experimentes dolores de cabeza por tensión crónica como si tuvieras una banda apretada alrededor de tus sienes. Además, también podrías sentir dolor o rigidez alrededor de la región del cuello. Todos estos son signos de que necesitas un largo descanso.

Si alguno de los signos anteriores ocurre con demasiada frecuencia, los psicólogos dirán que eres alguien que piensa demasiado o un rumiador. Según los psicólogos, pensar demasiado puede afectar el rendimiento, causar ansiedad o incluso llevar a la depresión.

Peligros de ser una persona que piensa demasiado

Si todavía te sientes mal por un error que cometiste hace semanas o estás ansioso por mañana, el hecho es que pensar demasiado en todo puede afectar negativamente tu salud. No poder liberarte de tus preocupaciones te llevará a un estado de angustia persistente.

Es cierto que todos a veces pensamos demasiado en situaciones. Pero esto es diferente de ser un verdadero pensador excesivo, alguien que lucha por silenciar sus constantes ráfagas de pensamientos.

Tres peligros de ser una persona que piensa demasiado:
1. **Aumenta tus posibilidades de enfermedades mentales:** Según un estudio de 2013 publicado en el Journal of Abnormal Psychology, los

informes muestran que pensar demasiado en tus errores, deficiencias y desafíos puede aumentar tu riesgo de enfermedad mental.

La rumiación es perjudicial para la salud mental y puede sumergir a uno en un ciclo vicioso del que es difícil liberarse, y a medida que tu salud mental se desploma, tiendes a rumiar más.

1.

   Interfiere con la resolución de problemas. Informes de varios investigadores han demostrado que las personas que sobrepiensan siempre asumen que al dar vueltas a sus problemas en sus cabezas, se están ayudando a sí mismos. Pero esto no es cierto en absoluto, de hecho, muchos estudios han demostrado que tales acciones pueden llevar a la parálisis por análisis.

Cuando analizamos en exceso todo, puede interferir con nuestra capacidad para resolver nuestros problemas. Terminarás perdiendo tiempo pensando en el problema en lugar de en la posible solución.

También afectará el proceso simple de toma de decisiones, como elegir qué ponerse en Acción de Gracias o decidir cuándo ir de vacaciones. Lo doloroso es que pensar demasiado ni siquiera te ayudará a tomar una mejor decisión.

1.

   Afecta tu sueño: Como una persona que piensa demasiado, es probable que entiendas muy bien este hecho. Cada vez que tu mente se

niega a desconectar, entonces no habrá sueño esa noche.

Estudios respaldan este hecho, y hay evidencia de que la ansiedad y la rumiación conducirán a menos horas de sueño. Es más probable que pases horas rodando arriba y abajo en la cama antes de finalmente quedarte dormido.

Tomar una siesta, más tarde, puede que no sea de ayuda, la ansiedad y pensar demasiado afecta la calidad del sueño que obtendrás, las posibilidades de caer en un sueño profundo después de haber estado pensando son muy escasas.

Tres Tipos de Sobreanalizar

1. Reflexión y exageración excesiva: Este es el tipo más común y a menudo resulta de algún agravio percibido que se te hizo. Puedes sentir que fuiste tratado injustamente y, como tal, estás obsesionado en tomar venganza. Aunque puedas tener razón al sentirte ofendido, reflexionar excesivamente te impedirá ver lo bueno en los demás, en cambio, solo los verás como villanos. Tales sentimientos pueden resultar en actos autodestructivos e impulsivos de venganza. Por ejemplo, cuando eres rechazado en una entrevista de trabajo, un reflexionador excesivo puede comenzar a pensar que los evaluadores son parciales o estúpidos e incluso considerar demandar a la empresa por posible discriminación.

2. Mente-propia sobre pensar demasiado: Este también es otro problema grave de las personas que piensan demasiado. Un estímulo simple puede llevar a un ciclo continuo de pensamientos negativos viciosos e infinitas posibilidades,

cada una más maligna que la anterior. Tome, por ejemplo, a una persona que piensa demasiado que comienza a preguntarse por qué se siente deprimido y a partir de ahí, pasa a pensar en estar con sobrepeso, por qué no debería tener amigos cercanos, por qué lo tratan mal en el trabajo y por qué no es amado en casa. Para él, todos estos sentimientos negativos parecen verdaderos, incluso los pensamientos imaginarios. Tales sentimientos negativos pueden llevar a malas decisiones, como discutir con su esposa o amigos o incluso renunciar a su trabajo.

3. Pensamientos caóticos: Este es un tipo de pensamiento excesivo que se caracteriza por preocupaciones y problemas aleatorios e inconexos. Esto puede ser paralizante mental y emocionalmente porque estas personas están confundidas acerca de la verdadera causa de cómo se sienten. La mayoría de las veces, tales individuos recurren al abuso de drogas o alcohol simplemente para escapar de sus pensamientos.

Capítulo 2: Ansiedad y Pensamientos Obsesivos.

Uno de los signos aterradores de cualquier tipo de trastorno de ansiedad es la propensión a pensar demasiado en todo. La ansiedad y pensar demasiado pueden ser llamados socios maléficos. Un cerebro ansioso siempre está hipervigilante y en busca de cualquier peligro posible. Probablemente alguien alguna vez te ha acusado de siempre crear problemas para ti mismo a partir de cuestiones insignificantes. Personalmente, creo que en realidad son problemas. ¿Cómo es esto? Simplemente, la ansiedad te hace pensar demasiado en todo. Siempre que estamos ansiosos, pensamos demasiado las cosas de diversas maneras, y el producto de nuestro pensamiento excesivo no suele ser beneficioso. Sin embargo, la ansiedad y pensar demasiado deben ser temporales y no deberían ser una característica permanente de nuestra existencia.

Formas en que la ansiedad causa pensamientos excesivos.

El producto final de varios tipos de ansiedad es pensar demasiado en todo. Hay varios términos para describir cómo la ansiedad lleva a sobreanalizar las cosas. Es posible que esta lista genérica te ayude a recordar pensamientos acelerados específicos que hayas experimentado o que probablemente estés experimentando, y así, te ayude a darte cuenta de que hay miles de otras personas enfrentando el mismo problema.

- Estar excesivamente preocupado por quiénes somos y cómo nos ven los demás o si estamos cumpliendo con el estándar mundial (esto es una forma de ansiedad social y de rendimiento).

- Obsesionarse por lo que deberíamos decir/hemos dicho/deberíamos haber dicho/no deberíamos decir (otra ansiedad social común).

- Pensando en posibles escenarios temibles como: ¿qué pasaría si algo malo nos ocurriera a nosotros, a nuestros seres queridos o incluso al mundo (una forma común de trastorno de ansiedad generalizada).

- Temerosos, resultados asumidos de nuestros propios pensamientos salvajes, fallas asumidas y sentimientos de incompetencia (todas formas de trastornos de ansiedad).

- Ansiedad por múltiples pensamientos obsesivos, principalmente aterradores, y pensar en ellos continuamente (una forma de trastorno obsesivo compulsivo).

- Pensamientos, rumiaciones, pensamientos vagos, una cadena de ansiedad en caída y pensamientos específicos (todas formas de trastornos de ansiedad).

- Miedo de experimentar ataques de pánico en

público y sentirse demasiado asustado para salir de casa debido a tal ansiedad (una forma de trastorno de pánico con/sin agorafobia).

Resultado de la ansiedad y la sobrethinking

Cuando estás ansioso, los pensamientos no solo corren por tu cerebro y desaparecen, más bien, corren continuamente por tu cerebro. Esos pensamientos se pueden comparar con un atleta corriendo en una cinta de correr, sigue corriendo pero no llega a ninguna parte al final, quedando exhausto y cansado. Uno de los efectos secundarios de pensar demasiado vinculado con la ansiedad es que es probable que terminemos sintiéndonos física y emocionalmente agotados. Tener ráfagas de los mismos impulsos ansiosos corriendo por nuestro cerebro definitivamente pasará factura.

Otro lado oscuro de la ansiedad y la sobrethinking es que tarde o temprano, comenzaremos a percibir todo lo que pasa por nuestra mente como realidad. Quizás creamos que lo que pensamos se convierte en realidad y si constantemente pensamos en ello, se vuelve muy real. ¿Verdad? No. Esta es una de las trampas que la ansiedad intenta jugar en nuestras mentes.

Pero la buena noticia es que todos tenemos la capacidad y el poder de detenernos de estar ansiosos y de sobreanalizarlo todo. Aunque este es un proceso que involucra múltiples pasos, en este momento, el mejor paso que puedes tomar es encontrar algo que te pueda distraer de sobreanalizar. En lugar de luchar con tus pensamientos, dirige lentamente tu atención hacia algo neutral, completamente distinto. Al reflexionar sobre algo que no tiene importancia, estarás previniendo indirectamente el sobreanálisis de todo.

El efecto de la "levadura"

Sobre pensar tiene un efecto de "levadura" en tus pensamientos. Al igual que una masa, tu mente puede amasar pensamientos negativos y, antes de que te des cuenta, se elevará al doble del tamaño inicial. Por ejemplo, si un cliente está insatisfecho con tus servicios, puedes empezar a preguntarte si todos los demás clientes también están insatisfechos sin ni siquiera considerar que probablemente la mayoría de los clientes en realidad estén satisfechos con tus servicios. Si no se tiene cuidado, con el tiempo, podrías llegar a una conclusión desalentadora de que tus servicios no son lo suficientemente buenos. Incluso tus pensamientos pueden llevarte de vuelta a tu matrimonio y podrías empezar a preguntarte si tu pareja está satisfecha contigo o si eres lo suficientemente bueno para ella o no. Piensas en lo perfecta que es, en cómo maneja todo de forma impresionante, y concluyes que eres totalmente indigno de ella.

El efecto de "lente distorsionada"

Otro efecto de pensar demasiado es lo que se llama el efecto de la "lente distorsionada" y lo que esto significa es que tus pensamientos solo se enfocan y magnifican tus errores o lado malo y lo que tus pensamientos ven es solo desesperanza. Por ejemplo, cuando tu hijo llega a casa de la escuela con una mala calificación o se mete en una pelea, puedes preocuparte de que esté creciendo mal. En poco tiempo, comenzarás a verte a ti mismo como un mal padre y que más tarde en el futuro, tus hijos terminarán convirtiéndose en adultos malos.

Lo que no es la Sobrethinking

Preocuparse es bastante diferente de pensar demasiado. Las personas a menudo se preocupan por cosas que pueden o pueden suceder o posiblemente salir mal. Sin embargo, los que piensan demasiado hacen más que preocuparse solo por el presente, también se preocupan por el pasado y el futuro. Mientras que los preocupados piensan que las cosas malas podrían suceder; los que piensan demasiado piensan hacia atrás y están muy convencidos de que algo malo ya había sucedido.

Las personas con trastorno obsesivo-compulsivo (TOC) también son diferentes de simplemente estar pensando demasiado. Aquellos con TOC están obsesionados en exceso con todo o cualquier factor externo, como la suciedad o los gérmenes, por lo que sienten que tienen que lavarse las manos repetidamente para mantenerse sanos. Estos individuos se obsesionan con acciones muy específicas y otros asuntos que parecen triviales o absurdos para el resto del mundo, como "¿Cerré la puerta?"

Concluyendo, reflexionar demasiado definitivamente no es "pensamiento profundo". Mientras que es saludable estar en sintonía con los sentimientos de uno mismo para examinar sus acciones; reflexionar en exceso, por otro lado, es poco saludable.

Cómo dejar de pensar demasiado en todo

Ya sea que no hayas comprado un coche nuevo en los últimos 5 años porque no has encontrado el perfecto o que no has sido productivo porque cada elección que haces consume tanto tiempo, pensar demasiado puede retrasar tu progreso.

Con gusto, puedes superar la sobrethinking y volverte más productivo. En los próximos 27 capítulos, hay diferentes pasos que se han desglosado para ayudarte a dejar de pensar demasiado en todo. Al aplicar nuevas técnicas y aprender nuevas habilidades, podrás tomar decisiones acertadas y oportunas con poco o ningún estrés.

Capítulo 3: Intenta detenerlo antes de que empiece.

Encárgate de tus pensamientos antes de saltar en el oscuro pozo de la sobre-pensamiento, es imperativo que primero aclares sobre qué estás realmente sobre-pensando y también reflexiones sobre las formas negativas en las que la sobre-pensamiento está afectando tu vida. Tal claridad te ayudará a mejorar tu determinación para combatir la tendencia de la sobre-pensamiento.

Creencias limitantes

Lo primero que debes hacer es seleccionar las preguntas "qué pasaría si" que posiblemente te harías a ti mismo. Dichas preguntas son estimulantes automáticos de la sobrethinking.

Pregúntate a ti mismo:

- ¿Cuáles son las preguntas comunes de "¿Y si?" que suelo hacerme a mí misma?
- ¿Qué circunstancias o situaciones suelen desencadenar estas preguntas?

Puede ser que estés pensando demasiado porque a menudo haces las preguntas incorrectas. En la mayoría de los casos, en lugar de buscar soluciones al problema, estás ocupado/a pintando escenarios de "qué pasaría si" en tu mente, preguntándote sobre todas las posibles cosas negativas que pueden ocurrir.

Así que, toma una respiración profunda e intenta identificar todas las preguntas "¿qué pasaría si?" que te haces a menudo. Además, trata de detectar circunstancias específicas que probablemente desencadenarían tales preguntas.

El siguiente paso es adentrarse en cualquier creencia limitante que puedas tener, e intentar obtener una mejor comprensión de algunos de los efectos que tales pensamientos tienen en tus preocupaciones.

Pregúntate a ti mismo:

- ¿Cuáles son mis "pensamientos" sobre pensar demasiado?
- ¿Cómo afectan tales creencias a las elecciones y decisiones que tomo?
- ¿Tienen tales pensamientos alguna ventaja?
- ¿Cuáles son los efectos secundarios a largo plazo de tales creencias?

Cuando estás pensando demasiado en algo, es una clara evidencia de que te estás aferrando a un cierto conjunto de creencias que están afectando cómo piensas y cómo respondes en tal situación. Para enfrentar el hecho, te aferras a esas creencias porque sientes que te benefician. Probablemente, sientes que son ventajosas porque te dan una sensación de control sobre ciertas circunstancias o áreas específicas de tu vida. Pero tristemente, esas creencias te están perjudicando porque te impiden lidiar con las principales razones por las que estás pensando demasiado y eso es un problema grave en sí mismo.

La mejor manera de conquistar tus creencias limitantes es desafiarlas directamente. A continuación se enumeran algunos ejemplos de ciertas preguntas que puedes hacerte:

- ¿Por qué creo que no puedo controlar la sobrethinking?

- ¿Por qué creo que pensar demasiado es beneficioso?

- ¿Hay alguna evidencia que respalde tales pensamientos?

- ¿Es la evidencia creíble y confiable?

- ¿Es posible para mí ver esta situación desde otro ángulo?

- ¿Tengo alguna evidencia que vaya en contra de mis creencias sobre esto?

- ¿Qué me dicen esto acerca de mi mal hábito de pensar demasiado?

Si dedicas más tiempo a cuestionar diligentemente tus creencias limitantes sobre el pensamiento excesivo, descubrirás que tal reflexión profunda es beneficiosa, ya que detectarás más debilidades y todo esto te facilitará abandonar tales creencias y, por lo tanto, fortalecerá tu determinación de seguir buscando soluciones a tus problemas.

Todos los pensamientos que llevan a pensar demasiado son simplemente problemas que necesitas resolver. Pero, si estás constantemente nadando en un mar de preocupaciones incontrolables, nunca podrás resolver tus problemas.

Estrategias de afrontamiento no útiles

En este momento, tómate un momento para reflexionar sobre algunas de las estrategias que utilizas regularmente para lidiar con tus pensamientos.

Pregúntate a ti mismo:

- ¿Cuáles son las estrategias que empleo para lidiar con mis pensamientos?
- ¿Qué hago para evitar mis preocupaciones?
- ¿Cuáles son algunas estrategias que he intentado para controlar mis pensamientos?
- ¿Suelo reprimir mis pensamientos? Si es así, ¿cómo?
- ¿Suelo intentar distraerme de mis preocupaciones? En caso afirmativo, ¿de qué maneras específicas?
- ¿Cómo suelo manejar mis preocupaciones?

- ¿De qué maneras específicas me ayudan todas estas estrategias de afrontamiento?
- ¿Cómo me perjudican estas estrategias de afrontamiento?
- ¿Cuáles son algunas formas mejores de manejar mis preocupaciones?

Obtener esa claridad sobre las estrategias comunes que utilizas regularmente para manejar tus preocupaciones te ayudará a obtener retroalimentación valiosa que podrás usar de manera efectiva para controlar tus preocupaciones en el futuro.

Prepárate para entrenar tu cerebro para establecer una relación saludable con tus pensamientos.

Tus pensamientos son definitivamente diferentes de la realidad. Sin embargo, tus pensamientos pueden tener un fuerte impacto en ti en la vida real, dependiendo de cómo los percibas.

Descarta el dicho de que eres tus pensamientos. Más bien, busca maneras de establecer una conexión con tus pensamientos y de mantener una relación saludable con ellos.

Si observas que un pensamiento en particular sigue apareciendo en tu mente, puedes hacerte estas preguntas:

- ¿Percebo este pensamiento como simplemente un constructo mental o creo que es la realidad?
- ¿Estos pensamientos me mantienen despierto toda la noche, o simplemente los dejo ir?
- ¿Acepto los pensamientos tal como vienen o intento cambiarlos?
- ¿Estoy abierto a otros pensamientos o simplemente me cierro a ellos?
- ¿Qué pensamientos despierta este pensamiento en mí?

Después de plantear tales preguntas, espera a que aparezcan las respuestas, aunque al principio las respuestas pueden no ser obvias, plantear tales preguntas es muy importante. Gradualmente, podrás relacionarte con tus pensamientos.

Puedes simplemente preguntar, "¿Pero esto es verdad?"

El mejor tipo de relación que puedes establecer con tus pensamientos es aquella que está llena de aceptación y, a la vez, una medida de sana distancia. Lo que esto significa es que estás abierto/a a cualquier pensamiento y no intentas actuar como si no existieran; sin embargo, también puedes intentar en la medida de lo posible no dejar que te arrastren hacia abajo.

Por ejemplo, si has tenido una mala experiencia con un cajero terrible, puedes empezar a pensar que las cosas podrían ser mejores si simplemente hubieras ido a otra caja, pero no necesitas creer en tales interpretaciones mentales porque son meras suposiciones y no la realidad última. ¿Cuáles son las posibilidades? Probablemente esta persona en particular es un cajero maravilloso que simplemente está teniendo un mal día y tal vez si hubieras elegido la otra fila, seguirías en la cola. Estos pensamientos te mantienen abiertos a las posibilidades.

Cuando te felicitas a ti mismo o reconoces que te sientes bien por haber hecho algo bien, tiendes a disfrutar de esos sentimientos. Por ejemplo, cuando te dices a ti mismo: "¡Bien hecho yo! ¡Lideré al equipo hasta la cima!" Sin embargo, esto no significa que tu rendimiento en el próximo juego será el mismo. Tampoco te convierte en una "mejor persona" porque tu valía no está vinculada a lo bien que puedas liderar un equipo.

Siempre desafía tus pensamientos. Aprende a identificar y detener cualquier pensamiento extra.

Capítulo 4: Enfoque en la resolución activa de problemas.

Formas activas de resolver problemas son una de las habilidades más valiosas que necesitamos pero rara vez pensamos en ellas en nuestra ajetreada vida diaria. Más bien, a menudo centramos nuestra atención en tratar de abordar las diversas emociones difíciles que enfrentamos. Es cierto que también necesitamos habilidades de afrontamiento para limitar la sobrevaloración, pero es igualmente importante para nosotros armarnos con habilidades que podamos utilizar para manejar o afrontar problemas que causan sobrevaloración. Este es el papel que juegan las habilidades activas de resolución de problemas.

Necesitamos entender que hay ciertas circunstancias que están más allá de nuestro poder y que no podemos cambiar. Por lo tanto, pensar demasiado en este tipo de circunstancias no tiene ningún beneficio. Sin embargo, no tienes que dejar de buscar maneras de resolver otros problemas simplemente porque no puedas ver una solución obvia.

Necesitamos entender la diferencia entre habilidades productivas de resolución de problemas y pensar demasiado. Algunas de las características del pensar demasiado incluyen las siguientes:

- Te hace repetir los mismos pensamientos una y otra vez.

- Te hace seguir buscando "soluciones" a problemas que sabes que no tienes el poder de cambiar.
- Te hace centrar tu atención en cambiar cosas que ya sucedieron en el pasado.

Sin embargo, las habilidades para resolver problemas tienen las siguientes características:

- No te hace pensar en lo mismo una y otra vez.
- Termina produciendo soluciones alternativas, la mayoría de las cuales están dentro de tu capacidad para ejecutar.
- Te hace sentir positivo, y sientes que estás logrando algo valioso incluso antes de encontrar una solución.

¿Qué es la resolución activa de problemas?

A menudo es más efectivo y beneficioso enfocarse en tratar de resolver el problema en cuestión que tratar de controlar cómo te sientes acerca del problema. Enfrentar tus problemas de frente te ayudará a obtener control de tu vida con menos estrés. Este proceso de manejar problemas es conocido como resolución activa de problemas. Se enfoca en hacer esfuerzos activos para resolver el problema desde la raíz, en lugar de pasar por alto el problema.

Sin embargo, este procesamiento no es tan fácil como suena.

Enfrentar nuestros problemas directamente puede ser muy difícil a veces. Esto se debe a que tienes que confrontar tus miedos, abordar conflictos, o a veces, salir de tu zona de confort hasta que el problema se resuelva. Pero resolver problemas de manera activa en realidad tiene beneficios a largo plazo porque ayuda a reducir malestares futuros ya que el problema ya no perturba tu mente.

Preguntas para hacerte

Hay varias razones por las que necesitas hacerte estas preguntas. Puede ser que tengas dudas sobre los pasos comerciales que planeas tomar, o que estés enfrentando algunos desafíos en tu relación, encontrar respuestas a estas preguntas te ayudará a saber si eres del tipo que piensa demasiado o que resuelve problemas.

- ¿Siempre me enfoco en el problema o busco una solución? Considerar diversas formas de salir de la deuda puede ser útil. Pero centrar tu atención o preocuparte por lo que pasará si acabas siendo sin hogar debido a tu situación financiera no es el camino a seguir.

- ¿Hay una solución a este problema? Es bueno aceptar el hecho de que no todos los problemas se pueden resolver. Por ejemplo, un ser querido con una enfermedad terminal, o un error que ya cometiste en el pasado no se puede deshacer. Sin embargo, todavía puedes controlar cómo respondes a tales situaciones. Resolver problemas puede implicar aprender a sanar tus emociones o un procedimiento real para resolver el problema. Pero por otro lado, obsesionarse con pensar demasiado implica volver a analizar cosas que ya ocurrieron o desear que las cosas fueran diferentes.

- ¿Qué lograré pensando en esto? Suponiendo que estás reviviendo un evento pasado para obtener nuevas perspectivas o aprender de él, esto podría ser útil. Pero si todo lo que estás haciendo es repasar tus errores, volver a hablar de una conversación pasada, o simplemente imaginar todas las cosas que podrían salir mal, entonces estás pensando demasiado.

¿Cuándo es efectiva la resolución de problemas activa?

En la vida, hay algunas situaciones que no podemos controlar. En este tipo de situación, ningún plan activo de resolución de problemas puede cambiar las cosas. Todo lo que tenemos que hacer es soportar y luego seguir adelante.

No puedes resolver un problema sobre el que no tienes control. La mayoría de estos problemas tienen que ver con las decisiones de otras personas. Por ejemplo, tu hermana acaba de decidir casarse con su pareja de mucho tiempo y tú, en cambio, estás en contra de la decisión. Ahora, la decisión no es tuya para tomar, por lo que no puedes controlar la situación. Por lo tanto, no puedes resolverlo.

Mirando otro escenario, en el que la calefacción de tu casa no funciona y eso ha causado un problema entre tú y tu arrendador. Esta situación puede resolverse mediante una resolución activa de problemas porque está bajo tu control, o puedes decidir soportar la casa fría utilizando habilidades enfocadas en la emoción.

Cómo utilizar la resolución activa de problemas.

Evaluar la situación. Ciertas cosas nos afectan diariamente; algunas personas se centran tanto en ellas que les roba la alegría y la felicidad. Cuando nos encontramos con problemas como estos, primero debemos evaluar la situación. Antes de abordar cualquier problema, tendrás que evaluar el problema en cuestión. Considera si puedes controlar el resultado de los eventos, si el problema se puede resolver o aguantar. Si se puede resolver, ¿cómo puedes abordarlo? Tomar todo esto en consideración te ayudará a manejar situaciones o problemas de manera más efectiva.

Determinar la acción más efectiva. Después de la primera etapa, donde evalúas la situación y te das cuenta de que puede ser resuelta. La siguiente etapa es elegir la medida más apropiada para abordar el problema.

Tomando la ilustración del problema entre el arrendador y el inquilino mencionado anteriormente, hay diferentes formas de resolver ese problema. Una forma de abordarlo es gritarle al arrendador y asegurarse de que su vida sea un infierno hasta que arregle la calefacción. La otra opción puede ser escribir una carta a tu arrendador, explicando el problema que estás teniendo con la calefacción, luego documentas una copia para ti. Sin embargo, esto debe hacerse en base a los derechos del inquilino en tu provincia. Ahora, hay dos opciones que pueden solucionar el problema, pero ¿cuál es la más apropiada?

La primera opción puede parecer más fácil y rápida, pero piensa en las consecuencias. Ningún propietario estará contento con esa reacción y esto puede crear más problemas para ti. Sin embargo, la última es la medida más efectiva a tomar.

Puede ser difícil tomar decisiones solo, especialmente cuando hay emociones involucradas. Por lo tanto, busca el consejo de buenos amigos o terapeutas que puedan ayudarte a ver mejores opciones.

Convierte el pensamiento excesivo en resolución de problemas. ¿Para qué sobre pensar cuando puedes resolver el problema? El pensamiento excesivo no te beneficia en absoluto, más bien consume la energía que podrías haber utilizado para resolver el problema y lograr un propósito. Sé muy consciente de detenerte cada vez que te veas obligado a sobre pensar. Por lo tanto, en lugar de desperdiciar tu tiempo y energía preocupándote, úsalo para resolver activamente problemas. Esto no solo te dará paz mental, sino que podrás deshacerte de algunos problemas.

Conoce la diferencia entre resolver problemas y preocuparse.

Capítulo 5: Considera el Peor Escenario Posible.

Parece un poco impráctico, ¿verdad? Cuando estás totalmente asustado y abrumado por el estrés, lo último que querrás hacer es pensar en el peor escenario posible. ¿Verdad?

Nuestra mente nos cuenta historias convincentes. Nuestros pensamientos son lo suficientemente poderosos como para decidir qué hacemos o no hacemos. Un método para controlar el exceso de pensamientos es imaginar el peor escenario posible.

Si estás pensando demasiado, habrá un aumento en tu esfuerzo mental y esto influirá negativamente en tu desempeño. Hacer planes para una situación difícil asegura que estás preparado para cualquier sensación horrible durante el transcurso del evento, por lo que te estás preparando para maximizar todo tu potencial.

Para redirigir tus pensamientos hacia cosas más positivas, aquí tienes tres afirmaciones personales cortas. Al utilizar una o más de ellas, puedes lograr la calma y seguir adelante.

"No está sucediendo actualmente." Claro, es definitivamente posible que ocurra un evento desafortunado, pero no está sucediendo actualmente. Esta declaración podría ayudarte a darte cuenta de que, en este momento, estás a salvo.

"No importa lo que suceda, puedo manejarlo." Esta frase te hace consciente de tus recursos internos y te motiva a superar los problemas de la vida. Esta idea proviene de la tradición de la Terapia Cognitivo-Conductual.

Soy responsable de mis problemas. ¿Puedo poner fin a esto? La primera sección de esta frase se originó en las Cuatro Nobles Verdades del Budismo. A veces, me digo a mí mismo "¡Soy responsable de mis problemas! ¡Otra vez!" Uso esta frase tan a menudo que ahora la he acortado a "responsable de mis problemas". Esto me ayuda a ahorrar tiempo.

La segunda parte de la frase, "¿Puedo ponerle fin?", tiene su origen en estudios de motivación que aconsejan que es más probable que te sientas incentivado al hacerte una pregunta, en lugar de decir, "Puedo ponerle fin a esto", o ser juzgativo - "Evita causarte más problemas a ti mismo" - esto solo crea problemas adicionales. La simple pregunta, "¿Puedo ponerle fin a esto?" te hace consciente de que depende de ti tomar esa decisión. Definitivamente, si hay algún evento desafortunado probable que ocurra, quizás una muerte en la familia, un divorcio, o un desastre natural, lo ideal sería preguntarte, "¿Cuál es la mejor manera de prepararme en caso de que esto suceda?". Hacer preparativos para tu plan de acción puede ser un alivio para la preocupación.

Si eres responsable de tus propios problemas al hacerte preguntas del tipo "¿y si?", admite estos pensamientos, consuélate con una de esas afirmaciones mencionadas anteriormente y sigue adelante. Si descubres que tus pensamientos divagan hacia tus pensamientos trágicos favoritos, no te desanimes. Hacer cambios en tus hábitos de pensamiento puede ser difícil y es normal tener recaídas. En realidad, controlar los pensamientos trágicos es un proyecto que puede durar toda la vida. Sin embargo, las autoafirmaciones positivas pueden ayudarte a superar rápidamente los "y si...", para que puedas concentrar tus pensamientos en las cosas que son importantes para ti.

Qué hacer cuando se considera el peor de los casos

Dado que soy un verdadero hijo de mi madre, pensar en el peor escenario posible me viene naturalmente. ¿Cómo podemos prevenir esto, dado que ese tipo de pensamiento está arraigado en nuestro ADN?

Entonces....

- Ten en cuenta que tu peor momento, es solo tu peor momento. Lo que consideras como tu peor escenario posible se basa exclusivamente en tus experiencias personales y conocimientos. Estrictamente hablando, siempre hay alguien que está enfrentando una situación más terrible. Por lo tanto, tu peor momento podría ni siquiera ser el peor escenario posible.

- Sabe que no sabe lo peor. No crea que sabe lo peor. Hace mucho tiempo, mi madre me dijo que creó el escenario peor posible que puede suceder. Y como le dije a mi madre, es difícil idear TODAS las posibilidades. Deje de intentarlo, es simplemente imposible.

- Reenfoca tu energía. Puede resultar muy agotador pensar en todos los peores escenarios posibles. Si gastas tanta energía en solo pensar, no quedará energía para tomar acción. Así que canaliza tu energía del "¿Y si?" en concentrarte en dar pasos.

- Enfrenta lo peor. Lo peor puede suceder y puede ser terriblemente horrible. No estás aprendiendo si no estás herido. Así que si sucede lo peor, reconcíliate con ello y aprende de ello.

Por qué deberías considerar el peor de los casos

A veces, cuando llegamos a la raíz de nuestro miedo más profundo, nos damos cuenta de que no es tan aterrador. Si te ves obligado a ser innovador, tu sufrimiento puede dar resultados positivos, crear una solución y ayudar a superar tus desafíos.

Hay algunas razones por las que esto es efectivo para mucha gente:

- Te permite volver al momento presente. La mayoría de las veces, cuando nos sentimos asustados, es porque permitimos que nuestro cerebro se descontrole con todos los posibles escenarios. Pensar en la peor posibilidad y llegar a un acuerdo con ella ayuda a traerte de vuelta al momento presente.

- Crea el espacio necesario para evaluar tus pensamientos y sopesar las posibilidades. Cuando evaluamos aquellas cosas que son muy importantes para nosotros, podemos proporcionar una explicación al miedo preguntándonos, "¿Cuáles son las posibilidades de que esta cosa que me da miedo en realidad suceda?" También puedes evaluar tus pensamientos minuciosamente con algunas preguntas básicas.

- Finalmente, te permite procesar, seguro de que incluso si lo peor llega a suceder, seguirás bien. Por muchos "si" que haya, simplemente queremos saber que el próximo paso que damos no nos llevará a las partes más oscuras de la Tierra. Cuando evaluamos la peor posibilidad, dar ese próximo paso será más fácil.

Finalmente, todos estamos haciendo intentos para garantizar nuestra seguridad y nuestra respuesta fisiológica al estrés es una herramienta excelente. Sin embargo, es importante evaluar el estrés para estar seguro de que la peor posibilidad es realmente la peor y lo mejor que se puede hacer al enfrentar problemas es buscar soluciones.

Aprende a moverte según el flujo, rendirte al viento, girar hacia un lado y tomar el control.

Capítulo 6: Programar Tiempo para Pensar.

Pensar y darle demasiadas vueltas son dos cosas diferentes. Pensar es el proceso de considerar ideas, acciones y similares. Es un proceso de examinar y reflexionar sobre posibles reacciones, acciones o ideas. Este acto es muy importante y esencial antes de tomar decisiones. Puede que no sea tan fácil controlar cómo, cuándo y en qué pensar, pero esto es muy alcanzable a través de la práctica constante. La práctica siempre hará al maestro.

Por muy importante que sea pensar, aún debemos controlar en qué pensamos, cuándo lo hacemos y con qué frecuencia. Dejar que nuestras mentes elijan los momentos para pensar por nosotros mismos puede no ser tan saludable ya que estaríamos pensando al azar. Una forma de prevenir esto es programando nuestro tiempo de pensar para un período más cómodo y seguirlo.

El proceso de pensamiento es más adecuado durante el día que por la noche. Esto se debe a que nuestras mentes necesitan descansar, y el momento perfecto para descansar la mente es por la noche, mientras dormimos. Por lo tanto, en lugar de mantener la mente ocupada por la noche, úsala durante el día para pensar y resolver ciertos problemas. Esto te ayudará a tener un descanso perfecto por la noche. Sin embargo, cuando se trata de fantasear sobre algo, el momento más adecuado para hacerlo es por la noche y no durante las horas de trabajo cuando necesitas concentrarte.

Pensar demasiado es un hábito formado con el tiempo y cambiarlo puede llevar un tiempo. Es un proceso multifacético que requiere mucho más que solo decir palabras de determinación. Tienes que ser determinado en tus acciones y programar tiempo para pensar es una de esas acciones que puedes tomar.

Los Pasos del "Tiempo de Reflexión del Horario".

Programar tiempo para pensar puede parecer muy abstracto para principiantes, pero mejora con consistencia. Hay pasos involucrados en hacer esto. A continuación se presentan los pasos o pautas que necesita seguir. No importa cuán tontos parezcan los siguientes pasos, no detengas el ejercicio.

Selecciona un proceso de reflexión que se adapte a tus preferencias. Hay muchas formas en las que podemos reflexionar sobre las cosas, algunas de estas formas son: tener un diario, abrirnos con alguien en quien confiamos, dar un paseo, y muchas más. Si un método no parece factible, entonces prueba con otro pero date tiempo para meditar. Cuando tenemos problemas, no debemos descartarlos con conversaciones incesantes sobre deportes, noticias y moda. Hablar sobre estas cosas no es malo, pero cuando ocupan nuestro tiempo de reflexión, se convierte en un problema.

2. Programa un tiempo para pensar cada día durante una semana. Forma el hábito de pensar a la misma hora todos los días durante al menos una semana. Para empezar, puede ser un mínimo de 15 minutos, generalmente por la mañana o

durante el día. Tu tiempo para pensar no debe ser por la noche justo cuando te dispones a dormir. Esto es porque te mantendrá despierto y no obtendrás suficiente sueño necesario para el cuerpo.

3. Comienza poco a poco. Como principiante, no tienes que forzarte con una hora de reflexión si no puedes cumplir con ella. Programar tiempo para pensar es un proceso. Una cosa es programar tiempo para pensar, otra cosa es cumplir con ello. Por lo tanto, comienza poco a poco, pueden ser 10 minutos o menos, siempre y cuando puedas cumplir con el tiempo.

4. No planifiques en qué vas a pensar. Deja que esta cita contigo mismo sea totalmente improvisada. No reserves exactamente en qué vas a pensar y no programes tu tiempo para que caiga en los días o periodos en los que tienes mucho trabajo por hacer. No debe haber una agenda para esta reunión, deja que sea un momento de sorpresa para ti y tus pensamientos.

5. Durante esa ventana de 15-30 minutos, anota todos los pensamientos que tengas. Antes de tu tiempo de pensar cada día, determina que no te preocuparás ni pensarás demasiado en los pensamientos que estás a punto de tener, hasta la siguiente sesión de pensamiento. Esto te ayudará a mantener tus pensamientos bajo control incluso después del tiempo de reflexión.

A veces, es posible que no sepamos qué es lo que nos preocupa, pero con este paso, estas cosas se revelarán. Es aconsejable que durante nuestras horas de reflexión, intentemos apuntar los pensamientos que tuvimos. Esto nos ayudará a tener una vista más clara de lo que nos preocupa y lo que no. Antes de que termine tu tiempo de reflexión, si tu mente te lleva a las posibles soluciones a tus problemas, entonces está bien, pero si no, no pienses en el problema fuera de tu período de reflexión.

6. Entre los tiempos de pensar. No pienses en tus pensamientos durante el último tiempo de pensar hasta el siguiente. Esto significa que no debes preocuparte por tus problemas o las soluciones fuera de tu tiempo de pensar. No es tan fácil como parece, requerirá acciones deliberadas para detenerte de preocuparte por ciertos problemas al azar. Determina fuertemente en ti el preocuparte solo por tus problemas durante tu tiempo de pensar programado.

Al final de la semana, tómate unos minutos para revisar lo que escribiste durante esa semana. Al final de cada semana, saca tiempo para observar tus pensamientos a lo largo de la semana. Observa los pensamientos recurrentes, los que dejaron de llegar después de un tiempo, los que siguieron llegando, los cambios en tus pensamientos y cada detalle de tus patrones de pensamiento. Medita sobre estos descubrimientos, ya que te ayudará a elegir los diez primeros de tu lista.

8. Haciendo esto durante una semana, considera intentarlo por otra. Recuerda que la práctica hace al maestro, un hábito no se forma en un día, pero la consistencia lo hace posible. Practica los pasos anteriores con más frecuencia y te darás cuenta con el tiempo de que estás en control de tus pensamientos, dónde, cuándo y con qué frecuencia piensas.

El proceso de pensamiento es muy esencial como se mencionó anteriormente; es una de las medidas activas para resolver problemas. Es una de las formas de lidiar con las incertidumbres de la vida. Esta vida está llena de riesgos, no podemos predecir lo que sucederá en los próximos 30 minutos y esto ha llevado a mucha gente a preocuparse por cada pequeña cosa. Sin embargo, en lugar de entregarte a todas las causas de preocupación en la vida, puedes pensar en las que puedes resolver y dejar de lado las que no puedes.

Entrena tu mente para mantener la calma y la paz frente a las situaciones.

Capítulo 7: Pensar de manera útil.

La mayoría de nosotros tenemos la costumbre de pensar demasiado en situaciones sobre las que realmente no podemos hacer nada. Para ser honesto, es totalmente inútil seguir pensando en estas cosas. Te recomendaría encarecidamente que comiences a pensar de manera efectiva.

Por ejemplo, has estado esperando ansiosamente una promoción en el trabajo. Debes recordar que conseguir esa promoción está TOTALMENTE en manos de tu empleador, sin importar las calificaciones adicionales que agregues a tu currículum. Pensar en vano, en este caso, es una pérdida de tiempo y energía mental preguntándote si te promocionará o no.

Por el contrario, tu pensamiento debería centrarse en lo que necesitas hacer para calificar para una promoción. Tal vez necesites mejorar tus habilidades, obtener otra certificación, o incluso mostrar más dedicación a tu trabajo. Sea cual sea el caso, ¡piensa en producir resultados, no en lamentarte!

Estoy de acuerdo en que no es fácil romper algunos hábitos de pensamiento, pero liberarte de estos patrones puede desbloquear la ingeniosidad en ti y aquí tengo varias maneras de ayudarte a liberarte de estos patrones de pensamiento.

Probar teorías. Hay suposiciones esenciales para cada caso

nuevo. Deberías probar estas teorías para una mayor variedad de oportunidades y perspectivas.

Presumes que no puedes darte el lujo de comprar una casa o incluso hacer un depósito, así que no compras la casa basándote en esta presunción. Pon a prueba esa teoría evaluando tus activos para ver si su valor puede conseguirte esa casa a cambio. Quiero decir, es posible que no tengas el dinero en efectivo o en tu cuenta, pero no tomes una gran decisión basada en una suposición. Pregúntate qué puedes hacer para conseguir el dinero y tal vez no parecerá tan imposible.

Parafrasea el problema. Puede que te sorprenda descubrir que te vuelves innovador cuando lo dices de manera diferente. Solo puedes lograr esto con una mente abierta y viendo el problema desde diversas perspectivas. Intenta mirarlo desde afuera, sin sentimientos, para poder abordar el problema lógicamente. Hazte todas las preguntas difíciles pero importantes y será más fácil concebir nuevos planes para solucionar los problemas.

En la década de los años cincuenta, las empresas que poseían envíos perdieron su carga en vagones. A pesar de que más tarde intentaron centrarse en una construcción y desarrollo más rápidos, y en naves más eficaces, aún no lograron resolver los problemas. Pronto, un especialista cambió la descripción del problema, hablando de él de una manera completamente distinta. Sugería que evaluar las formas en que la industria podía comenzar a reducir los costos debería ser el nuevo dilema. Esta nueva dirección de enfoque abrió puertas a nuevas estrategias. Cada área, sin excluir los envíos y el almacenamiento, fue considerada. Al final, el resultado de este nuevo enfoque fue lo que se conoce como un barco contenedor y vagón/caja rodante.

Voltea tus pensamientos. Cuando te quedas atascado y no

puedes resolver un problema, intenta invertirlo o darle la vuelta. Míralo desde el otro extremo. Considera cómo crear el problema y agravar la situación, en lugar de reflexionar sobre cómo arreglarlo. Esta estrategia de reversión generará nuevos consejos sobre cómo abordar el caso. Cuando finalmente pongas el asunto en su lugar, podrías obtener claridad.

Utiliza diversas formas de comunicación. No siempre tenemos que usar nuestro medio verbal lógico frente a un problema, lo cual es bastante típico de nosotros. Somos demasiado inteligentes para limitar nuestras capacidades de razonamiento. Usa otros métodos para articular los problemas. En este punto, no te preocupes demasiado por resolver el asunto. Simplemente articula. Diversas personas con diversos medios de articulación pueden crear muchos nuevos patrones de pensamiento para generar nuevas ideas.

Conecta los puntos. Parece que la mayoría de las ideas más efectivas nunca están planeadas, simplemente suceden. Puede ser algo aleatorio que viste u oíste que te inspira lo suficiente como para dar a luz esa idea inteligente. Hay muchos ejemplos que respaldan esto: Apple, Newton, y así sucesivamente.

Puede que te preguntes por qué somos afectados por la aleatoriedad de tal manera, es porque estas cosas impredecibles activan nuestros cerebros en nuevos patrones de pensamiento. Por lo tanto, puedes usar esto a tu favor y conectar los segmentos desconectados.

Busque deliberadamente un impulso incluso en lugares sorprendentes e intente conectar las piezas desconectadas del caso y el impulso. Las formas de construir la red son:

Usa consejos no relacionados. ¿Qué tal si eliges al azar una palabra del diccionario e intentas crear una conexión entre tu problema y la palabra?

Asocie las ideas probables. Coloque una palabra en particular en la página, escriba todo lo que le venga a la mente en esa misma página. Luego intente crear una red entre ellas.

Puedes tomar una foto al azar, por ejemplo, y ver cómo puedes relacionarla con el caso.

Toma algo, cualquier cosa, y considera cómo puede contribuir positivamente a tu caso haciéndote preguntas vitales para averiguar qué característica tiene el artículo que pueda ayudar a cambiar la situación.

Cambia tu perspectiva. Si deseas ideas frescas, es posible que necesites cambiar la forma en que ves la situación porque con el tiempo, tener un punto de vista particular solo resultará en las mismas ideas asociadas.

Pide la opinión de otro. Las personas son tan diferentes, todos tenemos diferentes formas de abordar una situación. Por lo tanto, pídeles a otras personas su opinión y su línea de acción preferida en el caso. Puede ser un niño, un amigo, un cliente, tu pareja, o incluso un extraño al azar con un estilo de vida completamente diferente y quizás una perspectiva completamente diferente de la vida.

Date un gusto en un juego. Puedes intentar ver las cosas desde el punto de vista de un millonario, por ejemplo, o preguntarte qué haría Obama si fueras él.

Cualquier persona notable que puedas elegir tiene un carácter distintivo, por lo tanto, considera estos atributos y úsalos para analizar el problema desde otro ángulo. Por ejemplo, si asumes el papel de millonario, entonces quizás tengas que mostrar también sus atributos al idear estrategias. Atributos como la extravagancia y la aventura en los negocios. Por otro lado, alguien como Tiger Woods es más probable que muestre perfeccionismo, tenacidad y una observación minuciosa de todos los detalles del caso.

No solo necesitarás planificar un diseño facultativo, sino que también querrás practicar todos los consejos mencionados anteriormente. El diseño facultativo que elabores puede ayudar a crear una sensación optimista, lo que a su vez mejora tu pensamiento innovador.

Cada vez que sientas que te estás adentrando en un estado de excesiva reflexión, dirige tus pensamientos hacia un pensamiento efectivo y elimina cualquier pensamiento que no sea productivo.

Capítulo 8: Establecer límites de tiempo para tomar decisiones.

Todo lo relacionado con nosotros es debido a nuestra toma de decisiones. Las amistades, la salud, e incluso nuestra vocación, y todas las demás cosas que nos hacen quienes somos hoy en día son nuestra capacidad o incapacidad para tomar decisiones, y las elecciones que ya hemos hecho. Dicho esto, es lamentable que mucha gente aún encuentre difícil tomar decisiones. Incluso si todo lo demás parece ir bien para nosotros, cuando las cosas se ponen difíciles y el momento requiere tomar esa decisión, nos acobardamos. Simplemente parece tan difícil decidir algo y mantenernos firmes en ello.

Cada día, vivimos por las innumerables decisiones que tenemos que tomar, ya sean pequeñas o enormes. De eso se trata la vida. El progreso será más alcanzable si podemos desglosar esas grandes decisiones en decisiones pequeñas.

La afirmación de que la mejor decisión es no tomar ninguna decisión, es casi siempre inexacta. Las personas indecisas son más propensas a ser controladas por sus vidas en lugar de que sea al revés. Sin control sobre tu vida como resultado de la indecisión, es posible que no seas tan autosuficiente como te gustaría, por lo tanto, necesitas aprender a ser decidido y tomar control de tu vida.

La mejor manera de fomentar tu hábito de pensar demasiado es tener una decisión que tomar con la necesidad de hacerlo bien y más que suficiente tiempo para tomarla. Todo el proceso de contemplar el mejor paso a seguir, considerando todas tus opciones mientras te tomas tu tiempo, es simplemente una invitación a pensar demasiado las cosas. Establecer un límite de tiempo para ti mismo es realmente la forma más efectiva de frenar ese hábito. Es recomendable establecer un límite con la duración basada en la gravedad o magnitud de la decisión. Asegúrate de detener toda evaluación adicional una vez que se alcance el límite y simplemente selecciona una opción, actúa sobre ella y continúa.

El propósito de este consejo es no dejar lugar para la sobrethinking y promover la acción a través de su límite de tiempo establecido. Es bastante fácil: simplemente comience a cronometrarse justo cuando comienza el proceso de análisis para tomar una decisión. Debido a su conciencia del tiempo, su análisis de las ventajas y desventajas será más conciso. De hecho, esta técnica es tan fácil y factible.

Si te tomas demasiado tiempo para tomar decisiones, entonces este consejo es justo lo que necesitas. Puedes establecer el tiempo tan corto como 1 minuto, o tan largo como 5 minutos, o cualquier número intermedio.

Cómo establecer límites de tiempo para tus decisiones

- Establece un límite en tu número de opciones. Mientras intentas tomar una decisión, reduce tus opciones a un máximo de 3 cosas, en lugar de dejar tus opciones amplias, vastas e ilimitadas.

- Ley de Parkinson (establece un límite en tu

tiempo). Cuando estableces un límite de tiempo, te hace trabajar menos y estresar menos tu cerebro y simplemente no habrá suficiente tiempo para lograr trabajar tu cerebro. El trabajo solo se moverá para usar todo el tiempo disponible.

- Mantén tus opiniones al mínimo. Con tres personas que ofrezcan sus opiniones es suficiente para ayudarte con tu análisis. No te causes confusión, las personas son diferentes, cuanto menos opiniones contradictorias obtengas, más fácil será llegar a una conclusión.

Recordatorio: si encuentras que persistentemente pides las opiniones de otras personas, puede indicar que quizás no estás muy seguro de lo que quieres, o simplemente puede que no lo desees en absoluto. Obtener una segunda o tercera opinión de vez en cuando puede ayudarte a verificar una decisión que probablemente ya hayas tomado.

- Técnica de servilleta. Debido a que no puedes hacer mucho en una servilleta, es mejor dibujar tu plan en una servilleta primero y verás que solo se dibujarán las cosas más importantes.

- Sé positivo. Cuando aprendas a ver la positividad en cada opción y decisión, entonces podrás aceptar las consecuencias de cualquier manera, sin arrepentimientos. Tú tomas la decisión y luego aprendes de ella.

- Técnica de caminar por la tabla. Hazte la promesa de hacer algo que odias o preferirías no hacer si no tomas una decisión dentro de tu tiempo estipulado. O vas a fondo o no vas en absoluto.

Establezca un límite al número de decisiones que toma por día.

Para controlar la sobrepreocupación, dale a tu cerebro suficiente tiempo y espacio cuando tengas decisiones cruciales que tomar, reduciendo las decisiones menos importantes. Es fácil equivocarse pensando que reducir decisiones es similar a reducir gastos, pero no podrías estar más lejos de la verdad. La verdad es que el tiempo, por más corto que parezca, para tomar esas decisiones menos cruciales puede estresar tu cerebro antes de enfrentar las decisiones más críticas, reduciendo la capacidad mental de tu cerebro en ese momento. Por lo tanto, es mejor que delegues esas pequeñas decisiones mientras ahorras esa energía mental para las decisiones cruciales. ¡Así que ahorra a tu cerebro el estrés!

Esto se refiere especialmente a esas pequeñas tareas diarias sobre las que necesitas decidir, pero que no son particularmente cruciales.

Es un hecho conocido que Steve Jobs repetía la misma ropa cada día para no tener que pensar en qué ponerse diariamente. Para que Tim Ferris pueda evitar pensar en qué comer todas las mañanas, desayuna del mismo modo, aunque saludable, cada mañana. El presidente Obama también limitó sus respuestas por correo electrónico a "aceptar", "no aceptar" o "discutir" para desimplicar su energía mental de estas pequeñas decisiones.

Por lo tanto, a partir de ahora, al considerar las tareas a

asignar, asegúrese de que se evalúe bien la energía mental que cuesta. Por lo tanto, podemos decir con seguridad que menos pensamientos excesivos se traducen en un mayor crecimiento y desarrollo personal.

Reducir el peso de tus decisiones siempre te beneficiará, sin importar cómo decidas gestionarlo. Puedes contratar a un asistente virtual para encargarse de todas tus tareas de gestión, o contratar a un freelancer para encargarse de una o dos cosas según surjan las necesidades, sin embargo, la delegación paga.

Pon un plazo a tus pensamientos. Limita tu número de decisiones diarias y establece límites de tiempo cortos para tomar decisiones.

Capítulo 9: Considera el Cuadro Completo.

Pensar demasiado solo magnifica cosas triviales tanto que provoca pánico, y el mundo ya es lo suficientemente aterrador como está. Además, pensar demasiado convierte un pequeño problema en un gran problema innecesario.

Todos los días, pasamos por una prueba u otra y con el tiempo, nuestras malas experiencias engendran miedo. Miedo a la pérdida, o la pérdida de objetos de valor, miedo a la insatisfacción y descontento en la vida, miedo a fracasar en una entrevista y perder un trabajo que ni siquiera has obtenido aún, o miedo a arruinar esa primera cita.

No te permitas ser limitado y retenido por el miedo. No dejes que el miedo te impida alcanzar las alturas que deseas.

No todo saldrá como se planeó, pero no te desanimes porque los contratiempos suelen ser indicadores de la grandeza que está por desplegarse. Por lo tanto, al hacer tus planes, necesitas aprender a relajarte y confiar en el proceso. La relación entre la intención y el miedo es la tendencia a tener menos miedo cuando estamos más dispuestos a creer en nuestras intenciones y apartar toda negatividad para enfocarnos en las posibilidades de obtener buenos resultados finales.

Pensar demasiado es muy fácil. Es tan fácil dejarte caer en

ese modo sobreanalítico cada día, pero necesitas aprender a pausar y ver el panorama general.

Necesitamos entender que la mayoría de estas cosas que parecen ser muy importantes ahora probablemente no serán significativas en unos meses, o unos años, o incluso a veces en unas pocas semanas.

El momento en que te das cuenta de que lo que parece ser un gran problema es solo una diminuta mota en comparación con la vista amplia, entonces quizás dejes de magnificarlo.

A continuación se detallan algunos consejos para aclarar las cosas y ayudarte a mirar más allá de tus miedos para ver la visión general:

- Pausa y reflexiona. Inmediatamente cuando comiences a sentir que estás pensando demasiado, simplemente haz una pausa por un momento para reflexionar sobre las cosas. Luego, hacerse a uno mismo preguntas sencillas pero importantes podría ayudar a poner las cosas en perspectiva. Pregúntate a ti mismo cuál es precisamente el problema. Identificar el problema específico con el que estás teniendo dificultades puede ayudarte a hacer los ajustes correctos. Pregúntate sobre cómo te hace sentir todo el asunto. Si te sientes intranquilo por ello, entonces probablemente no obtendrás claridad. Ahora pregúntate el por qué. ¿Por qué respondiste de la manera en que lo hiciste? ¿Fue adecuada tu reacción? Estarás de acuerdo conmigo en que solemos perder los estribos y reaccionar exageradamente ante una situación volátil. Hacer una pausa para considerar estas cosas puede ayudar a aclarar los problemas.
- **Come to terms with the things you can do nothing about.** It is pointless and enraging to overthink things that you can't change and it can cause you to have a mixed up view of life. It can be hard but with the tips below, you can learn to just let go of things you can't control.

- Identifica tu parte y tu tarea. ¿Puedes hacer algo al respecto? ¿O está totalmente fuera de tu control?

- Sé optimista. Una de las pocas formas de manejar un caso sobre el que no tienes control es encontrar algo bueno al respecto y mantener el optimismo.

- **Progress.** Retrace your steps when you find that you are going around in a circle, getting the same outcome. Assess your actions to consider other options.

- Deja de medirte con otras personas. Comparar tu ocupación, apariencia, habilidad e inteligencia con las de otros es completamente innecesario. La vida influencia y moldea a las personas de diferentes maneras y no hay dos personas que tengan la misma vida. Estas comparaciones solo establecen metas inalcanzables para ti mismo. Nadie más ha vivido tu vida excepto tú y nunca podrás vivir la vida de otro. Nunca olvides que eres único.

- Aprende de experiencias pasadas. No importa lo que estés combatiendo, reflexiona sobre eventos pasados en relación con el problema en cuestión y observa cómo te preocupas menos. Por lo tanto, reflexiona sobre las lecciones que se pueden aprender de estos eventos históricos y ve cómo pueden ayudar a resolver el problema en cuestión.

- Concéntrate en las cosas que puedes cambiar. Es más difícil hacer cambios en un caso que consideras imposible. Por lo tanto, comienza intentando cambiar las cosas más pequeñas que estén bajo tu control para no sentirte totalmente inútil. Por ejemplo, cuando la búsqueda de trabajo parece inútil, intenta identificar qué debes hacer para empezar o acelerar el proceso. Pronto encontrarás más trabajos para los que postularte o simplemente llenar un formulario de solicitud para comenzar el proceso.

- Ten esperanza en el futuro. Otra cosa que hace el pensar demasiado es hacerte ver el futuro sombrío. Puedes llegar a sentir que no hay nada por lo que esperar. Necesitas aprender a separar los acontecimientos actuales del presente de lo desconocido en el futuro. Tu pesimismo en el presente no tiene por qué quitar la esperanza del futuro, no importa qué. En lugar de decir cosas como "nunca podré completar este trabajo", di "¿cómo puedo lograr este objetivo y completar mi trabajo?" Imagínate terminando el proyecto y espera con satisfacción.

- Señala tus sentimientos. Tu tendencia hacia el optimismo lamentablemente puede depender de cómo te ven otras personas. Preocúpate por cómo te ves a ti mismo, y quién eres para ti en lugar de preocuparte por la perspectiva de todos sobre ti. Por ejemplo, sé más rápido en preguntarte qué te gusta de ti mismo en lugar de lo que les puede gustar o no de ti.

- Nunca olvides que las cosas cambian. La vida es variable. Los tiempos y las estaciones cambian. Los que son más felices y a veces viven más tiempo son aquellos que han aprendido a adaptarse a esos cambios. Para una comprensión más clara, una forma en la que puedes aprender a ajustarte es buscando fotos antiguas y observando cuánto has crecido. Quizás puedas comenzar de nuevo tomando fotos de ti mismo ahora como una medida contra el cambio que deseas. Mirar la foto "base" de vez en cuando puede inspirarte y ayudarte a trabajar en el presente.

- Visualiza tu entorno. Debes sentirte reconfortado al saber que en este vasto mundo, es muy probable que, al menos, haya otras 2 personas que tengan un problema similar al tuyo. ¡No estás solo! Deja de intentar resolver cada problema, la verdad es que eres solo un ser, no puedes ganarlos todos por ti mismo.

- Idear objetivos prácticos. Establecer metas alcanzables realmente puede ayudar a mantener la claridad. Al establecer tus metas, mantente alejado de objetivos poco realistas, aquellos que son tan desafiantes que parecen imposibles. Por ejemplo, puedes fijarte una meta donde perderás unos cuantos kilos al mes si tu meta a largo plazo es reducir 100 kilos. En lugar de tratar de perderlo todo en los primeros meses, divídelo en unidades.

Pon las cosas en una perspectiva más amplia. Pregúntate cuánto tiempo esto importará. ¿Importará esto en 5 años? ¿O incluso en 5 semanas? Imagina un final feliz.

Capítulo 10: Vive el Momento.

La vida es como un tren en movimiento; no espera a que estés seguro acerca de tu futuro antes de unirte al viaje, ni tampoco espera a que superes tu pasado. La vida está compuesta por el pasado, el presente y el futuro, pero se nos regala un preciado regalo del presente cada día. El pasado está ahí solo para recordarnos de dónde hemos estado y el futuro, para recordarnos a dónde vamos, pero el presente es la vida que ya estamos viviendo. Atascarnos con nuestro pasado puede hacernos olvidar la vida que se supone que debemos vivir, haciendo que el tiempo pase desapercibido. La vida es preciosa, solo podemos vivirla en el presente, no en el pasado y tampoco en el futuro.

No es raro enfrentar desafíos, distracciones, heridas y otras cosas negativas de tal manera que preferimos escondernos en la sombra de nuestro pasado en lugar de enfrentar la realidad. De todas formas, esto no va a ayudar a nadie. La mayoría de las personas simplemente existen sin vivir, siguen sus horarios como títeres sin realmente tener tiempo para disfrutar el presente. Lo hacen con caras sonrientes pero ojos infelices solo porque están estresados y evidentemente necesitan un descanso, un descanso para irse de vacaciones, para sentarse sin hacer nada, para simplemente ser libres.

A pesar de nuestras apretadas agendas, siempre debemos tratar de vivir el momento, esto también se conoce como la atención plena. La atención plena es el estado de estar totalmente consciente del presente. Ser consciente es aceptar tus pensamientos tal como son sin preocuparte demasiado por ellos. Es ser consciente de que la vida debe ser vivida, no solo existir. Una persona consciente siempre vivirá no basada en sus pensamientos y así es como deberías ser tú.

¿Por qué es importante estar presente?

Vivir en el presente te ayuda a apreciar más la vida. Te previene de quedarte en el pasado o de sobre pensar en el futuro. Vivir en el presente es una habilidad que se debe adquirir para ayudarte a vivir una vida más emocionante.

A continuación se encuentran algunas de las cosas importantes sobre vivir el momento.

- Menos preocupación y demasiado pensamiento. Vivir en el momento o estar presente te mantiene completamente consciente del ahora. Te previene de preocuparte y sobre analizar el futuro y de quedarte en el pasado.

- Puedes apreciar un poco más el mundo. Cuando vives en el momento, tiendes a apreciar el mundo que te rodea. No estarás angustiado por el pasado ni temiendo el futuro.

- Puedes descubrir fácilmente qué podría estar molestandote. A veces, puede que no sepas qué te está molestando, pero vivir el momento presente te ayudará a darte cuenta cuando no te encuentras bien, emocionalmente, físicamente y de otras maneras.

- Puedes empezar a sentirte más relajado. Estar en el presente te permite tener control sobre tu vida y esto te ayudará a sentirte más relajado. Una vez que sientas que tienes control, no estarás demasiado preocupado por la vida.

Pasos prácticos para vivir en el presente.

Algunas personas viven sus vidas en el pasado, mientras que otros viven en el futuro. Sin embargo, el pasado ya se fue, el futuro aún está por venir, el único momento verdadero que tenemos es el presente. Así que siempre vive en el presente porque ahí es donde realmente podemos vivir.

Eliminar posesiones innecesarias. Deshacerte de algunos objetos que te recuerden el pasado puede ayudarte a avanzar y podrás vivir en el presente. Deshazte de cualquier cosa que te siga recordando el pasado.

2. Sonríe. Simplemente sonríe. No solo alegra tu día, sino también el de otros. Cada nuevo día es un regalo y siempre debemos recibirlo con una sonrisa. La vida puede estar llena de incertidumbres, pero tú puedes controlar lo que te sucede. Así que mantén una actitud positiva hacia la vida.

3. Valora plenamente el momento de hoy. Cada día es una bendición, así que crea recuerdos, aprecia la naturaleza, nota cada detalle del día, no permitas que pase desapercibido ningún momento.

4. Perdona los dolores pasados. Guardar rencor no le hace daño a nadie más que a ti. Trata de perdonar a todos aquellos que te han hecho daño en el pasado. No tengas ninguna razón para que el pasado te persiga, deja ir todo dolor al perdonar.

5. Ama tu trabajo. No tienes que seguir haciendo lo que odias durante 5 días de 7 a la semana. Este es el nivel más alto de pérdida de tiempo y debe detenerse. Puedes renunciar por completo al trabajo anterior y buscar algo más que te guste, o

puedes enfocarte en un área en particular del trabajo anterior que te guste y poder hacerlo con alegría.

6. Trabaja duro hoy, pero no dejes de soñar con el futuro. No dejes que soñar con el futuro tome el control de vivir el presente. No vivas en un sueño y olvides tu realidad. Soñar con el futuro, tener metas y aspiraciones no es suficiente para darte un futuro brillante. Debes trabajar arduamente ahora para lograr esos objetivos.

7. Deja de obsesionarte con los logros pasados. Si te encuentras obsesionado o hablando demasiado de tus logros pasados, es como resultado de tener pocos o ningún logro en el presente.

8. Reconoce y observa tus preocupaciones. No intentes pasar por alto tus preocupaciones, ni siquiera intentes controlarlas. Sin embargo, reconoce tus preocupaciones, considéralas desde el punto de vista de un extraño sin necesidad de responder a ellas.

9. Deja ir tus preocupaciones. Cuando no te preocupas por tus preocupaciones, estas desaparecerán tan rápidamente como llegaron. Aprende a soltar tus preocupaciones, no te obsesiones con ellas.

10. Mantente enfocado en el presente. Nuestras emociones, pensamientos y sentimientos cambian constantemente. Por lo tanto, asegúrate de que estás avanzando con el cambio, una vez que te des cuenta de que estás pensando en algo durante demasiado tiempo, llámate de vuelta al presente. Conscientemente siempre intenta vivir en el momento presente.

11. Piensa más allá de las soluciones antiguas a los problemas. Nuestro mundo está cambiando constantemente; las reglas están cambiando y también lo están las soluciones

a los problemas. No te acostumbres a las viejas formas de hacer las cosas, mantente abierto al cambio y acéptalo. El enfoque que uses hoy para resolver un problema puede que no funcione para el mismo problema mañana. No permitas que ningún tiempo o momento pase desapercibido. Esto te permitirá vivir siempre en el presente.

Invierte más tiempo en el momento presente. Desacelera. Dite a ti mismo: Ahora estoy... Disruptir y volver a conectar.

Capítulo 11: Meditar

Pensar demasiado no limpiará tu mente, ni te ayudará a encontrar una solución práctica. En cambio, resulta en pensamientos rencorosos, redundantes y obsesivos. Es probable que el proceso de pensamiento lógico se vea oscurecido por una mente que piensa demasiado. Eres consciente de que es imposible cambiar el pasado y nadie conoce el futuro. Aun así, la mente está atrapada en una red de pensamientos. No olvides que hay una línea muy delgada entre comprender tus errores pasados y obsesionarte con ellos.

Observar a un niño puede ayudarte a descubrir que en la mente de un niño, solo existe el 'hoy'. No hay pensamientos acerca del futuro, ni del pasado, simplemente disfrutan de lo que está ocurriendo en ese momento. Una vez fuimos niños. Y tenemos la capacidad de vivir en el presente y evitar el estrés de darle demasiadas vueltas a las cosas. ¿Cómo? Puedes preguntar. No solo la meditación te ayuda a dejar de darle vueltas a las cosas, sino que también te transporta a tiempos en los que todo era más sencillo.

La meditación es una excelente manera de prevenir absolutamente la rumiación. Toma asiento en un lugar tranquilo, concéntrate en tu respiración y considera eliminar cada pensamiento de tu mente. Cuando un pensamiento aparezca en tu mente, obsérvalo sin involucrarte emocionalmente, sé consciente del pensamiento pero no permitas que te afecte.

4 Formas en las Que la Meditación Ayuda a Dejar de Pensar Demasiado

Reorienta tus objetivos. Tu mente puede verse sobrecargada con ideas y pensamientos redundantes cuando sobrepiensas. Puedes sentirte estresado por arrepentimientos, sospechas, dudas, realidad distorsionada, y alusiones. Todo esto no te ayudará a vivir feliz o calmado. Te das cuenta de que tus pensamientos están sesgados y constructivos. Si estás dispuesto a saber más, podrás juntarlo todo para llevar a cabo las misiones más grandes en la vida.

Lucha contra los pensamientos negativos. La mayoría de las veces, echamos la culpa de todos los problemas en nuestra vida. Al menos, enfrentar los problemas es más sencillo cuando hay otra persona a quien culpar. La meditación te ayuda a luchar contra hábitos poco saludables, como echar la culpa y buscar fallas. Prueba con la meditación consciente. Es altamente efectiva para prevenir que sobre pienses. En este espacio de conciencia, podrás buscar verdades reales y deshacerte de pensamientos tóxicos. De esta forma, te ayudará a concentrarte en acciones y pensamientos positivos.

Despeja tu mente. Pensar demasiado es una señal clave de que algo te está consumiendo. Ve a la raíz de tu aprensión y arréglalo de manera decidida. Uno de los efectos beneficiosos de la meditación es que despeja tu mente. Puedes planificar, organizar y hacer análisis efectivos en tu mente. Tan pronto como entiendas el problema, puedes empezar a pensar en cómo lidiar con ello. Esto ayuda a prevenir pensamientos vagos innecesarios y tóxicos.

Te libera del apego. El pensar demasiado es una expresión de todo a lo que estás atado: tus pensamientos, palabras, ideas y acciones. Hay demasiado apego entre nosotros y otras personas, o entre nosotros y las relaciones, esto distorsiona nuestro pensamiento y juicio, haciéndonos demasiado analíticos y críticos.

Sin embargo, esto es lo que necesitas saber sobre la meditación, no hay una forma única de hacerlo, no hay forma correcta o incorrecta. En las primeras etapas, meditar se siente extraño. Seguramente. Tu cabeza te dará una larga lista de cómo es una pérdida de tiempo. ¿Cuál es el punto de sentarse allí sin pensar en nada? Te retorcerás. Te volverás enojado. Persevera a través de todo eso. Se vuelve más fácil.

Cómo Meditar En 9 Sencillos Pasos

Dedica de 5 a 30 minutos cada día. Como principiante, comienza con cinco minutos. Para mucha gente, cinco minutos es ideal, y de hecho, cinco minutos de meditación pueden tener efectos positivos. En cuanto a la frecuencia, se cree que la meditación debería ser una meta diaria, como cepillarse los dientes.

2. Deshazte de las distracciones. Elige un período del día en el que tengas la menor cantidad de distracciones. Tal vez, durante las primeras horas del día.

3. Relájate y ponte cómodo. Antes de meditar, algunas personas disfrutan estirarse porque ayuda a relajar y aflojar los músculos. Permanecer quieto puede resultar difícil para

un principiante; sin embargo, estirarse y relajarse te da una ventaja inicial.

4. Seleccione su posición. No importa si está sentado o acostado, su posición es una decisión personal. Para algunas personas, estar acostado es cómodo, para otras, estar sentado lo es. Lo importante aquí es estar cómodo, es decir, no encorvarse, y tener la columna recta. Si está sentado, relájese y ponga las manos sobre su regazo. Siéntese con las piernas cruzadas en el suelo apoyado por un cojín, o en una silla con los pies en el suelo. No es obligatorio contorsionar su cuerpo en posición de loto si resulta incómodo.

5. Concentra tus pensamientos. Prepárate para el divagar de tu mente. El secreto de la meditación es enfocar tu mente en lo que está sucediendo actualmente y no en lo que ha pasado, o lo que ocurrirá en una hora. Ahora, debes estar quieto, relajado y simplemente sanarte a ti mismo. Tan pronto como hayas seleccionado el periodo ideal y estés relajado y cómodo, estarás preparado para concentrar tu mente en tu respiración. Es una decisión personal si quieres meditar con los ojos cerrados o abiertos. A veces, la música relajante puede ayudarte a meditar de manera efectiva. Si disfrutas meditando mientras escuchas música, es aceptable. Hay una variedad de música para escuchar.

6. Toma respiraciones lentas y profundas. Cierra suavemente los ojos. Comienza por respirar lentamente y profundamente - inhala por la nariz y exhala por la boca. Evita respirar con fuerza. Permítelo que fluya naturalmente. Las primeras inspiraciones pueden ser superficiales pero a medida que dejas que tus pulmones se llenen de aire cada vez, tus respiraciones se volverán progresivamente más completas y profundas. Puedes tomarte todo el tiempo que necesites para respirar profundamente y lentamente. Después de un rato, las respiraciones profundas comienzan a hacerte sentir más relajado y en paz.

Cuando tu mente se distraiga, concéntrala de nuevo en tu respiración. Es de esperar que tu mente se distraiga. Trata suavemente de volver a enfocarte en el momento presente, es decir, en tu respiración. Tus pensamientos pueden divagar cada cinco segundos. Esto es perfectamente normal. Una vez que comiences a practicar la meditación con frecuencia, habrá una reducción en la distracción de tu mente y tu cuerpo y mente realmente se relajarán. Sentarse en silencio y concentrarse en tu respiración es complicado, pero haz un esfuerzo sutil y deliberado para enfocar tu mente en el presente. Este es el concepto de la meditación: enfocar tu conciencia en lo que está sucediendo en el presente. Además, si piensas que podrías quedarte dormido, cambia de posición.

8. Finalizando tu meditación. Tan pronto como estés preparado/a para finalizar tu meditación, abre los ojos y levántate suavemente. ¡Gran trabajo. Lo has logrado!

9. La práctica constante te hace perfecto. No es una competencia. Es posible que solo puedas meditar durante tres minutos en este momento. Eventualmente, habrá un aumento en este tiempo, por lo tanto, un aumento en todos los efectos beneficiosos de la meditación. Hay una diferencia significativa con el tiempo. Empezarás a experimentar una sensación de felicidad, paz y tranquilidad. Continúa con ello, puede ser desalentador al principio pero está bien. Soy una mamá ocupada y multitarea en su carrera, por lo que ha sido muy beneficioso para mí. Más beneficioso de lo que imaginaba.

Puedes deshacerte por completo del mal hábito de pensar demasiado meditando durante 10 minutos cada día.

Capítulo 12: Crear una lista de tareas.

Aunque tu mente puede ser tu arma más fuerte; sin embargo, si se descuida, tu mente también puede impedirte alcanzar tus metas. Tu mente tiende a exagerar la verdadera naturaleza de las cosas, haciéndolas más grandes de lo que realmente son.

Por ejemplo, si tienes que terminar un par de tareas en un día, tu mente podría hacer que parezca una hazaña imposible completarlas en un día.

Surge con múltiples razones por las que la finalización de la tarea será imposible. El secreto para evitar este tipo de pensamientos excesivos es crear una lista de tareas.

Por ejemplo, si tienes que crear una presentación, completar un informe, recoger a tu hermana del aeropuerto o tienes una reunión con un cliente, tu mente podría hacer que parezca inimaginable completar todo esto en un día.

Hacer una lista de tareas te ayuda a asignar una duración definida a cada actividad, lo que hace más fácil completarlas.

Aquí hay algunas maneras de dividir estas actividades en una lista práctica, luego cancelar cada actividad una vez que esté completa.

La forma adecuada de crear y completar una lista de tareas.

- Seleccione un método. Existen varias variedades de listas de tareas, por lo que esto depende de lo que sea efectivo para una persona en particular. Algunos estudios sugieren que escribir la información a mano ayuda a recordarla de manera efectiva; sin embargo, si la última vez que usó un bolígrafo fue en 1995, no se preocupe; también es posible hacer una lista de tareas personal con la amplia gama de aplicaciones digitales disponibles.

- Haz varias notas. Haz algunas listas de tareas a completar. Debe haber una copia principal que contenga todas las tareas que quieres completar a largo plazo. Por ejemplo, comenzar una clase de idiomas, vaciar el armario, etc. También puedes crear una lista de proyectos semanales que tenga todas las tareas que deben completarse en una semana. Luego se debe crear una tercera lista, la lista de Tareas de Alto Impacto; esta tiene una lista de todas las cosas que deben hacerse hoy - por ejemplo, completar esa presentación de trabajo, llamar al Tío Tom por su aniversario, recoger la ropa. Cada día, las tareas de la lista general y la lista de tareas semanales se trasladarán a la lista de Tareas de Alto Impacto, según corresponda.

- Mantenlo simple. Nada es más aterrador que una lista de tareas larga. En realidad, es imposible completar una cantidad tan grande de tareas en 24 horas. Un consejo para simplificar la lista de tareas pendientes es crear una lista de las tareas a completar hoy y dividirla en dos. El número de tareas en la lista debe ser de aproximadamente 10, las demás pueden ser movidas a la lista principal o a la lista de tareas semanales.

- Comience con las tareas simples. Antes de tus MIT's, incluye algunas tareas básicas en la lista: "Ducharse, Lavar los platos del desayuno y doblar la ropa" son buenos ejemplos. Completar y cancelar las tareas tontas puede ayudarte a empezar tu día con una sensación de positividad.

- Completa tus MITs. MIT significa "tareas más importantes". La parte superior de tu lista debería comenzar con un mínimo de dos elementos que deben ser completados urgentemente hoy, esto es para asegurarte de completar tu informe de proyecto que debe ser entregado mañana, en lugar de aspirar. Aunque las otras tareas en la lista quizás no se hagan, las tareas muy significativas serán completadas.

- Divida en tareas más pequeñas. Tareas como "trabajar en el proyecto de tesis" parecen demasiado imprecisas y estresantes, esto implica que podríamos estar demasiado abrumados para realmente comenzarlas. Una excelente manera de disminuir el miedo y hacer que el objetivo parezca más realista es dividir las tareas en proyectos más pequeños. En lugar de decir "trabajar en la tesis", sea más específico, diga algo como "completar la primera mitad del capítulo dos" el domingo y "escribir la segunda mitad del capítulo dos" el lunes.

- Sé específico. Las cualidades comunes de todas tus listas de tareas deberían ser: deben ser una tarea que pueda ser completada exclusivamente por el creador de la lista de tareas, son tareas físicas, y pueden ser completadas en una sola sesión. Para tareas generales que requieran mucho tiempo o ayuda de otras personas, haz una lista de los pasos específicos que pueden ayudarte a lograr tu objetivo. En lugar de "rescatar a los animales," intenta con "crear una carta de presentación para una pasantía en el Fondo Mundial para la Vida Silvestre."

- Inclúyelo todo. Para todas las cosas que deben hacerse en la lista, sé lo más expresivo posible, escribe todo lo relacionado con eso para que no haya excusas si el trabajo no se completa. Por ejemplo, si la tarea tiene que ver con llamar a un amigo, escribe el número de esa persona en la lista para que no tengas que empezar a buscarlo más tarde.

- Tiempo. Dado que has creado la lista y la has revisado dos veces, ahora establece un límite de tiempo junto a cada tarea. Convertir la lista de cosas por hacer en una lista de citas podría ser útil. Por ejemplo, limpiar la bandeja de entrada de 7 a 8 p.m. en Dominos en la Avenida 5, la tintorería de 8 a 9 p.m. en Clean Aces. Una vez que el tiempo establecido haya pasado, ya pasó; gastar siete horas recogiendo la ropa de la tintorería es innecesario.

- Evita estresarte. La mayoría de las listas maestras tienen una o dos cosas que hemos tenido la intención de completar durante días, semanas, o probablemente años, pero no hemos encontrado tiempo para hacerlas. Trata de pensar en las razones para esto para que puedas entender los pasos necesarios para completar realmente las tareas. ¿Evitas llamar a la tía Jessie por las largas horas que podrían pasar en el teléfono? Sustituye "Llamar a la tía Jessie" por "encontrar una forma de terminar la llamada a la tía Jessie". Esto disminuirá el alcance variable de la tarea, haciéndola más fácil de lograr.

- Compártelo con la gente. A veces, la mejor manera de seguir obligados a hacer algo es que alguien nos controle. Puedes hacer tu lista de cosas por hacer pública, colocándola en el refrigerador o creando un calendario digital que pueda ser visto por tu colega.

- Fije un horario para planificar. Sentarse a crear una lista de tareas reales puede ser uno de los aspectos más difíciles de hacer la lista. Seleccione un horario diario, tal vez por la mañana antes de que todos se levanten, a la hora del almuerzo, o incluso antes de ir a dormir, cuando le resulte fácil organizar todo lo que necesita hacer y averiguar qué sigue sin hacerse.

- Entrar con lo viejo. Recordarte acerca de la productividad del día anterior es una excelente manera de mejorar la productividad. Esto incluye una lista documentada de todas las cosas que has logrado el día anterior, incluyendo las tareas tontas.

- Haz una lista nueva. Crea una lista fresca a diario, para que las tareas antiguas constantes no sobrepoblen la lista. Además, es una forma beneficiosa de asegurar que realmente completemos una tarea cada 24 horas y no perdamos tiempo embelleciendo la lista con marcadores de colores.

- Se flexible. Hack útil: Asegúrate de apartar 15 minutos de "tiempo de compensación" entre tareas en el calendario o lista de pendientes en caso de una emergencia no planificada; por ejemplo, si se apaga tu computadora o si hay un cortocircuito eléctrico. Y si no ocurre ningún evento desafortunado, lo más importante es recordar detenerte y respirar. Si ya has completado al menos un MIT - lograrás el resto.

Proporcione un detalle completo de sus proyectos y divídalos en secciones. Establezca una pseudo fecha límite y vea si pueden completarse dentro de la mitad del tiempo establecido. Luego, finalmente, establezca un tiempo para todo.

Capítulo 13: Abrazar la positividad.

Lo triste de la vida es que está llena de eventos negativos. Estos eventos a menudo circulan por todo el mundo a través de las noticias, las plataformas sociales y similares. Tan patético como esto es, nadie puede controlar o prevenir que estas cosas sucedan. Por lo tanto, permitir que estos eventos negativos nos afecten no sirve de nada porque no podemos resolver los problemas. Sin embargo, la mentalidad de la mayoría de las personas ha sido afectada negativamente por los acontecimientos desafortunados a su alrededor. Terminan pensando demasiado en todo, sin importar lo insignificante que pueda parecer.

No tienes control sobre lo que sucede a tu alrededor, pero sí tienes control sobre cómo reaccionas ante ello o cómo te sientes al respecto. La mayoría de las personas permiten que su mentalidad se incline hacia el lado negativo debido a lo que ven u oyen todos los días. Cuando surgen situaciones, tenemos dos opciones; enfocarnos en los aspectos negativos alrededor de las situaciones o ver los aspectos positivos en ellas. Lamentablemente, la mayoría de las personas ceden ante lo primero. Tenemos control sobre nuestros sentimientos, por lo que puedes alimentarlo ya sea con pensamientos positivos o negativos.

Haz una elección consciente de ser optimista sobre la vida. Abraza la positividad. Deshazte de todo lo que te haga infeliz y amenace tu paz mental. Pensar demasiado trae dudas y, como resultado, conduce a mentalidades negativas. Por lo tanto, deja de pensar demasiado y ten confianza en que puedes superar cualquier tormenta que se cruce en tu camino.

Conscientemente intenta proteger tu paz mental. No puedes hacerlo si no te amas lo suficiente, si piensas que no mereces la felicidad. Una cosa es segura, todos merecemos amor, todos tenemos derecho a ser felices y, por lo que vale, tu felicidad es tu responsabilidad. Crea felicidad donde esté ausente, siempre date una razón para ser feliz porque te lo mereces.

Nutre tu mentalidad continuamente con pensamientos positivos. A pesar de los desafíos que puedas enfrentar - los diversos sentimientos desde el dolor hasta el miedo, la ira, el desánimo y otros - nunca dejes de pensar de forma positiva.

A continuación, algunos consejos para ayudarte a adoptar la positividad:

- Comienza con buen pie. Despiértate cada día sintiéndote agradecido. Agradece por todo, piensa en las cosas buenas que te sucedieron el día anterior, incluso puedes apuntarlas. Al hacer esto, te das una buena razón para estar seguro, tener esperanza y ser feliz. Esta energía positiva al comienzo de un nuevo día es suficiente para mantenerte durante todo el día. Además de las reflexiones diarias, también puedes intentarlo de forma semanal o mensual, esto te ayudará a mantener una mentalidad positiva.

- Observa a las personas con las que pasas más tiempo. La negatividad es contagiosa, así que cuida a quienes pasas la mayor parte de tu tiempo. Si siempre ven lo peor en todo, entonces deberías reconsiderar pasar tiempo con ellos. Esto no es porque los odies o los estés juzgando, simplemente estás protegiendo tu mente.

- Habla palabras positivas. Así como nuestras acciones son importantes, también lo son nuestras palabras. De hecho, las palabras que decimos, con el tiempo, se convierten en nuestras acciones y se convierten en nuestra realidad. Observa las cosas que dices; palabras negativas generarán energía negativa y eventualmente resultarán en cosas negativas. Nuestra mente subconsciente nos escucha, presta atención a lo que decimos y hacemos. Después de un tiempo, comienza a responder a las palabras que escuchó, ya sean negativas o positivas. Por lo tanto, siempre haz afirmaciones positivas.

- Refresca tu memoria. Anteriormente mencionamos vivir en el presente y dejar ir el pasado, pero hay algunos recuerdos del pasado que no debemos olvidar como recuerdos de una infancia feliz, un bonito recuerdo de la playa y otros momentos felices. Estos recuerdos nos dan la fuerza para vivir en el presente. Por lo tanto, crea recuerdos felices cada vez que se te presente la oportunidad.

- Empieza a cultivar la esperanza de formas pequeñas. Crea esperanza incluso en las formas más pequeñas. Puede ser viendo una sonrisa en el rostro de un desconocido, planeando alcanzar una meta, o reflexionando sobre las cosas buenas que te han sucedido.

- Cambia tu enfoque. Deja de tratar de controlarlo todo. Relájate un poco, cambia tu enfoque lejos de las cosas que no están funcionando y concéntrate en las que sí lo están.

- Desactiva los pensamientos negativos. Cuando notes que estás empezando a tener pensamientos negativos, no los alimentes, cámbialos. Cuando ocurre un evento negativo, ya sea un problema con los padres o hermanos o incluso un problema de peso; no pienses demasiado en ello. Conscientemente evita que tus pensamientos deambulen hacia eventos negativos; concéntrate más en los positivos.

- Vuelve a lo básico. No es demasiado tarde para cambiar tu mentalidad; vino como resultado del pensamiento. Por lo tanto, comienza a tener pensamientos positivos.

- Sé curioso. No asumas que lo sabes todo. Piensa en las posibles consecuencias de los eventos.

- Piensa en un momento en el que lograste algo y en lo que hiciste. Nunca olvides tus logros, la técnica que utilizaste y cómo la aplicaste. Puede que necesites usar el mismo procedimiento para lograr algo aún mayor.

- Mantén la conversación corporal. No te enfoques tanto en la mente que te olvides del cuerpo. Cuando nuestros cuerpos están sanos, nuestras mentes también estarán sanas. El estado de nuestros cuerpos afectará nuestras mentes, el cuerpo físico controla las actividades de la mente en cierto grado. Todos necesitamos un nivel de motivación cada día y sin el ejercicio adecuado del cuerpo, es posible que no podamos obtener la energía positiva que necesitamos. Cuando estamos físicamente sanos, podremos tener una mentalidad positiva hacia la vida.

- Comienza un diario de evidencias con pruebas de que la vida está funcionando para ti. Registra todas las cosas buenas que la vida te ha ofrecido, en lugar de las cosas que no te ha ofrecido o las cosas negativas que ha ofrecido.

- Piensa en alguien cuya vida parezca estar yendo bien. ¿Tienes a alguien a quien quisieras parecerte? ¿O admiras la vida de alguna persona? Entonces haz que sean tu modelo a seguir, haz preguntas sobre lo que hacen y cómo lo hacen para tener éxito.

- Errar es humano. En un intento por abrazar la positividad, no seas demasiado duro contigo mismo. Mantener una mentalidad positiva puede ser difícil. Somos humanos y es probable que cometamos errores, que tengamos dudas y sentimientos negativos, pero cuando lleguen, contrólalos. No permitas que te consuman, recuerda que los sentimientos y pensamientos no duran mucho, solo pasarán si no los alimentas.

Cambia tu forma de pensar y pasa más tiempo con personas positivas que no analicen demasiado las cosas.

Capítulo 14: Utilizando afirmaciones para aprovechar el pensamiento positivo.

La mayoría de las personas que piensan de manera negativa son aquellas que suelen darle muchas vueltas a las cosas. Si te permites seguir así, pronto todo en ti se vuelve negativo y pesimista; tu autoestima, tu perspectiva y tus emociones.

Lo curioso de la negatividad es cómo parecen casi siempre hacerse realidad. Estos pensamientos negativos deprimen tu espíritu, tus relaciones con la gente que te rodea y tu personalidad. De alguna manera, te has convencido de que nunca serás suficiente y está empezando a gobernar tu vida.

Sé intencional, en cambio, acerca de ser todo lo que no es negativo; sé optimista y esperanzado. Piensa y habla palabras buenas hacia ti mismo y descubrirás que es muy potente y beneficioso.

Finalmente, haz esfuerzos para frenar tus hábitos de pensar demasiado deliberadamente pensando de manera más positiva sobre la vida.

¿Qué son las afirmaciones y funcionan?

Una afirmación es una declaración, un comentario optimista que realmente ayuda a inhibir la negatividad y el daño a uno mismo. Cuanto más declares estas palabras, más creerás en ellas, y por lo tanto, más positividad podrás realmente irradiar.

Reiterar constantemente estas palabras puede ayudar tanto a nuestro estado mental que reforma nuestras cadenas de pensamiento para hacernos empezar a pensar y comportarnos de manera positiva.

Por ejemplo, hay pruebas de que las afirmaciones ayudan en tu desempeño laboral de manera positiva. Cuando te sientes un poco nervioso en anticipación de una importante reunión de negocios, puedes tomarte un tiempo para enfocarte en todas tus grandes cualidades y esto te ayudará a calmarte, mejorar tu autoestima, prevenir que te conviertas en un desastre nervioso y aumentar las posibilidades de que seas productivo.

La afirmación de uno mismo también puede mejorar los terribles efectos de la ansiedad y el estrés.

Incluso mejor, las afirmaciones han sido una terapia mental para personas que sufren de depresión, baja autoconfianza y una gran cantidad de otros trastornos mentales. También se ha demostrado que las afirmaciones excitan ciertos aspectos de nuestro cerebro que desencadenan la alta posibilidad de ser más conscientes y dirigidos hacia la positividad en relación con nuestra salud. Cuando tienes un alto aprecio por ti mismo, te preocupas más por mejorar tu salud en general.

Por lo tanto, si crees que comes en exceso, por ejemplo, y necesitas empezar a hacer ejercicio, entonces las afirmaciones se pueden usar para ayudarte a recordar tu valía y, de esa manera, animarte a hacer algunos cambios en tu estilo de vida.

Cómo usar afirmaciones positivas

Las afirmaciones no tienen restricciones, puedes usarlas siempre que desees hacer cambios positivos en tu vida. Puedes usarlas cuando quieras:

- Mejora tu autoestima antes de reuniones y presentaciones cruciales.
- Comanda tus emociones, poniendo una rienda a cualquier sentimiento pesimista como la ira, la decepción y la irritabilidad fácil.
- Revise su autoconfianza.
- Finaliza con éxito los proyectos que comenzaste.
- Mejora tu eficiencia
- Vencer los malos hábitos.

Las afirmaciones funcionan mejor con metas claras y pensamientos más optimistas.

La visualización complementa perfectamente las afirmaciones. Por lo tanto, no solo visualices ese gran cambio, háblalo contigo mismo, escríbelo hasta que lo creas. Afirmarte positivamente.

Las afirmaciones también son muy valiosas cuando estás determinando nuevos objetivos y metas. En el momento en que especifiques exactamente lo que quieres lograr, la autoafirmación y los comentarios afirmativos pueden ayudar a conducirte constantemente hacia el éxito.

Decir esas afirmaciones positivas una y otra vez a ti mismo es realmente la clave para la potencia. Pégalo en tu pared, o configúralo como una alarma, pero asegúrate de repetir esas palabras a ti mismo tan a menudo como sea posible cada día. Aún más importante es la necesidad de que repitas esas palabras cuando te encuentres volviendo a pensar demasiado, o haciendo esos hábitos que has estado tratando de romper.

Cómo Escribir una Declaración de Afirmación

Tu declaración afirmativa debe estar dirigida a un aspecto o hábito en particular que estás tratando de romper. Puedes personalizar tu declaración afirmativa según tus necesidades utilizando los consejos a continuación.

- Considera ese hábito del que estás tratando de alejarte. El comportamiento que quieres mejorar. Puede ser tu mal genio, tu facilidad para irritarte, tus habilidades de comunicación deficientes o tu productividad cercana a cero en el trabajo.

- A continuación, anote aquellos aspectos de su vida que le gustaría cambiar y asegúrese de que se alineen con sus valores clave y todo lo que es vital para usted. Si no alinea estos cambios con sus valores, es posible que no se sienta verdaderamente inspirado para alcanzar esos objetivos.

- No intentes hacer afirmaciones imposibles e inconfiables, se realista y práctico al respecto. Por ejemplo, si no estás satisfecho con el salario que recibes cada mes, puedes comenzar a reiterar afirmaciones para aumentar tu confianza lo suficiente como para solicitar un aumento.

- Sin embargo, es mejor no convencerte de que definitivamente obtendrás un aumento del doble de tu salario anterior porque generalmente es imposible para los empleadores duplicar tu salario así como así. ¡Sé pragmático y razonable! No es como si las afirmaciones fueran encantamientos. Lo que necesitas es creer, de lo contrario, esas palabras podrían tener poca o ninguna potencia en tu vida.

- Cambia la negatividad y abraza la positividad. Si eres aficionado al desaliento personal y al daño personal general, aprende a observar los pensamientos o ideas particulares que afligen tu mente. Luego crea una afirmación que contradiga completamente esa línea de pensamiento.

- Imaginemos que con frecuencia te dices a ti mismo que no tienes suficiente habilidad ni talento para avanzar en tu carrera, puedes cambiar esto completamente escribiendo una afirmación como, "Soy lo suficientemente bueno y soy un experto talentoso en lo que hago".

- Sé particular al escribir en presente en una muestra de creer que lo que estás diciendo ya está teniendo lugar. Es la única manera para que verdaderamente creas y veas que realmente sucede. Por ejemplo, un buen ejemplo de una afirmación efectiva es, "Estoy listo para esta presentación, conozco bien este tema porque me he preparado adecuadamente y va a ser una presentación maravillosa." Dite esto a ti mismo cuando comiences a sentir los nervios y la ansiedad al hablar en público.

- Dilo como si lo sintieras. Traer emociones a tu afirmación puede realmente ayudarte a hacer que las palabras sean más productivas. Si realmente lo deseas, actúa como si lo haces al decirlo con voluntad. Dilo como si tuviera sentido para ti y significara algo para ti. Por ejemplo, si tienes problemas para calmar tus nervios acerca de un nuevo proyecto que te dieron, entonces intenta decirte algo como, "Estoy deseando este nuevo desafío. No puedo esperar para asumirlo".

Ejemplos de afirmaciones

En todo caso, tu afirmación es exclusiva para ti, así que permítele especificar exactamente lo que buscas lograr y todas las alteraciones que quieres hacer. Sin embargo, a continuación hay algunos ejemplos que pueden ayudarte a comenzar:

- Mis innovaciones para este nuevo desafío son innumerables.
- Mi jefe y todos mis colegas apreciarán mi trabajo cuando haya terminado.

- ¡Tengo la capacidad de hacer esto!
- Mi opinión es invaluable para mi equipo.
- Soy triunfante y victorioso.
- La sinceridad es mi lema.
- Soy consciente del tiempo en cada tarea.
- Agradezco este trabajo y no lo doy por hecho.
- Me encanta lograr un buen trabajo con mi equipo.
- Soy excepcional en todo lo que intento.
- Soy magnánimo.
- Estoy cumplido.
- Estableceré el ritmo en esta empresa.

Las afirmaciones son declaraciones de positividad que ayudan a vencer la autodestrucción y la negatividad en general.

Capítulo 15: Convertirse en una persona orientada a la acción.

No puedes simplemente decidir dejar de pensar demasiado, sino que debes tomar acciones deliberadas para asegurarte de que estás libre de ese hábito. No pienses demasiado en tomar la decisión correcta, a menudo aprendemos de nuestros errores. De hecho, las mejores lecciones son las que se aprenden de un error.

Siempre debes estar listo para tomar acción sin importar cuán inciertas parezcan. Pensar demasiado trae dudas y estas dudas nos restringen de tomar acción donde deberíamos. Uno nunca puede estar demasiado seguro en la vida. Nuestras vidas serán mucho mejores si podemos hacer la mayoría de las cosas que hemos tenido en mente hacer.

Sin embargo, cuando hablo de tomar acción, me refiero a una acción dirigida. Antes de tomar cualquier acción, primero debes considerarla con la situación actual, la acción debe ser tomada sabiamente y no basada en emociones.

Consejos para tomar acción en superar la sobrethinking

1. Reconoce el resultado de la indecisión. La forma más efectiva de deshacerte del pensamiento excesivo es identificar las consecuencias de la indecisión. En cada situación, compara la consecuencia de tomar una decisión con la consecuencia de no tomar ninguna. Si el resultado de esta última es más favorable, entonces simplemente debes seguir adelante.

2. Tira una moneda. Cuando parece que no puedes dejar de pensar en un problema, puede ser tu instinto tratando de advertirte que la situación ya sea no está bajo tu control o que no es necesario darle tantas vueltas al problema. Lo único que necesitas hacer en casos como este es abrir el próximo capítulo y seguir adelante.

3. Escribe 750 palabras. Escribir es una forma en la que puedes emplear para despejar tu mente. Te ayuda a ver claramente cuáles son los problemas y a idear formas de resolverlos.

4. Decide dos veces. Siempre prueba la fuerza de tus decisiones intentando decidir sobre ese problema dos veces antes de actuar. Después de tomar una decisión sobre un asunto, escríbelo y después de 24 horas, reflexiona

sobre ese mismo tema pero esta vez, en un lugar diferente. Luego responde las mismas preguntas que te hiciste y toma una nueva decisión. Ahora, nota si corresponde a la primera decisión.

5. Confía en tu primer instinto. Como se dijo antes, el pensar demasiado trae dudas. Nos restringe de tomar decisiones rápidas, nos hace perder fe o confianza en nosotros mismos. Por lo tanto, siempre aprende a confiar en tu primer instinto.

6. Limita las decisiones que tomas. No necesitas decidir sobre todo. Aprende a seguir estándares. Esto limitará la cantidad de decisiones que tendrás que tomar en un día y aumentará aún más tu capacidad para tomar decisiones mejores para temas más serios.

7. Siempre puedes cambiar de opinión. ¿De dónde sacamos la impresión de que las decisiones deben ser muy rígidas, dominantes y severas? Las decisiones pueden ser cambiadas, uno puede cambiar de opinión en cualquier momento, esto es lo que necesitas saber. Puedes decidir ahora comprar una nueva propiedad y luego decidir no hacerlo, es tu elección y no debes explicaciones a nadie. Tus amigos están solamente allí para influenciar tu decisión y no tomarla por ti. Solo pueden intentar convencerte de algo pero al final, la decisión es tuya. Los buenos amigos siempre aceptarán tus decisiones y te apoyarán en todo momento. Sin embargo, al tomar decisiones, elige actividades emocionantes, cosas que te hagan feliz.

Recuerda que tu felicidad es tu responsabilidad.

Hay algo conocido como parálisis por análisis. Esta es una condición causada por pensar demasiado. Es una situación en la que no se toma ninguna decisión sobre un tema porque ha sido sobreanalizado.

No pienses demasiado en los problemas, solo los prolongará, en cambio, sé un hombre de acción.

Capítulo 16: Superando tu miedo.

Dejar que los sentimientos nos dominen y nos impacten hasta hacernos pensar demasiado es parte de la naturaleza humana. ¿Quién se adentrará en una situación probablemente dolorosa? Simplemente al evitar constantemente el "fantasma" interno, te convertirás en prisionero del monstruo.

Un sentimiento muy fuerte es el miedo. Tiene un poderoso impacto en la mente y en tu apariencia física. Puede provocar reacciones poderosas cuando estamos en situaciones alarmantes, por ejemplo, cuando hay un incendio o estamos siendo agredidos.

Por lo general, esto incluye un intento de combatir cualquier estresor probable que pueda llevar a la angustia e involucrarse en interrupciones ilimitadas. Pero, estás combatiendo posibles situaciones que te traerán desarrollo y felicidad. Además, logras luchar contra el miedo para siempre. El miedo atacará sin importar cuánto te esfuerces por evitarlo. Y probablemente atacará en un periodo en el que necesites compostura emocional al máximo.

Además, puede atacar cuando te enfrentas a situaciones que no ponen en peligro tu vida, como citas, exámenes, nuevo empleo, una fiesta o enfrentarte a una multitud. El miedo es la respuesta habitual a una advertencia que puede ser percibida o evidente.

Estas son algunas recomendaciones para combatir el exceso de pensamiento si te estás enfrentando a él:

- Permítete sentarte con tu miedo durante 2-3 minutos a la vez. Inhala y exhala con el miedo y declara: "Está bien, se ve muy mal pero los sentimientos son similares al mar - las mareas suben y bajan". Asegúrate de tener una actividad estimulante planeada para después de la sesión de sentarse: contacta a ese confidente que quiere saber cómo te fue; adéntrate en una actividad que te resulte agradable y fascinante.

- Escribe las cosas por las que estás agradecido. Revisa lo que has escrito cuando te encuentres de mal humor. Haz la lista más larga.

- Recuérdese que su ansiedad es un almacén de sabiduría. Redacte una nota: "Querida ansiedad, ya no tengo miedo de ti, ¿qué puedo aprender de ti?”

- Usa el humor para desinflar tus peores miedos. Por ejemplo, ¿cuáles son las escenas más divertidas que podrían ocurrir si aceptaras una invitación para hablar frente a una audiencia de 500 personas? Me orino en los pantalones en el escenario. Puedo ser detenido por dar el discurso más horrible en la historia de la humanidad, mi ex novio(a) estará en la congregación y se burlará de mí.

- Aprecia tu valentía. Cada vez que haces algo que te da miedo, a pesar del miedo, te has vuelto mucho más poderoso y probablemente el próximo ataque de miedo no te hará rendirte.

- Recompénsate a ti mismo. Por ejemplo, Cuando llamas a esa persona con la que realmente no quieres hablar, fortalece tu logro dándote algo placentero como un tratamiento de spa, salir a comer, comprarte un libro, dar un paseo, darte algo que te haga feliz.

- Cambia tu percepción del miedo. Si tienes miedo como resultado de un fracaso pasado, o simplemente tienes miedo de hacer algo más, o crees que el hecho de que hayas fallado antes significa que fallarás en otras cosas, no olvides que el hecho de que hayas fallado antes no garantiza que fallarás cada vez. Ten en cuenta que cada momento es un nuevo comienzo, una oportunidad para empezar de nuevo.

No te dejes llevar por miedos inciertos.

Capítulo 17: Confía en ti mismo.

Sentirse incierto acerca de uno mismo generalmente resulta en ansiedad y en darle demasiadas vueltas a las cosas respecto al mañana. Te das cuenta de que te falta la confianza en ti mismo para manejar realmente situaciones específicas y tomar decisiones. El exceso de pensamiento surge porque te sientes deficiente y tienes dudas sobre tus propias elecciones. Realmente, el problema con darle demasiadas vueltas a las cosas es cuánto poder tienen tus pensamientos sobre ti. Con el tiempo, comienzas a dudar de tu capacidad para tomar decisiones acertadas y finalmente pierdes la confianza en tus habilidades para tomar decisiones.

Varias personas viven en la indecisión porque les cuesta tomar las riendas de sus vidas, asumir la responsabilidad y cargar con las consecuencias de sus acciones. Te apresuras a culpar a cualquier otra persona por la decisión final que tomaron en tu nombre si las cosas salen mal. No obstante, la verdad es que cualquier decisión tomada sobre tu vida siempre recae en ti, especialmente si actuaste en consecuencia. Porque, como adulto, hay ciertas cosas relacionadas con tu vida que no puedes pasar por alto como una táctica manipuladora de alguien sobre ti. Te digo, eso no va a pasar en un tribunal. ¡Eres responsable de tu propia vida! En consecuencia, es sabio aprender a tomar cuenta de cada decisión, paso y acción que tomes.

En realidad, nadie puede obligarte a hacer nada. No importa

cuán autoritarios y controladores sean, tú decides si quieres seguir esa línea o no. Tus acciones o inacciones siguen siendo tu responsabilidad, independientemente de cuya idea haya sido.

En lugar de distribuir tus problemas para que sean decididos por otras personas, puedes tomar el control de tu vida tomando tus propias decisiones por ti mismo. Pronto, comienzas a sentir una sensación de satisfacción y confianza en tus juicios y en sus posibles resultados. Necesitas acostumbrarte a confiar en tu capacidad para manejar situaciones específicas. Nadie puede creer en ti como lo harás tú.

Si no quieres ser retenido como rehén por tu excesivo pensamiento, entonces debes levantarte y hacer las cosas en tu vida. Sólo estarás engañándote a ti mismo y perdiendo la oportunidad de crecer y desarrollarte como persona.

Por suerte, todo lo que necesitas para manejar con éxito cualquier problema que encuentres en tu vida es tener confianza en tus habilidades.

Confía en que tienes la capacidad de enfrentar cualquier cosa que la vida te depare con el enfoque adecuado. En el momento en que comienzas a creer en tus habilidades, empiezas a pensar menos y te vuelves más decidido.

Te daré la primicia sobre qué hacer para aprender a creer en tus habilidades:

- Trata de no darle muchas vueltas al resultado final de tu juicio. El mundo, en general, es variable y los humanos son difíciles de predecir; por lo tanto, sería absurdo pensar que puedes estimar fácilmente las consecuencias inminentes. Como resultado, podemos decir que la toma de decisiones es casi siempre un tiro al azar. Aunque confiar en ti mismo y en tu capacidad para tomar buenas decisiones sigue siendo muy beneficioso, debes saber que no puedes controlar el resultado final de tus decisiones. En pocas palabras, darle muchas vueltas es inútil.

- Trata de no hacer las cosas a la ligera. La gente tiende a ser impulsiva porque encuentran que pensar en el resultado probable es una tarea ardua. Por lo tanto, les resulta difícil pasar por el proceso de deliberación. Tomar una decisión impulsiva no es una idea terrible, de hecho, ante la indecisión, es una idea increíble. Sin embargo, con la experiencia pasada de malos juicios, tomar un poco de tiempo para pensar en tu decisión es sabio.

- Enfrenta tus miedos. Las personas que no tienen confianza en sí mismas suelen ser las que buscan rutas aparentemente libres de problemas. Como resultado de esta falta de fe, se asustan de fracasar y, en consecuencia, toman malas decisiones. Ante la toma de decisiones, intenta elegir la opción de la que más tengas miedo, ya que esa es la ruta más probable para crecer.

- Crea un equilibrio entre prestar atención a tu sentido de la razón y confiar en tus corazonadas. Tu mejor oportunidad de tomar la mayoría de tus decisiones de manera acertada radica en aprender a lograr un equilibrio entre la razón y las corazonadas. Prestar atención solo al sentido y a la racionalidad podría persuadirte a optar por la opción más prudente en lugar de seguir tus corazonadas. Incluso podrías decirte a ti mismo que necesitas esperar por más información en esa área antes de tomar cualquier decisión, ¡y esto puede resultar en no tomar ninguna decisión en absoluto! Por el contrario, seguir tus corazonadas puede llevarte a tomar decisiones imprudentes. Por lo tanto, prestar atención a todo tu ser es crucial para tomar la decisión correcta, especialmente en lo que respecta a decisiones importantes. Como dicen, "no olvides llevar tu cerebro contigo mientras escuchas a tu corazón".

- Enfócate más en tus buenas decisiones pasadas y los escenarios que las rodean. Pregúntate cómo te sentiste al tomar esa decisión durante y después de hacerlo, y qué hiciste para llegar a ese veredicto. Considera qué hizo que fuera una buena elección en comparación con cuál era la otra opción. Reflexionar sobre tus buenas decisiones pasadas te ayudará a construir confianza en tus habilidades para tomar decisiones, sabiendo ahora que tienes esas capacidades. Posteriormente, podrás desenterrar fácilmente el plan de juego más adecuado para tu toma de decisiones. Personalmente, he descubierto que un signo de que estoy tomando una buena decisión es cuando no vacilo al tomarla. Cuando confío en mi decisión es cuando me siento más organizado y tranquilo.

- Haz la elección que te brinde la mayor cantidad de alternativas. A todos les gustarán las opciones con muchas alternativas para elegir. Sin embargo, hay opciones que te restringen a un conjunto no diverso de opciones que solo serán una carga para ti más tarde. Realmente no tienes que pasar por el estrés, así que asegúrate de optar por la opción que eventualmente será la más rentable, por difícil que sea elegir. Permite que tu anticipación del resultado de tus habilidades supere el miedo al fracaso.

- Detente por un momento cuando te enfrentas a una decisión difícil y pregúntate, "¿qué pasaría si ocurriera un milagro de la nada y mi vida entera cambiara positivamente?" Esto puede aliviar la carga de los ¿y si? y ayudarte a ver la posibilidad de resultados positivos, señalándote así hacia la mejor elección.

La racionalidad nos persuade a tomarnos nuestro tiempo y obtener más información antes de poder considerarnos listos para tomar una decisión. Esto suele deberse a nuestra tendencia a darle demasiadas vueltas a las cosas y temer tomar decisiones equivocadas. Esto puede dejarnos en una encrucijada y con una falta de voluntad para tomar cualquier acción. Debes saber que la indecisión en sí misma ya es una decisión tomada, por lo que es esencial simplemente lanzarse con un poco de racionalidad y un poco de valentía para equilibrarlo. En el momento en que te vuelvas más atento a esa voz interna que surge de vez en cuando para decirte lo que realmente deseas, el sentido y la racionalidad pueden actuar de tal manera que te beneficiarán a la larga.

No tengas miedo de cometer errores y fallas porque la verdad es que muchas veces, el miedo produce los mejores resultados especialmente cuando eliges la opción que más te asusta. Hay una alta probabilidad de tomar la decisión correcta que buscas cuando es realmente difícil. Aunque la vida es impredecible, debes al menos tener la suficiente dignidad para ser tu propio tomador de decisiones.

Accede a tus neuronas naturales, confía en tus instintos, sigue tus corazonadas.

Capítulo 18: Deja de Esperar el Momento Perfecto.

Estás condenado a seguir dando vueltas y más vueltas en un bucle de pensamiento negativo si te dejas llevar por la rumiación. Es deprimente y no tiene sentido seguir aferrándose a los mismos pensamientos. Ni siquiera mejora, ya que el exceso de pensar puede influirte negativamente emocional y mentalmente. Lamentablemente, varias personas están atrapadas con tal idealismo que han perdido por completo el contacto con la realidad.

Pensar demasiado te da una apariencia de necesidad de perfección pero en realidad, solo te hace titubear en asuntos importantes.

Por ejemplo, en lugar de simplemente comenzar con tu negocio, la sobrethinking te hará detenerte mientras inventas eventos irreales en tu cabeza con preguntas como ¿qué pasa si no tengo suficientes fondos para empezar? ¿Qué pasa si se acaba el tiempo antes de que pueda comenzar adecuadamente? ¿Qué pasa si nadie quiere comprarme? Antes de que te des cuenta, comienzas a cuestionar tu preparación.

Al final del día, puede que te des cuenta de que nunca comenzaste el negocio.

Sin embargo, ¿qué tan seguros estamos de que el futuro será

más brillante? ¿Dónde está la prueba? ¿Realmente podemos depender en nuestra esperanza en el futuro?

¡En este momento, este preciso instante, esta experiencia presente es lo único cierto, nada más! La única certeza es el presente. Enfrentémoslo, la probabilidad de obtener contentamiento de un momento futuro impredecible es bastante baja, especialmente si hasta ahora, todavía no has tenido un momento satisfactorio que realmente saciara tus deseos insaciables incluso después de tu gran anticipación. Así que mucho por la prueba de un futuro más brillante.

Nos ocupamos demasiado del pasado y del futuro desconocido aún esperado. Cuando nuestra esperanza en el futuro de riqueza y prosperidad nos falla, entonces recurrimos al pasado con sentimientos sobre cómo eran las cosas antes.

En nuestra mente, es un lugar eufórico, algún sitio con valor, un futuro más brillante, en cualquier lugar menos donde estamos en ese momento y de alguna manera, tenemos fe en este lugar al que nos hemos dicho que nos traerá satisfacción y dirección.

Sin embargo, esta utopía es solo un producto de nuestra imaginación.

En realidad, desilusiones y contratiempos son lo que realmente sucede. Con el tiempo, a medida que la vida se nos muestra incapaz de cumplir nuestra ilusión feliz de una utopía que honestamente está siendo promovida por todo tipo de medios, nos volvemos inquietos.

Todos los días, nos sentimos cada vez más insatisfechos con la vida a medida que ganamos y adquirimos más, sin embargo, nuestros deseos reales no se cumplen. Pronto, empezamos a sentirnos más melancólicos y desanimados, inquietos y aprensivos como si hubiera una tensión sobre nosotros y, posteriormente, comenzamos a actuar irracionalmente porque sentimos que el universo nos ha fallado. Esto no ayuda a nuestras amistades y relaciones con las personas que nos rodean. La mayoría de las veces, un hombre deprimido pierde conexión con todo lo que es real.

Es tortura mental seguir manteniendo tu vida como rehén en anticipación de un momento surrealista en el que deseas estar en cualquier lugar menos donde estás en ese momento o ser cualquiera que no seas tú en la actualidad. Parece que estamos atrapados en fantasías que hemos creado, todas las cuales dependen de esa única esperanza de que hay algo que podemos y debemos hacer para sentirnos satisfechos en la vida.

¿Qué tal si nos tomamos un descanso de todo y consideramos que podemos encontrar felicidad total y completa en el presente?

Puedo garantizar una cosa; si estás dispuesto a detenerte con la rapacidad, entonces comenzarás a darte cuenta de que aquí y ahora es justo donde necesitas estar para finalmente sentir contentamiento.

La verdad es que, a pesar de las pruebas que enfrentas en la vida cada día, cada momento es precioso y es como debe ser. Necesitas empezar a considerar la vida tal como es.

La vida es una efemeridad integral y cada segundo, cada instante es solo una parte de ella. El tiempo verdaderamente no espera por nadie y la naturaleza no se preocupa por ello. Todo lo que tenemos son cadenas de espléndidos segundos y experiencias que conforman nuestra entidad. Debes darte cuenta de que solo puedes vivir una vez, por lo que estos instantes compartidos no pueden ser otra cosa que simples momentos, así que vive en ellos, sé consciente de ellos.

Para aquellos que todavía no están lo suficientemente inspirados para dejar de dar vueltas innecesarias sobre lo que el futuro realmente depara o no, ¿necesito recordarles que llegará un día en el que simplemente no tendrán la capacidad de preocuparse? Ya sea que lo acepten o no, la dura verdad es que la muerte probablemente los arrebatará antes de que esa ilusión que han creado tan perfectamente se materialice.

¡Nunca podrás recuperar esos segundos que lamentaste o evitaste! ¡Ese tiempo se ha ido para siempre! Aprecia cada instante, aprovecha el día, demuéstrate un poco de amor, muestra amor a las personas que te rodean y ama la tierra, después de todo, es tu planeta.

Asegúrate de encontrar contento y felicidad en cada momento, especialmente en el aquí y ahora, no los ignores. Cómo reacciones a este momento presente influirá grandemente en el próximo momento y en los momentos subsecuentes. Esto tiene un efecto en cuántas oportunidades tienes en la vida y cuánta riqueza acumulas en última instancia.

Por lo tanto, vive en el momento, ya sea que estés disfrutando o no disfrutando de cada segundo, vive en cada momento en lugar de desear que algo espectacular te suceda.

Si sigues esperando a que seas feliz dependiendo de que algo específico suceda, es posible que nunca puedas llenar el agujero de insatisfacción que has cavado en tu propio corazón. Si nada nuevo ha sido capaz de satisfacerte durante mucho tiempo, entonces sabes que hablo la verdad. Después de un tiempo, ese nuevo producto ya no te satisface, al igual que ese logro o esa nueva cita. Aún te sientes vacío e insatisfecho. Pronto te encuentras en un ciclo en el que te fijas otra meta nueva y terminas sintiéndote exactamente igual.

Necesitas comenzar a decirte a ti mismo que la satisfacción y la alegría no te están esperando en un futuro lejano ni te han pasado por alto. Está justo al alcance de tu mano aquí y ahora, en cada momento que pasa. Es hora de vivir el momento y apreciar la belleza en cada segundo, es hora de empezar a vivir plenamente. ¡Esto es todo! ¡Ya está ocurriendo, toma lo que es tuyo!

No hay momento más perfecto que este aquí, justo ahora. No hay un momento absoluto. Este está sucediendo tal como debería. Vívelo ahora.

Capítulo 19: Deja de preparar tu día para el estrés y la sobrethinking.

Escapar completamente de días abrumadores y excesivamente estresantes no es posible, pero puedes reducir la cantidad de estos días al mes o al año, comenzando bien tu día y no preparándote para estrés irrelevante, agonía y darle demasiadas vueltas a las cosas.

Tres puntos que ayudarán con esto son:

Comience bien. La forma en que comienza su día, la mayoría de las veces, marca el ritmo con el que transcurrirá su día. Un día difícil será el resultado de una mañana estresante. Recibir malas noticias en el camino al trabajo hará que tenga pensamientos negativos todo el día.

Mientras tanto, si lees un artículo enriquecedor durante el desayuno, haces un poco de ejercicio y luego comienzas tu día con tu tarea más crucial, creas un gran estado de ánimo para tu día y te aseguras de mantenerte optimista todo el día.

Realice una sola tarea y tome descansos regulares. Esto ayuda a mantener un enfoque agudo todo el día y a realizar las tareas más cruciales. Y al mismo tiempo crea espacio para la relajación y la revitalización, para que no se quede vacío.

Este tipo de actitud relajada con un enfoque agudo te hará pensar con claridad y precisión, evitará el cansancio y el exceso de pensamientos.

Minimiza tu entrada diaria. El exceso de noticias, comprobar continuamente tu bandeja de entrada y cuentas de redes sociales, o el progreso de tu blog o sitio web genera una entrada excesiva y congestiona tu mente a medida que avanza el día.

Por lo tanto, es más difícil contemplar fácilmente y con claridad, no será difícil caer de nuevo en el conocido comportamiento de sobre pensamiento.

Administra tus picos. Una vez que aprendas a localizar tareas importantes, podrás planificar cómo obtener el máximo logro. Esta es la parte donde reunimos nuestra fuerza innata.

Somos muy conscientes de que una vez que el trabajo avanza de manera constante, las distracciones desaparecen, nuestra concentración está en su punto álgido, y nuestro trabajo nos deja asombrados; esto es perfecto. Ciertamente no podemos descuidar las tareas vitales (a veces repetitivas) que sirven como mantenimiento para nuestras empresas, pero podemos notar cuándo estamos funcionando en tiempo utilizado en comparación con tiempo no utilizado.

Si estamos absortos y luchando con tareas cruciales en nuestras horas máximas, querremos trabajar por más tiempo y sentirnos menos cansados a medida que pase el tiempo. Reducir nuestro tiempo no utilizado también puede maximizar nuestra fuerza y motivación y ayudar nuestra concentración en un buen pensamiento crucial en lugar de un pensamiento malo innecesario. Una vez que hayas identificado tus períodos de mayor rendimiento, estás listo para aprovechar esas valiosas horas.

Empieza bien. Realiza una tarea a la vez y toma descansos regulares. Minimiza tu entrada diaria.

Capítulo 20: Aceptando Todo lo que Sucede.

Esto se obtiene de una de las lecciones de la filosofía estoica. El enfoque de esto es que debemos aceptar todo lo que ocurra, ya sea bueno o malo, y creer que sucede para un bien mayor incluso si en este momento no parece así.

La mayoría de las veces, la sobrethinking ocurre como resultado de pensar en cosas que ocurrieron en el pasado. Comenzamos a imaginar cómo habrían sido las circunstancias si las cosas no hubieran ocurrido de la manera en que lo hicieron. La depresión a menudo ocurre mientras continuamos repitiendo y sobreanalizando las situaciones en nuestras mentes.

Los problemas del hombre son resultado de sus pensamientos que él mismo crea. El significado de algo se obtiene del significado que tú le das. Tu cerebro da significado a los eventos de la vida para poder entender lo que está sucediendo.

El significado que le asignas a tus experiencias cambiará continuamente tus sentimientos; además, la calidad de tu vida proviene de las emociones que sientes.

El significado que asignas a una situación puede ser incorrecto si se ve a través de una lente distorsionada. Por ejemplo, la falta de confianza será la base que asignes a todas las relaciones futuras si fuiste engañado en una relación pasada. Esto es solo un lado de la imagen y no puede categorizarse como incorrecto o correcto.

Tu felicidad depende de que mires hacia atrás en los eventos que han ocurrido y aceptes lo que es, y dejes ir lo que no puedes controlar.

La forma en que pensamos es lo que nos impide alcanzar la felicidad, no las casas de lujo, una cuenta bancaria llena de dinero o coches de lujo. Aunque estas cosas son buenas tener, tienden a desgastarse con el tiempo y se vuelven irrelevantes si no puedes sentir contento y paz en el interior.

Pensar demasiado no te ayuda a mejorar, ni te permite experimentar la belleza de la vida. De hecho, es seguro que comenzarás a cargar emociones tóxicas.

Como enseñan los principios estoicos, preocuparse no tiene efecto en eventos que ya han ocurrido, ya que no se pueden cambiar.

Acepta y cree que lo que sucedió ocurrió para tu mayor bien en lugar de culparte por lo que había pasado.

Formas de dejar ir las heridas del pasado

Crear espacio para la felicidad y nuevas alegrías en tu vida es la única manera en que puedes aceptarlas. No hay forma de permitir que algo nuevo entre en tu corazón si ya está lleno de dolor y sufrimiento.

1. Toma la decisión de dejarlo ir. Las cosas no desaparecen

por sí solas. Necesitas estar comprometido a dejarlas ir. La auto-sabotaje puede surgir, impidiéndote avanzar si no decides conscientemente dejar atrás el dolor del pasado.

Necesitas poder entender que es tu elección dejarlo ir cuando decides conscientemente hacerlo. Deja de pensar en el dolor del pasado. Deja de revivir los recuerdos, preocupándote por los eventos en tu cabeza, cada vez que recuerdas a la otra persona (después de haber pasado por el segundo paso a continuación). Esto empodera a la mayoría de las personas al darse cuenta de que tienen la capacidad de seguir sintiendo el dolor o de vivir una vida libre del dolor.

2. Expresa tu dolor y responsabilidad. Dale voz al dolor que sentiste por el daño, ya sea directamente a la otra persona involucrada, o mediante su eliminación de tu sistema (escribiendo en un diario, desahogándote con un amigo, o incluso escribiéndolo en una carta que nunca entregarás a la otra persona involucrada). Asegúrate de sacarlo de tu sistema. Esto te ayudará a saber exactamente qué te causó sentirte herido.

Vivimos en un mundo de grises, aunque a veces parece que vivimos en un mundo de blanco y negro. Sin embargo, la cantidad de responsabilidad por el dolor que sentiste puede no ser la misma, quizás seas parcialmente responsable de ello. ¿Qué otra opción o paso podrías haber tomado? ¿Estabas participando activamente en tu propia vida o simplemente eras una víctima? ¿Permitirás que tu dolor defina quién eres? ¿O te convertirás en alguien más complejo y con más profundidad que eso?

3. Deja de jugar el papel de víctima. Aunque se siente bien ser una víctima, similar a pertenecer a un equipo ganador contra todas las demás personas. Pero ¿sabes qué? El mundo simplemente no le importa, así que necesitas pensar de nuevo. Es cierto, eres único. Es cierto, tus sentimientos

cuentan. Pero no confundas "tus sentimientos cuentan" con "tus sentimientos por encima de todo y nada más importa". Esta cosa llamada vida es un montón de cosas como compleja, desordenada y entrelazada y tus emociones son simplemente una parte de ella.

En todos los pasos de tu vida, tienes la opción de continuar permitiendo que las acciones de otra persona te hagan sentir bien o mal. ¿Por qué permitirás que alguien que te ha lastimado en el pasado siga teniendo el poder de lastimarte en el presente?

Los problemas en una relación no pueden ser solucionados continuando rumiando o sobreanalizándolos. Nunca. No en toda la historia de este mundo. ¿Por qué entonces elegirás pensar y gastar tanta energía en la persona que sentiste te lastimó?

4. Enfócate en el presente - aquí y ahora - y en la alegría. Ahora es el momento de dejarlo ir. Deja de pensar en tu pasado y déjalo ir. Deja de pintar un cuadro donde eres el protagonista y siempre la víctima de las acciones hirientes de la otra persona. No puedes cambiar lo que ha sucedido en el pasado, solo puedes asegurarte de que hoy será el mejor día de tu vida.

Cuando te enfocas en el presente, no tienes tiempo para pensar en el pasado. Cada vez que recuerdes eventos pasados (como sucederá de vez en cuando), permítelo solo por un breve período de tiempo. Luego, llámate de vuelta al presente suavemente. La mayoría de las personas pueden hacer esto con la ayuda de una señal consciente, diciéndose a sí mismos "está bien. Eso sucedió en el pasado y ahora me estoy concentrando en mi felicidad."

No olvides que no habrá espacio para cosas positivas si seguimos llenando nuestras vidas y mentes con sentimientos heridos. Tendrás que elegir entre seguir sintiendo el dolor o permitir la alegría en tu vida.

5. Perdónalos a ellos y a ti mismo. Básicamente, todos merecen nuestro perdón, aunque quizás no podamos olvidar sus malos comportamientos. La mayoría de las veces, no podemos superar nuestra terquedad y dolor, y no podemos imaginar conceder el perdón. Perdonar no significa "estoy de acuerdo con lo que has hecho", sino más bien significa "te perdono a pesar de no estar de acuerdo con tus acciones".

El perdón no significa ser débil. En realidad, representa "Soy una buena persona, tú también eres una buena persona, tus acciones me han causado dolor pero deseo seguir adelante con mi vida y permitir la alegría en ella y no puedo hacerlo hasta que deje ir esto."

El perdón es un método de dejar ir algo de manera tangible. También es un medio de sentir empatía por la otra persona e intentar ponerte en los zapatos del otro.

¿Cómo vivirás contigo mismo en futura felicidad y paz, si no eres capaz de perdonarte a ti mismo?

La clave para disfrutar de la felicidad y detener el exceso de pensamiento es la aceptación.

Capítulo 21: Da lo mejor de ti y olvida el resto.

Es bastante típico que te sientas inadecuado para poder manejar ciertos casos cuando surge la necesidad. Es humano preocuparse por tu capacidad para realmente hacer frente al problema de manera apropiada. Puedes decir que no tienes suficiente dinero, o recursos, o suficiente determinación, no suficiente compromiso, no suficiente fuerza, o inteligencia para ello.

A veces, todo parece estar sucediendo al mismo tiempo y no puedes mantenerte al día, entonces caes en otro episodio de pensar demasiado, lo cual irónicamente solo empeorará la situación en lugar de ayudarte a manejarla, a pesar de que incluso puedas estar preparado para ello. Pensar demasiado nos agota debido a todas las expectativas que ponemos en nosotros mismos y la necesidad continua de perfección.

¿Alguna vez has considerado que simplemente hacer tu mejor es suficiente y no tienes que preocuparte por las cosas fuera de tu control? Está bien ser diferente, ser peculiar. No tiene que parecerse a la vida de otra persona. Se te permite tener un cuento completamente diferente que contar.

Preocúpate más por hacer tu mejor esfuerzo en vez de preocuparte por lo que pueda ser el resultado final. En ciertas situaciones, las cosas que están fuera de tu control pueden ser los factores determinantes del resultado final. Por esta razón, preocuparte no te llevará a nada, así que simplemente da lo mejor que tienes para ofrecer y deja que todo descanse.

Te garantizo que no tienes que hacer nada extra, tu mejor es tu mejor y siempre dará frutos de una manera u otra. Esfuérzate por dar lo mejor de ti porque, solo piénsalo, tu mejor es todo lo que puedes hacer en relación con ese tema. Para algunos consejos sobre cómo seguir dando lo mejor de ti para una mejor efectividad:

- Vierta tanto amor en ti mismo. Amarte a ti mismo es honestamente el meollo de la vida misma. Desde ese pozo de amor arraigado por ti mismo, la inspiración para dar lo mejor de ti sin importar qué puede surgir verdaderamente. Te vuelves más amable, más benévolo, afectuoso, impulsado, y cualquier otro rasgo que siempre has deseado para ti cuando empiezas a amarte a ti mismo.

- Deja de buscar culpas y de idealizar. Es bueno establecer altos estándares para nosotros mismos hasta que comencemos a caer en la depresión porque resultan inalcanzables. Sé que dicen apunta a las estrellas y si caes al menos caerás entre las nubes, pero no te dispares en el pie por ello. Establece un objetivo, pon tu mejor esfuerzo pero no te castigues por no resultar exactamente como quieres. Confía en el proceso y ten fe en el universo. No, ¡el universo no está en tu contra!

- Sé consciente de tu entorno. La mejor manera de ser lo mejor que puedas hacer es estar atento y consciente de las cosas que suceden a tu alrededor. Además, ten cuidado con tus reacciones ante cada suceso. Considera tus próximas acciones, si es lo que deberías estar haciendo y si te beneficiará a largo plazo. Pregúntate si lo que estás haciendo en este mismo momento te ayudará a llegar a donde quieres estar en la vida. No necesitas un coach de vida cuando puedes responder estas preguntas a diario.

- Estar unidos pero también ser fluidos. Como se mencionó

anteriormente, aclara tus deseos y tus necesidades y especifica lo que te trae alegría. La certeza ayuda a la fluidez en la vida. Asegúrate de no darle muchas vueltas, déjalo fluir.

- No olvides que la vida es un proceso. No trates de apresurarte a través de la vida. Llegarás a tu destino, simplemente aprecia el proceso, incluidas las pruebas y las victorias. Vive en el presente y aprecia cada momento y cada respiración que tomes.

- No lo pienses demasiado. Deja de temer fracasar cuando ya has dejado el resto. Los pensamientos negativos se quedan por más tiempo y son dolorosos. Solo te hará pensar demasiado en eventos pasados y en el futuro desconocido. Más que nada, sabes que la mayoría de las historias que te tejes en la cabeza son falsas y sin fundamento. ¡Déjalas ir!

- **No estoy diciendo que será fácil despejar tu mente todo el tiempo, pero nunca permitas que la negatividad se enquiste en tu mente. Puedes optar por no reaccionar de la manera que desea que lo hagas, dejándola pasar lentamente pero con firmeza sobre ti. ¡Sí, puedes elegir no verse afectado por esos pensamientos. ¡Déjalos ir! Cuando te resulte difícil borrarlos, teje una historia factual en tu mente para reemplazar las falacias con las que la negatividad aparece.**

- Deja de ser crítico. Cuando tienes algo que decir sobre básicamente todo lo que sucede a tu alrededor, tienes la indeseada oportunidad de analizar demasiado las cosas. Reduzca sus opiniones y dejé de ser crítico. Esto le ayuda a realmente dejar el resto cuando ha hecho lo mejor. No tiene que formar una opinión sobre ese incidente que realmente no es asunto tuyo, o sobre esa persona. Estarás gastando energía mental útil y solo te desgastarás. Le das un poco de espacio a tu cerebro al ignorar la tentación de opinar o juzgar cosas triviales.

No tiene que ser difícil.

La gente tiende a pensar que si algo no es difícil o doloroso, entonces no es real. Todo puede ser fácil dependiendo de cómo lo veamos o lo abordemos. Permite que la naturaleza te moldee y te forme. Sometete al cambio y al amor. Permítete ser amado completamente y recuperar tu vida de las garras del miedo.

Aprende a amar. Estúdialo a fondo. Dedica tiempo para entenderlo. Deja que el amor te encuentre, te cuide y te moldee en una persona que nunca ha conocido fragmentos, en alguien cuyo único recuerdo es el de la totalidad. Por esto vives y respiras. Éste es el meollo de la vida; el amor. Todo lo demás es solo una adición. Cree en ti mismo y sé inquisitivo. ¡Toma el control total de tu vida!

No lo apresures, tómate tu tiempo. Gana algo, pierde algo, levántate, cae, pero levántate de nuevo...y no olvides reír fuerte, y llorar fuerte también. Canta, haz música con tu corazón. Armoniza con las melodías de aquellos que pueden escuchar tu canción. Se todo esto con fe y gracia.

Hay tanto por hacer y pensar, simplemente haz lo que puedas hacer y deja el resto.

Capítulo 22: No te presiones para manejarlo.

Sin saberlo, muchos de nosotros nos ponemos bajo estrés adicional cuando ya enfrentamos estrés diario.

El exceso de presión, acumulado con el tiempo, la mayoría de las veces causará una detonación. Por supuesto, no explotarás realmente, pero tendrás un colapso emocional, una pelea explosiva con alguien cercano a ti, o te deprimirás cuando estés bajo presión autoimpuesta o presión social.

Evita ponerte bajo presión excesiva si quieres prevenir dilemas físicos y psicológicos. Aunque se diga que es fácil hablar, puedes decidir dejar ir algunas situaciones. Ten en cuenta que no puedes transformarte de repente, pero, al conocerte bien, puedes aprender a intentar no siempre ser perfecto.

Saber cuándo eres la causa de presión innecesaria es el primer paso para reducir la presión sobre ti mismo. No te castigues por este comportamiento general, más bien descubre cosas que hacer para dejar de dañarte a ti mismo y convertirte en tu compañero más poderoso para eliminar el estrés.

Ahora, ¿cómo podemos encontrar y liberar puntos de presión? Te exijo que:

- Señala tus "puntos de presión". Preguntas como, "¿Cómo he estado ejerciendo presión sobre mí mismo en diferentes aspectos de mi vida (especialmente en mi vida amorosa)?" te ayudarán mucho.

- También pregunta esto, ¿Cuál es el efecto de mis puntos de presión en mis interacciones con las personas y en mi vida en general?

- Ahora intenta localizar el origen de los puntos de presión. La pregunta, ¿De dónde viene esta presión? Sé minucioso y honesto contigo mismo.

Estos son algunos de los mejores métodos para maximizar tu vida y reducir el estrés autoimpuesto como resultado de pensar demasiado.

Comete errores, está bien. Aunque a nadie le gusten los errores, es algo que suele ocurrir con frecuencia. ¿De qué otra manera se supone que debemos aprender?

Deja de darte principios imprácticos. Todos cometemos errores y estos errores nos moldean en las personas que somos en este momento.

No tengas miedo de deshonrarte o arruinar las cosas. Sin errores, no sabremos las cosas que nos convienen y las que no. Extrañamente, los errores son eventualmente positivos.

Aprovecha las oportunidades, comete errores, desordena las cosas. Cuando finalmente superes el sobresalto, la prueba y el conocimiento adquirido te harán feliz.

Piensa como un realista optimista en lugar de un pesimista. Mucha gente tiene miedo de pensar de forma positiva, lo comparan con un juego mental en el que se ignoran asuntos relevantes o consejos beneficiosos que la vida da, y terminan cometiendo errores que causarán estrés adicional.

Un método optimista que puedes utilizar es el pensamiento positivo, es una forma de pensar que te permite concentrarte en los logros que aumentan tu autoestima y te permiten dar lo mejor de ti en el futuro.

Deja de compararte con los demás. No hay otra persona como tú. Esto debería darte placer. Deja de medirte contra otras personas, especialmente en cuanto a estándares imprácticos. No hay otra persona como tú ni como la persona contra la que te estás midiendo.

¡Reconoce quién eres y presume de ello! El hecho de que no te parezcas a otra persona no debería hacerte sentir inferior. Medirte constantemente con los demás te obliga a concentrarte solo en lo desfavorable.

Agradece tus características especiales. Son específicas solo para ti. Agradece cómo has sido tratado. Concéntrate en las cosas maravillosas acerca de ti. Cuando eres capaz de apreciarte adecuadamente, ser optimista se vuelve fácil y puedes desechar los pensamientos pesimistas que intentan colarse en tu mente.

Una de las cosas más difíciles que podemos hacer es olvidar. Pero si puedes olvidar las cosas que te agobian, lograr ser optimista en la vida se alcanza fácilmente. Llevar a cabo estos procesos ayudará a eliminar la presión y te permitirá vivir libre y feliz.

Date cuenta de que nada es tan importante. ¿Es esa presentación de PowerPoint para tu jefe o preparar invitaciones para el cumpleaños de tu primer hijo? En el gran esquema, nada es lo suficientemente relevante como para hacerte sentir exhausto, molesto o triste.

Nada merece la pena perder el descanso nocturno. No te preocupes tanto que te enfermes. Más bien, inhala, exhala, luego obtén respuestas a las preguntas planteadas anteriormente. Esto ayudará a poner las cosas en orden.

No te presiones demasiado. Nada debe ser tomado muy en serio.

Capítulo 23: Diario para sacar los pensamientos de tu cabeza.

Hay diversas razones por las que llevar un diario es una herramienta altamente recomendada para gestionar el pensamiento. Muchos tipos de investigaciones han demostrado la efectividad de llevar un diario para la felicidad, la salud y la gestión del estrés. Es una técnica sencilla y placentera. Hay diferentes formas de llevar un diario, con cada persona teniendo la oportunidad de beneficiarse de ello. El hábito de llevar un diario debería ser incorporado a tu vida, puedes escribir en él diariamente, semanalmente, o tanto como necesites en caso de que el estrés se vuelva demasiado intenso.

Una forma en que la escritura en un diario evita el pensamiento excesivo es ayudándote a procesar tus pensamientos. Esto se debe a que el pensamiento excesivo puede causar rumiación y estrés mental si no se controla, aunque algunas razones para tu pensamiento excesivo pueden reducirse a través de un poco de examinación enfocada. Escribir en un diario puede ser una excelente manera de cambiar y trasladar los pensamientos de rumiaciones y ansiedades a pensamientos orientados a la acción y empoderadores.

Cómo Empezar

Puedes salir de una zona de estrés y sentir alivio en pocos minutos siguiendo el plan a continuación. ¿Estás listo? ¡Toma un bolígrafo o abre un documento y empecemos!

Empieza escribiendo en un diario durante 5 a 15 minutos. Anota tus pensamientos y aquellas cosas que te perturban:

- Escribe tus preocupaciones y continúa haciéndolo hasta que sientas que has anotado las cosas que necesitan ser dichas sin entrar en rumiación. Puedes optar por utilizar un diario, una computadora o incluso papel y lápiz. Si utilizas papel, procura dejar una línea o dos para cada línea utilizada, ya que esto será útil más adelante.

- Explica lo que está sucediendo en ese momento y los eventos que actualmente están causando dificultades. No olvides que con el sobre pensamiento, no siempre es lo que está ocurriendo actualmente lo que causa estrés, sino tus preocupaciones sobre lo que puede suceder en el futuro. Si esto es así para ti, está bien; puedes anotar lo que está ocurriendo actualmente e indicar que la única parte que realmente es estresante es lo que ocurrirá a continuación. (Esto, de hecho, puede llevar al alivio del estrés en sí).

- A continuación, escribe tus miedos y preocupaciones y ponlos en orden de tiempo, desde el más temprano hasta el más reciente. Esto significa que comienzas con una de las cosas que te causan estrés en el presente y piensas en lo que puede llevar a suceder. Luego, anota tus miedos sobre lo que ocurrirá después.
- Escribe su efecto en ti.

Una vez que tus pensamientos estén en orden, busca qué puedes hacer para reducir algo de la ansiedad y el estrés interior.

Escribir en un diario para mejorar tu estado mental

Poner tus miedos e inquietudes en papel ayuda mucho a sacar esos pensamientos de tu cabeza y ponerlos en palabras. Luego, vuelve a leer y reflexiona sobre lo que has escrito.

Examinar tus distorsiones cognitivas te ayuda a ver el beneficio de cambiar el hábito de patrones de pensamiento inductores de estrés.

- Una vez que hayas observado lo que te preocupa en este momento, busca otras opciones. ¿Es posible que haya cambios en este momento? ¿Hay cosas que puedes hacer para cambiar eventos o tus pensamientos sobre los problemas?

- Cuando escribas lo que temes que suceda después, piensa lógicamente y trata de argumentar contigo mismo. Escribe todo lo que se cuestione si realmente es una preocupación o no lo es. ¿Qué tan posible es que esto ocurra y cómo sabes que ocurrirá? ¿Cuán seguro estás? Si tus preocupaciones realmente se materializan, ¿es posible que no sea tan negativo como esperabas? ¿Es posible que se convierta en algo neutral o incluso mejor, en un evento positivo? ¿Es posible que puedas utilizar tus circunstancias para obtener un mejor resultado para ti, aprovechando las cosas disponibles para ti y los posibles cambios que puedan ocurrir? ¿Qué mejor cambio puedes generar?

Ahora entiendes. Enfrentar tus miedos usualmente te ayuda a aliviar la ansiedad. Comienzas a ver que las cosas rara vez suceden una vez que piensas que son tan malas o no tan malas como crees que pueden ser.

- Por cada preocupación o miedo que tengas, trata de escribir al menos una o dos formas en las que puedas verlo de manera diferente. Crea una nueva historia para ti, un nuevo conjunto de posibles acontecimientos, y anótalo en papel junto a los miedos que estás pensando.

- El examen de tus distorsiones cognitivas también puede ayudarte a ver el beneficio de cambiar el hábito de patrones de pensamiento que causan estrés.

Puede ser bastante útil procesar lo que sientes en papel. Escríbelo, prepárate para lo peor y espera lo mejor.

Capítulo 24: Cambia el Canal.

Nunca te dejes aburrir con la vida, mantente siempre ocupado con cualquier cosa que te interese. Participa en cualquier actividad que te emocione y también pueda sacar de tu mente las preocupaciones. Todos enfrentamos diferentes desafíos en la vida pero no debemos concentrarnos en ellos. Sin embargo, una mente ociosa no tiene más opción que preocuparse y dar vueltas a los problemas que rodean la vida. Cuanto menos ocupado estés, más tiempo tendrás para preocuparte. Por lo tanto, es muy necesario que te busques alguna forma de distracción, algo que pueda involucrar tu mente y alejar las ansiedades.

Ten en cuenta que la mayor parte del tiempo, cuando te dedicas a cualquier cosa que te brinda alegría, tu mente parece estar libre de pensamientos pero simplemente sumergida en el momento y es entonces cuando puedes decir "lo pasé bien". Cuando estás ocupado viviendo cada segundo de tu vida haciendo esto (involucrándote en cada actividad que te emociona); tiendes a olvidarte de tus preocupaciones, aliviando así tu mente del estrés.

Distraete con actividades como deportes, jardinería, ver una película, incluso conversar con seres queridos. Sea lo que sea que elijas para distraerte debe ser algo que amas y que sea capaz de desviar tu atención de las ansiedades. Tu distracción también debe ser algo que se pueda hacer de forma regular. Si tienes muchas horas libres, incluso puedes considerar ofrecer servicio voluntario a niños, ancianos, incluso animales. Ayudar a otras personas es otra forma de distraerte de tus propios problemas y concentrarte en los demás. También te ayuda a sentirte útil, en lugar de preocuparte por cosas que no puedes controlar.

Encontrar una distracción es como tratar de sanar un corazón roto. Es una forma de ayudarte a seguir adelante del dolor y la herida, te ayuda a reconsiderar hechos y apreciar más la vida. Las distracciones son como buenos amigos que constantemente nos ayudan a encontrarnos a nosotros mismos cuando estamos perdidos.

Esta habilidad (habilidad de distracción) se usa frecuentemente en el campo médico para calmar a los pacientes y distraerlos del dolor o cualquier otra forma de malestar. Esto demuestra que esta habilidad o arte es muy necesario para todos los ámbitos de la vida. El objetivo de distraernos es brindarnos la oportunidad de experimentar otras cosas por las que podemos estar agradecidos. Nos abre los ojos para ver el mundo que nos rodea y apreciarlo.

Una vez que comiences a involucrarte más en la vida, sin crear ningún espacio para sentimientos de ansiedad y preocupaciones, notarás la mentalidad positiva que viene con la tranquilidad mental.

Hay infinitas listas de distracciones en las que puedes participar, pero algunas se enumeran a continuación:

- El hábito de escuchar música relajante
- Obtén una mascota con la que puedas abrazarte.
- Tomar té o disfrutar de tu mejor merienda.
- Opta por largas caminatas

- Ejercicio
- Participar en deportes
- Leer un libro
- Puedes escribir.
- Quédate quieto por un rato o toma una siesta
- Limpiar la casa
- Salir de compras, encontrarse con amigos, o simplemente pasear.
- Dibujar
- Recita rimas o el abecedario.

Haz lo que hagas, simplemente consigue un hobby. Distraete para salir del bucle.

Capítulo 25: Tomarse un Descanso.

Puedes ser arrastrado por problemas cuando simplemente estás tratando de concentrarte en el trabajo actual o simplemente quieres divertirte.

Cuando experimentas una situación que está fuera de tu control, buscar una actividad positiva en la que participar es una opción saludable. Busca una distracción, algo que te traiga placer o comodidad, o que te haga sentir mejor.

Relajarse en la naturaleza es refrescante, calmante y un gran aliviador del estrés y la preocupación. Cada vez que te encuentres abrumado por pensamientos desenfrenados en tu mente, sal a dar un paseo por la playa, por el río o en el parque.

El objetivo es conectar contigo mismo. Concéntrate en los sonidos, vistas y olores de tu entorno. Tomarte un descanso alejará tu mente de tus preocupaciones, te calmará y te reconfortará.

Descanso para obtener resultados

Crear tiempo para descansos físicos y mentales refrescantes

es fácil. Busca una actividad que disfrutes. Elige entre estas opciones para probar durante tu próximo descanso.

Estiramiento. Si eres como muchas personas que pasan mucho tiempo sentadas frente a una computadora o un escritorio, levántate de tu silla al menos una vez cada hora para moverte y estirar tus piernas y brazos. Además, apartar regularmente la vista de la pantalla hace que tus ojos se cansen menos.

Caminar. Los movimientos al caminar aceleran la circulación, lo que te hace más activo y reduce la tensión en tus músculos. Además, un cambio en el entorno podría darte una nueva solución o punto de vista para un problema persistente.

Respirar. Inhalar lentamente, respiraciones profundas por la nariz y exhalar por la boca es una forma de ejercicio para controlar la respiración. Este es un gran método para refrescar la mente, aliviar la tensión y mejorar la alerta. Puedes practicar estos ejercicios de respiración acostado o sentado en una silla. Para obtener resultados efectivos, trata de hacer hasta 8 repeticiones dos o tres veces al día.

Ejercicio. Siempre que puedas, haz ese paseo en bicicleta o esa caminata de 20 minutos. Los cortos períodos de ejercicio aumentan tu ritmo cardíaco y mejoran la circulación, te hacen más alerta, mantienen tu peso bajo control, mejoran tu apetito y te hacen estar menos cansado.

Visualización. Una estrategia para obtener los efectos positivos de un entorno sereno cuando no puedes estar allí en realidad es mediante la visualización. Por ejemplo, si estás teniendo un día difícil en el trabajo, puedes acostarte o sentarte en una silla durante algunos minutos e imaginar que estás en tu lugar de vacaciones favorito o sentado en una reconfortante bañera de hidromasaje que hace que todo el estrés se disipe. Visualiza tantos detalles emocionantes como puedas: olores, sonidos y vistas. Esto transmite impulsos a tu cerebro, indicándole que se tranquilice.

Lee un libro. Una pequeña distracción es todo lo que se necesita para escapar del encierro. Olvídate del Internet y lee un libro. Sumérgete en una historia romántica o lee algo que te lleve a un lugar y tiempo diferente. Si es imposible deshacerte de tus preocupaciones, aléjate de ellas.

Ayuda a alguien más. Deja de ser egoísta. Piensa en otras personas. Conviértete en voluntario local, dona a una buena causa, haz sándwiches para las personas sin hogar en tu área. La forma más fácil de dejar de pensar en ti mismo es pensar en otra persona.

Muchas de esas cosas que nos agobian y nos quitan el sueño pueden ser solucionadas con unas horas de disfrute, placer o distracción, en lugar de otro día estresante lleno de preocupación y ansiedad.

Al adoptar estas estrategias, sigue las indicaciones de tu cuerpo y no permitas que una rutina estricta dicte tus descansos. Cuando tus descansos se conviertan en otra tarea en tu lista de cosas por hacer, será difícil obtener los beneficios deseados. Así que, tómate un descanso cuando más lo desees.

Tu estado de ánimo, junto con tu perspectiva, mejorará. Todo, incluso los desafíos imposibles en la vida, parece ser más fácil cuando te tomas un descanso de todo el estrés. Un poco de espacio para respirar puede preservar tu perspectiva y ayudarte a explorar otras opciones para un cambio positivo.

Consolida todos tus problemas en lugar de dejar que interrumpan tu vida diaria.

Capítulo 26: Trabajar fuera.

Tu salud, al igual que tus actividades diarias, puede verse afectada negativamente por el pensar demasiado. Como ya sabes, el proceso de sobre pensar es tedioso, ocupa una gran parte de tu tiempo y te impide participar en actividades rentables.

Tienes la tendencia de considerar cada situación como demasiado compleja y tu cerebro se estresa por sobreanalizar. Así que es muy difícil poner en práctica tus habilidades de resolución de problemas y análisis. La mayoría de las veces, estás molesto y decepcionado contigo mismo. Eventualmente, esto resulta en ansiedad y depresión. Las pequeñas cosas comienzan a aterrorizarte o irritarte, incluso podrías llorar. Además, hay un aceleramiento en el proceso de envejecimiento, hay un cambio en tu patrón de sueño, y podrías experimentar un trastorno alimenticio.

No solo hacer ejercicio ayuda a limitar el exceso de pensamientos, sino que también reduce el estrés interno y la ansiedad.

Como sabemos, no hay forma de apagar tu cerebro si no quieres pensar. El proceso es difícil, pero es inofensivo intentarlo y también puedes mejorar la calidad de tu vida mientras lo haces.

Necesitas una gran cantidad de concentración mental para

participar en un entrenamiento intenso, esto implica que toda tu concentración estará en el ejercicio, en lugar de las varias imaginaciones que pasan por tu mente.

Además, se liberan endorfinas en tu cerebro cuando haces ejercicio, lo que conduce a una sensación general de bienestar y positividad. Esto reduce el riesgo de pensar pensamientos perturbadores o negativos.

Cómo el ejercicio promueve el bienestar positivo.

Las personas que se sienten mentalmente sanas también pueden mejorar su salud mediante el ejercicio. Participar en actividades físicas se ha descubierto que estimula el sueño de calidad, mejora los estados de ánimo y aumenta los niveles de energía.

Los beneficios de la actividad física para la salud mental son numerosos, incluyen:

Las hormonas del estrés se reducen al hacer ejercicio. Las hormonas del estrés, como el cortisol, disminuyen cuando haces ejercicio. También se liberan endorfinas, tu hormona de la positividad, cuando haces ejercicio y esto ayuda a mejorar tu estado de ánimo.

La actividad física desvía tu atención de emociones y pensamientos negativos. La actividad física te distrae de tus problemas, enfoca tu mente en la actividad presente o te lleva a un estado de calma.

Hacer ejercicio aumenta la confianza. Hacer ejercicio ayuda a tonificar los músculos, perder peso y lograr una sonrisa saludable y radiante. Es posible que experimentes una mejora leve pero significativa en tu estado de ánimo, tu ropa te quede mejor y emanes un aura de confianza renovada.

El ejercicio puede ser una excelente fuente de apoyo social. Hay beneficios comprobados del apoyo social y muchas actividades físicas también pueden considerarse actividades sociales. Por lo tanto, no importa si juegas softball en una liga o te conviertes en miembro de una clase de ejercicio, hacer ejercicio en grupo puede brindar los beneficios adicionales de aliviar el estrés.

Una salud física mejorada equivale a una salud mental mejorada. Aunque el estrés conlleva a enfermedades, las enfermedades también pueden provocar estrés. Mejorar tu bienestar general y longevidad mediante ejercicio puede prevenir mucho estrés a corto plazo, al aumentar tu inmunidad contra la gripe, resfriados y otras enfermedades menores. Y a largo plazo al mejorar tu salud durante mucho tiempo, ayudándote a sacar lo mejor de la vida.

El ejercicio te protege del estrés. Podría haber una conexión entre la actividad física y una respuesta fisiológica reducida al estrés. En términos más simples, el estrés tiene un efecto reducido en las personas que hacen ejercicio de forma activa. Además de otros beneficios, el ejercicio podría hacerte inmune al estrés potencial y puede ayudarte a manejar el estrés en el presente.

Tipos de Ejercicios para Superar la Sobrethinking.

Estos tres ejercicios que te ayudarán a vencer la práctica de sobreanalizar y pensar demasiado. Sigue este patrón increíble y cambia tu vida.

Experimenta con el yoga. Una gran manera de reducir la presión en tu cerebro y aliviar el estrés es practicando yoga. El yoga ayuda a enfocar tu atención y concentración de cosas insignificantes hacia tu respiración y cuerpo al entrar en un estado de meditación.

Experimenta con la Postura Fácil en Yoga. Contrario a lo que sugiere el nombre, no es fácil. Te sientas con los huesos de la cadera aplanados en el suelo y extiendes tu columna. Relaja tus hombros y afloja tu rostro hacia un estado de tranquilidad. Deja caer tus brazos sobre tus rodillas y toma respiraciones profundas durante al menos un minuto. Esto eliminará todas tus preocupaciones y estrés mental.

'Rodillas al Pecho' es otro gran ejercicio. Lo único que tienes que hacer es recostarte y abrazar tus rodillas cerca de tu pecho. Realiza movimientos de balanceo hacia los lados y respira profundamente durante un mínimo de 40 segundos.

Ejercicios cardiovasculares de rutina. Este es un gran método de relajación. Las endorfinas son analgésicos naturales que se liberan durante períodos prolongados de aumento de la frecuencia cardíaca. No solo el ejercicio regular disminuye el nivel de estrés en su cuerpo, sino que también puede ayudar con la pérdida de peso, aumentando su confianza. Si eres principiante, prueba estos ejercicios relativamente simples.

Comience tomando una caminata por las colinas. Puede incluir pesos en los tobillos o usar correas en las muñecas o mancuernas para aumentar su ritmo cardíaco. De lo contrario, use una cinta de correr; encienda su elección de música preferida para evitar que su cerebro se distraiga con cosas insignificantes. El ciclismo es otra gran opción si no disfruta caminar.

Usar las escaleras es otra opción. Corre o camina en las escaleras, dos a la vez durante unos 10-15 segundos, de lo contrario, experimenta con el Stairmaster en el gimnasio.

Participa en la relajación progresiva de músculos. Este es un proceso de dos etapas. En primer lugar, contraes y luego relajas varios músculos de tu cuerpo. Esto ayuda a neutralizar el estrés y los músculos tensos en tu cuerpo. Un cuerpo relajado equivale a una mente relajada. Ten en cuenta preguntar a tu médico sobre cualquier historial de dolor de espalda o muscular antes de hacer esto para evitar la exacerbación de una lesión subyacente.

Puedes comenzar con tu pie derecho. Aprieta fuertemente durante 10 segundos, luego permítele relajarse. Haz lo mismo con tu pie izquierdo y avanza de la misma manera. Recuerda tomar respiraciones profundas y lentas en todo momento.

El estrés disminuye al participar en actividad física de rutina.

Capítulo 27: Tener un pasatiempo.

Hacer algo que amamos nos da felicidad y mejora nuestras vidas. Este es un buen método para dejar tu hábito de pensar demasiado. Ten un escape artístico constante que ames. Cualquier cosa productiva como programación, diseño gráfico, música, dibujo y pintura, estar involucrado en un deporte, y otros.

El mejor método para comenzar otro pasatiempo es intentar algo diferente. Hay actividades increíbles y divertidas en todo el mundo en las que podemos sumergirnos y convertirlas en las nuestras. Proporciona algo interesante que hacer mientras estamos libres y nos da la libertad de adquirir habilidades adicionales. Tu pasatiempo puede ser jugar videojuegos.

Todos somos específicos y diferentes, por lo tanto, nuestros pasatiempos y pasiones difieren. Y una vez que encontramos un pasatiempo que amamos y que realmente nos interesa, quedamos pegados a él. Se convierte en un aspecto integral de nuestras vidas y nos fascina personalmente. Si tus pensamientos llegan a ser abrumadores, realiza tu pasatiempo y sumérgete en él. Síguelo hasta que te sientas revitalizado.

Hay numerosas razones por las que todos deberíamos

adoptar un pasatiempo, pero estos son algunos de los beneficios principales:

- Te hace más interesante. Tener hobbies te abre a encuentros diversos, por lo que tendrás un montón de historias que contar. Son especialistas en esa área, así que pueden dar conferencias a cualquiera que esté interesado en sus temas.

- Ayuda a aliviar el estrés manteniéndote ocupado en algo que disfrutas. Los hobbies son escapes para evadir el estrés de la vida diaria. Te permiten descansar y encontrar alegría en actividades que no están relacionadas con el trabajo o con otras obligaciones.

- Los hobbies te ayudan a volverte más paciente. Para adquirir un nuevo hobby, debes estar tranquilo para aprender a hacer algo que nunca has hecho antes. Es probable que haya un periodo de aprendizaje y se requerirá paciencia para perfeccionar tus habilidades.

- Tener un pasatiempo puede ayudar a tu vida social y crear un vínculo con otros. Un pasatiempo es una actividad que disfrutas constantemente con otras personas. Si formas parte de un club, participas en una liga, o simplemente ayudas a otros con el resultado de tu trabajo, un pasatiempo es una excelente manera de conocer y conectar con personas apasionadas por las mismas cosas que te apasionan.

- Te ayuda a desarrollar nuevas habilidades: Dedicar y dar tu tiempo a un pasatiempo, te lleva a construir nuevas habilidades. Sigues mejorando en un pasatiempo a medida que aumentas el tiempo que le dedicas.

- Ayuda a prevenir malos hábitos y a perder el tiempo: El dicho "manos ociosas son el taller del diablo" nunca pasa de moda. Tener buenos pasatiempos para hacer durante tu tiempo libre asegura que no gastes ese tiempo libre en actividades negativas o desperdiciadoras.

- Aumenta tu confianza y autoestima: Lo más probable es que disfrutar de una actividad garantice que seas bueno en ella. Sobresalir en cualquier actividad te ayuda a desarrollar orgullo por tus logros y fortalecer tu confianza.

- Aumenta tu conocimiento: Desarrollar tu afición no solo garantiza la adquisición de nuevas habilidades, sino que también te asegura adquirir nuevos conocimientos.

- Te desafía: Al participar en un nuevo pasatiempo, comienzas a involucrarte en actividades que son nuevas y desafiantes. Si no es desafiante para ti, tu pasatiempo será menos agradable y es posible que no lo encuentres atractivo.

- Los hobbies ayudan a reducir o erradicar el aburrimiento: los hobbies aseguran que tienes algo que hacer en tu tiempo libre. También aseguran que tengas algo de qué emocionarte y algo a lo que esperar.

- Enriquece tu vida y te da una perspectiva diferente de las cosas: Es cierto que tendrás acceso a nuevas ideas sin importar el pasatiempo que elijas. Los hobbies también te ayudan al permitirte crecer de varias maneras, incluyendo brindarte nuevas formas de ver la vida y darte nuevas opiniones.

Tu enfoque se desplaza de pensar demasiado a la actividad presente cuando te involucras en tu pasatiempo. Esto ayuda a mostrar tu creatividad y mejorar tu coordinación y función cognitiva.

Capítulo 28: No seas demasiado duro contigo mismo.

A menudo, piensas demasiado como resultado de ser muy duro contigo mismo. Tu deseo por la fortuna es tanto que te revuelcas en angustia si tus planes no se realizan. Todavía estás enojado contigo mismo por tu fracaso reciente.

Ya que todos deseamos un mañana mejor, solemos preocuparnos y pensar demasiado en cómo será nuestro mañana. Te preocupa perder tu empleo, que tu empresa se hunda, que se acerque un divorcio y muchas otras cosas.

¡Detente! Porque ser molestado no cambiará nada.

En un sentido real, arruina tu momento presente. Acepta el hecho de que no puedes hacer nada acerca de tu mañana y deja de preocuparte por ello.

Si a menudo eres muy duro contigo mismo, eliminar tu comportamiento de sobre pensar se convierte en un problema. En realidad, la vida nunca va como se planea.

A veces, las cosas no saldrán bien y no hay nada de malo en eso. Prepárate para dejar de sentirte culpable cuando las cosas no salgan como se planeaban. A menudo, tú no eres la causa.

¿Por qué preocuparte por una situación sobre la que no puedes hacer nada?

Inmediatamente cuando dejes de ser duro contigo mismo, el fracaso no te provocará miedo, lo que llevará a menos sobre pensamientos.

Reconoce que tu mañana llegará tal como estaba destinado y dirige tu fuerza hacia actividades que te brindarán placer y satisfacción.

Cómo dejar de ser demasiado duro contigo mismo

Es crucial ser tolerante y apreciarse a uno mismo para dejar de ser duro consigo mismo. En lugar de malgastar tiempo en auto-culpas, enséñese a hacer que la vida sea mejor para usted.

- Ten expectativas realistas. Eres solo humano, así que entiende que no hay nada malo en cometer errores. No hay persona perfecta y la vida no es perfecta. Cometer errores te ayudará a adquirir conocimiento y desarrollarte, y cómo quieres que sea la vida no siempre es lo que obtienes. Acepta el curso de tu vida, dedícate a adquirir conocimiento y a mejorar como persona. Concéntrate solo en las cosas que realmente puedes influir.

- Busca las lecciones en todo. En lugar de castigarte cuando cometes un error, acepta el error y busca los valores morales en él. Está bien ser criticado, pero asegúrate de que los críticos sean útiles y tengan importancia relativa. Tener baja autoconfianza está estrechamente asociado con ser demasiado duro contigo mismo. Determinate a no ser duro contigo mismo. Pregúntate qué puedes hacer mejor en el futuro basado en lo que aprendiste. Ve estos encuentros como un espacio para progresar.

- Desafía a tu crítico interno negativo. Las cosas que dices y piensas son importantes y ser pesimista desfigurará tu existencia. Cuestionarte repetidamente no te añadirá nada. Deja de vivir en tus errores. Esto es un mal uso de la fuerza, es inútil y te mantiene estancado. Combate el pesimismo y concéntrate en el progreso.

- Enfócate en lo positivo. Hay "bueno" en todas partes pero es probable que no los notes si eres muy duro contigo mismo. Busca deliberadamente lo positivo. Cuestiona lo que hiciste correctamente, lo que aprecias de ti y de tu existencia. Tener un diario y escribirlo es útil.

- Pon las cosas en perspectiva. ¿Son los errores que cometiste y tu vida tan trágicos como los imaginas? ¿Dentro de unos 10 años, seguirá siendo importante? Puedes hablar con una persona de confianza al respecto.

- Usa afirmaciones. Por ejemplo, "Puede que no sea el mejor, pero estoy adquiriendo conocimiento y progresando" o "lo que hice entonces fue lo mejor que pude con mi conocimiento".

- Trátate a ti mismo como a un mejor amigo. Acéptate a ti mismo como alguien con defectos, trátate con ternura y date amor a ti mismo. Permítete hacer cosas nuevas, cometer errores, resolver problemas y progresar. Quiérete y conoce tu completo valor.

El progreso se detiene cuando eres demasiado duro contigo mismo. Pero puedes dejar de ser tan duro contigo mismo. Requiere determinación y fuerza, pero vale la pena. Si tienes algún problema o piensas que siempre estás estancado, no dudes en pedir ayuda. Deja de ser duro contigo mismo, cultiva la autoconfianza y construye el tipo de vida que deseas.

No tienes que estar a cargo. Acepta que no puedes hacer nada acerca del mañana y que no tienes poder sobre todo.

Deja de ser un idealista.

Capítulo 29: Obtén bastante sueño de buena calidad.

Al mantener una actitud beneficiosa y no dejarte llevar por una mentalidad adversa, el sueño es un factor mayormente olvidado. Cuando no duermes lo suficiente, tiendes a preocuparte y tener pensamientos negativos, no meditas con tu claridad habitual y te dejas llevar por los diferentes pensamientos que rondan en tu mente mientras sobrepiensas.

Para adquirir y retener conocimiento, ser innovador, se requiere un cerebro brillante y atento. Por el contrario, se cometen más errores y hay una reducción en la creatividad en nuestras actividades cuando no se duerme lo suficiente.

Un sueño adecuado asegura que tengamos el estado mental correcto para obtener información en nuestras actividades diarias. Además, un sueño adecuado es necesario para refinar y memorizar esa información durante un largo período de tiempo. El sueño provoca alteraciones en el cerebro que consolidan la red de refuerzo de pensamientos entre las células cerebrales y envían información a través de los hemisferios cerebrales.

Beneficios de dormir

- Afila tu atención. Habrás observado que es difícil enfocarte en las cosas cuando tienes demasiados pensamientos revoloteando en tu cabeza. Es difícil aprender muchas cosas nuevas cuando sobrepiensas. Si estás adecuadamente relajado, tendrás más claridad y un enfoque agudo.

- El sueño mejora tu salud mental. Ve a dormir a tiempo para tu salud intelectual. El sueño reduce los signos de depresión. La falta de sueño puede causar ansiedad y aumentar el estrés. Cuando estés demasiado tenso para dormir, puedes salir de la cama, intentar meditar o escribir en un diario para ayudar a calmar tu mente para dormir.

- Mejora tu memoria. Crear una memoria consta de tres fases. La primera fase es la adquisición, aquí es donde introduces los hechos en tu mente. La segunda fase es la consolidación; aquí, la información se solidifica. Por último, el recuerdo - y es justo lo que piensas, podemos regresar a la información guardada. Las fases uno y tres ocurren durante nuestras horas de vigilia y la fase dos ocurre durante nuestras horas de sueño. Durante el sueño, el cerebro consolida y organiza nuestros pensamientos, lo que ayuda en recordar el conocimiento adquirido previamente.

- Reduce tu estrés. ¿Has observado cómo las cosas poco importantes te preocupan cuando no duermes lo suficiente? Pensar demasiado te hace irritable y tener reacciones negativas ante inconvenientes e interferencias insignificantes. Dormir ayuda a disminuir el estrés.

- Ayuda en la toma de decisiones. Tu sueño afecta tus decisiones. Tener un tiempo de pensamiento inerte, como el sueño, ayuda a tomar buenas decisiones. ¿Conoces a alguien que quiera tomar una decisión que cambie su vida estando cansado?

- Te ayuda a concentrarte en tus tareas. Si no estás durmiendo bien por ti mismo, duerme bien por tus deberes. La investigación nos dice que el sueño te ayudará a mantenerte consciente y atento durante todo el día, permitiendo que tu horario funcione mejor de lo que sería si no durmieras. Las siestas cortas también pueden agudizar tu concentración. Adquirir conocimientos y habilidades tácticas se mejora con el sueño.

- Dormir despeja físicamente tu mente. Así como limpias la basura en tu casa, deja que el sueño saque la basura de tu cabeza. Las toxinas que se acumulan con el tiempo son limpiadas por el cerebro cuando duermes. Probablemente por eso te sientes muy bien cuando te levantas de un buen sueño.

Cómo obtener el máximo provecho de tu sueño

- Aprende cuánto tiempo tardas en quedarte dormido. Si deseas dormir durante un período de tiempo definido, en realidad debes considerar la cantidad de tiempo que tardas en quedarte dormido. Una aplicación móvil de seguimiento del sueño puede ayudarte con esto. Una vez que hayas estimado esto, considéralo al pensar en tu hora de dormir.

- Mantén la calma. Entrar en una habitación acogedora está bien al principio. Sin embargo, me di cuenta de que duermo más cómodamente, en paz y con menos pesadillas en una habitación fría.

- Mantén los tapones para los oídos cerca. Si eres como yo, te despiertas al menor ruido, entonces los simples tapones para los oídos son lo mejor. Estos materiales de bajo coste han ayudado a mi buena noche de descanso y me han ayudado a dormir, incluso si hay gatos ruidosos, roncadores y cualquier otra interrupción.

- No intentes forzarte a dormir. No te metas en la cama y te obligues a dormir cuando no tienes sueño. Por experiencia, hacer esto lleva a dar vueltas en la cama durante más de una hora. Lo mejor que puedes hacer en una situación así es relajarte durante unos 20-30 minutos en el sofá, leyendo o haciendo algo que te parezca adecuado. Hacer esto me ayuda a conciliar el sueño mucho más rápidamente y finalmente dormir lo suficiente.

- No duermas demasiado tiempo. Lo que inicialmente me hizo odiar las siestas fue dormir durante un tiempo incorrecto. Lo incorrecto de esto es que puede causarte pereza al dormir - la sensación de aturdimiento y debilidad en comparación con antes de acostarte.

Como el flujo sanguíneo y la temperatura del cerebro son más bajos durante el sueño, despertarse inesperadamente y un aumento en el nivel de la función cerebral resulta inquietante.

Dormir más de 90 minutos no es útil porque comenzarás otro ciclo de sueño. Además, dormir la siesta al final del día implicará un exceso de sueño de ondas lentas.

Restringir tu siesta a 15 minutos. 30 minutos pueden causar inercia del sueño, o ralentización de la corteza prefrontal del cerebro que se encarga del juicio. Reiniciar esto lleva alrededor de 30 minutos.

El acuerdo general común a todos los estudios que investigué es optar por una siesta corta de 15-20 minutos, posiblemente tomando un poco de café antes, para levantarse con más energía (aunque estaré asombrado si logras hacerlo), o tomar una siesta completa de 90 minutos y despertarse antes del comienzo del próximo ciclo.

- Elige el momento adecuado del día. Dormir la siesta cuando tus niveles de energía están habitualmente bajos puede ayudar a prevenir la sensación de la temida hora interminable cuando el día continúa lentamente mientras luchas contra el sueño. Para aquellos que trabajan de 9 a 5, este momento suele ser después del almuerzo: debido al ciclo innato de nuestro ritmo circadiano, estamos cansados dos veces en 24 horas. El centro de la noche es uno de los puntos álgidos de somnolencia y el otro aproximadamente 12 horas más tarde es justo en la media tarde.

Si no lograste dormir adecuadamente la noche anterior, la caída en los pensamientos se sentirá con más fuerza, por lo que querrás dormir la siesta más. En lugar de luchar contra este sentimiento con café y bebidas energéticas, puedes dormir la siesta brevemente para refrescar tu cerebro antes de enfrentar la tarde.

- Práctica. Para mejorar la siesta, la práctica es importante. Encontrar lo que es específico para ti puede llevar tiempo, así que sigue intentando a diferentes horas del día, diferentes duraciones de siesta y diferentes métodos de despertar.

Asegúrate de que tu entorno de sueño tenga poca luz. Ten una manta a mano para mantenerte caliente mientras duermes.

Obtén un sueño de calidad adecuada. Manténlo fresco. Mantén los tapones para los oídos cerca. No te fuerces a dormir.

Conclusión.

Necesitas entrenarte para dejar de pensar demasiado y hacer un esfuerzo consciente para practicar esto a diario para que se convierta en un hábito. Controlar tus sentimientos y pensamientos requiere práctica seria y compromiso.

Por sí solos, tus pensamientos pueden vagar aleatoriamente de una idea a otra, pueden adentrarse en el camino de los recuerdos, persiguiendo pensamientos salvajes, o despertando ideas amargas o resentimiento y enojo. Alternativamente, tu mente puede sumergirse en un mar de ensoñación y un mundo de fantasía, si no se tiene cuidado, tu vida puede ser controlada por tales pensamientos aleatorios de manera que cada decisión o acción que tomes se vuelve impredecible. Tales pensamientos intrusivos que podrías experimentar durante el día son evidencia de que la mayoría de las funciones de la mente probablemente estén más allá del control consciente. Además, nuestros pensamientos pueden sentirse tan poderosos y reales que pueden afectar la forma en que percibimos el mundo exterior.

Tómate un momento para desechar la suposición de que tus pensamientos espontáneos son insignificantes y totalmente inofensivos. En verdad, esos pensamientos pueden ser irrelevantes en ese momento, pueden ser el producto de recuerdos o emociones pasadas pero en el momento presente, podrían no reflejar la realidad.

La mayoría de nuestros pensamientos están bajo el control de nuestra mente subconsciente y nuestra mente subconsciente nunca nos otorgará un control total sobre nuestros pensamientos. Sin embargo, todavía tienes la capacidad de controlar algunos de tus pensamientos. Además, puedes cambiar algunos de tus hábitos y cómo reaccionas a ellos para tener más control sobre tus emociones.

A medida que avanzaste por este libro, encontraste una variedad de ideas y herramientas que pueden ayudarte a despejar tu mente para que puedas silenciar todas las voces negativas en tu cabeza, reducir el estrés y tener más paz mental.

Hacer esfuerzos conscientes para evitar pensar demasiado es un curso de acción gratificante que impactará significativamente la calidad de tu vida. Al pasar menos tiempo lidiando con pensamientos intrusivos y negativos "en tu mente", tendrás más tiempo para disfrutar el momento presente y cada otro momento.

Construyendo Hábitos Ganadores:

112 Steps to Improve Your Health, Wealth, and Relationships. Build Self-Discipline and Self-Confidence.

© Derechos de autor 2024 por Robert Clear - Todos los derechos reservados.

El contenido incluido en este libro no puede ser reproducido, duplicado o transmitido sin permiso por escrito del autor o el editor.

En ningún caso se responsabilizará ni se presentará cargos legales contra el editor, o autor, por cualquier daño, reparación o pérdida monetaria debido a la información contenida en este libro. Ya sea directa o indirectamente.

Aviso legal:

Este libro está protegido por derechos de autor. Este libro es únicamente para uso personal. No puedes modificar, distribuir, vender, usar, citar o parafrasear ninguna parte, o el contenido dentro de este libro, sin el consentimiento del autor o editor.

Aviso de responsabilidad:

Tenga en cuenta que la información contenida en este documento es solo para fines educativos y de entretenimiento. Se ha realizado todo el esfuerzo para presentar información precisa, actualizada y confiable. No se declaran ni se implican garantías de ningún tipo. Los lectores reconocen que el autor no se dedica a brindar asesoramiento legal, financiero, médico o profesional. El contenido de este libro ha sido derivado de diversas fuentes. Consulte a un profesional con licencia antes de intentar cualquier técnica descrita en este libro.

Al leer este documento, el lector acepta que en ningún caso el autor es responsable de ninguna pérdida, directa o indirecta, que se incurra como resultado del uso de la información contenida en este documento, incluidos, pero no limitados a, errores, omisiones o inexactitudes.

Introducción

El éxito, la riqueza, el dominio de la vida y un estilo de vida envidiable no son más que una agregación de nuestros hábitos. No somos más que la suma total de los hábitos, acciones y patrones de comportamiento que nos definen. Todo, desde nuestras relaciones interpersonales hasta nuestro éxito profesional, es un producto de los hábitos que desarrollamos consciente o inconscientemente. Si quieres tener un mayor control de tus relaciones, trabajo y vida en general, asume el control de tus hábitos hoy.

Toma cualquier persona exitosa de tu elección y determina esa habilidad única que los diferencia de los demás en su campo. ¿Qué es lo que los hace tan exitosos en su vida personal y profesional? Todo comienza con su capacidad para demostrar autocontrol y disciplina. Ellos saben cómo desarrollar disciplina a través de sus pensamientos, sentimientos, comportamiento y hábitos. Estas personas saben cómo mantenerse en control. Theodore Roosevelt dijo famosamente, "Los buenos hábitos formados en la juventud hacen toda la diferencia." Dio en el clavo. No somos más que la suma de nuestros hábitos, que eventualmente determina nuestro éxito en la vida.

La disciplina es el puente hacia el logro de tus metas. Las personas exitosas saben exactamente cómo utilizar la autodisciplina para alcanzar sus objetivos. Aprovechan el poder de la disciplina para hacer realidad sus sueños. La base de buenos hábitos inevitablemente marca el tono para una vida plena y satisfactoria.

¿Sabías que el 40 por ciento de nuestro comportamiento está determinado por hábitos? Si quieres ser más disciplinado, el primer paso es desarrollar hábitos positivos. Has leído sobre los hábitos de las personas exitosas innumerables veces. Ellos son los que se levantan a las 4 de la mañana, corren unos kilómetros, meditan y luego toman un batido fresco para desayunar antes de comenzar con las tareas del día. Están trabajando fervientemente para establecer su empresa emergente, la cual planean lanzar pronto. Estas personas no perderán tiempo y se enfocarán únicamente en lograr su objetivo de lanzar su empresa emergente.

Tú sabes todo esto, sin embargo, te sientas cómodamente en el sofá, navegas por la red sin rumbo durante horas, juegas juegos virtuales y te acabas botes de helado de la caja. ¿Realmente estás buscando llevar esta vida día tras día? ¿O quieres vivir una vida en la que todos tus objetivos y sueños se cumplan?

La clave mágica para lograr el éxito en tu vida profesional y personal es comenzar a ser más disciplinado. Las actividades anteriores pueden brindarte placer a corto plazo o gratificación temporal. Sin embargo, si puedes retrasar esta gratificación a corto plazo al fijar tu mirada en la imagen más grande o en las metas a largo plazo, puedes tener una vida más gratificante a largo plazo. Perder el tiempo en actividades sin sentido puede parecer emocionante y agradable a corto plazo. A largo plazo, sin embargo, tendrás dificultades para lidiar con metas no cumplidas y una vida llena de desilusiones. ¿Es esta la vida que has visualizado para ti mismo?

Comienza gradual pero seguramente. Hacer varios cambios a la vez puede ser abrumador. Sin embargo, dar pasos pequeños y cambiar lentamente un aspecto a la vez puede prepararte para crear la vida de tus sueños. Si quieres lograr algo que aún no has logrado, debes hacer algo que aún no has hecho. La autodisciplina puede ser una gran parte de eso. Si no tienes metas y la disciplina para alcanzarlas, estás disparando al aire.

Prepárate para aprender cómo desarrollar un plan paso a paso para ser más productivo, disciplinado y orientado a metas en tres semanas.

Capítulo Uno: ¿Qué es la Autodisciplina?

"La felicidad depende de la autodisciplina. Somos los mayores obstáculos para nuestra propia felicidad. Es mucho más fácil luchar contra la sociedad y los demás que luchar contra nuestra propia naturaleza." - Dennis Prager

Auto disciplina significa autocontrol, la capacidad de prevenir el exceso no saludable, resistencia, restringirse antes de actuar, completar lo que comenzaste, la capacidad de implementar decisiones y cumplir metas a pesar de los desafíos y dificultades. Una de las principales características de la auto disciplina es renunciar a la gratificación inmediata, la alegría o el placer por una ganancia mayor o resultados satisfactorios. La auto disciplina está frecuentemente asociada con algo desagradable y difícil de alcanzar. Se conoce como algo que requiere un esfuerzo creciente, dolor y sacrificio.

Sin embargo, también puede ser agradable y tiene una multitud de beneficios. La autodisciplina no es una acción o un estilo de vida restrictivo, doloroso o punitivo. No se trata de vivir como un ermitaño, ser rígido o mantener una mentalidad estrecha. Si acaso, la autodisciplina es una expresión de fuerza interior y demostración de fuerza interior.

Combinada con fuerza de voluntad y determinación, la autodisciplina puede ayudar a una persona a combatir la pereza, la inacción, la indecisión y la procrastinación. Estas habilidades nos ayudan a tomar la acción correcta a pesar de que la acción sea desagradable y requiera un esfuerzo adicional. Eres capaz de ejercer una mayor moderación, desarrollar más paciencia y volverte más tolerante.

La autodisciplina ayuda a una persona a sostener la presión externa. Un individuo que es disciplinado tiene más probabilidades de tomar un mayor control de sus metas y su vida, enfocarse en sus objetivos y tomar medidas concretas para lograrlos.

El valor de la autodisciplina se expresa brillantemente a través de la fábula de la liebre y la tortuga que compitieron en una carrera. La liebre estaba segura de que ganaría por ser la criatura más rápida. Se volvió complaciente y se permitió el lujo de una siesta mientras duraba la carrera. La tortuga avanzaba lentamente pero de manera constante, y con pura fuerza de voluntad, determinación y autodisciplina, logró ganar la carrera.

Capítulo Dos: Formas Poderosas de Comenzar la Acumulación de Hábitos

"La capacidad de disciplinarte para retrasar la gratificación a corto plazo con el fin de disfrutar de mayores recompensas a largo plazo es el requisito indispensable para el éxito." - Maxwell Maltz

Hábito 1 - Identifica las cosas que obstaculizan tu éxito

El primer paso hacia el desarrollo de una mayor autodisciplina es identificar hábitos, acciones, adicciones, comportamientos y rutinas que sean un obstáculo para tus metas personales o profesionales. Por ejemplo, como atleta, estás compitiendo para calificar para un gran evento deportivo importante. Involucra horas de práctica, actividad física rigurosa y una fuerte actitud mental.

¿Cuáles son los hábitos o acciones que pueden ser un obstáculo para este objetivo? No levantarse temprano por la mañana para practicar, no comer alimentos que te den más fuerza y nutrición y perder tiempo de práctica jugando juegos en línea. Estos son elementos que pueden impedirte lograr tu objetivo.

Haz una lista de cosas que deseas eliminar o incorporar en tu vida. Esto solo sucederá cuando puedas identificar tus metas y las cualidades o hábitos necesarios para alcanzarlas.

Por ejemplo, si tu objetivo es perder peso, habrá una lista de cosas que necesitarás hacer y evitar, como evitar la comida chatarra, reducir los postres, comer en porciones pequeñas, comer a intervalos regulares, reducir la ingesta de calorías y consumir alimentos altos en nutrición para mantenerte energizado durante el día.

Hábito 2 - Comienza poco a poco

No puedes despertar una buena mañana y transformarte en una persona disciplinada. No es algún tipo de ceremonia en un evento o una elegante resolución de año nuevo que esté garantizada a cambiarte de la noche a la mañana.

Una persona necesita empezar a hacer cambios lentos pero definitivos en su vida para ganar una mayor auto disciplina. Por supuesto, puedes hacer una resolución de Año Nuevo pero no puedes cambiar todo de una vez. No puedes decir, este año voy a cambiar mi vida por completo. No funciona así. Hacer varios cambios grandes en tu vida de repente puede ser estresante y agotador. Es imposible seguir todo de una vez. Eventualmente te cansarás y te rendirás.

Ve despacio pero con firmeza cuando se trata de ser más disciplinado. Empieza por cambiar un aspecto de tu vida. Si crees que hay demasiados cambios que necesitas hacer, aborda un aspecto a la vez. Por ejemplo, comienza cambiando tus hábitos alimenticios. Cuando tengas un buen control sobre comer comidas saludables a tiempo, concéntrate en las actividades físicas. Después, enfócate en dormir y despertar a una hora fija.

De esta manera, no te estás abrumando al cambiar varios hábitos al mismo tiempo. En cambio, te estás enfocando en mejorar un solo aspecto de tu vida a la vez, asegurando así mejores resultados generales. Empieza poco a poco pero sigue adelante hasta que hayas logrado la meta.

Hábito 3 - Haz una lista

Una parte importante de la autodisciplina es identificar lo que se necesita hacer durante el día y luego asegurarse de que se marque en la lista. Es fácil desviarse de lo que necesitas hacer si lo tienes claro. Es fácil olvidar cosas o perder el tiempo en actividades sin valor en ausencia de una dirección clara.

Solo imagina que estás manejando un coche sin un mapa. Sabes a dónde ir pero no tienes indicaciones para llegar allí. En ausencia de un mapa de ruta claro o GPS, sigues yendo por todas partes sin saber cómo alcanzar tus objetivos.

Una lista de tareas es prácticamente como un mapa de ruta que te ayudará a determinar no solo a dónde exactamente te diriges, sino también cómo llegar allí. Te proporciona una dirección clara y un plan de acción que necesitas seguir para desarrollar una mayor auto-disciplina.

Acostúmbrate a establecer una lista de prioridades de cosas importantes para hacer a lo largo del día al final del día anterior o al comienzo del día. Puede ser cualquier cosa, desde escuchar un podcast inspirador o informativo en tu camino al trabajo hasta trabajar en un esquema para un proyecto que debe ser aprobado por el cliente.

Hacer una lista te ayudará a priorizar tus tareas y eliminar las tareas que consumen energía y tiempo innecesariamente. Te permitirá decir que no a las tareas que no encajan en tu esquema de cosas. Podrás identificar las pérdidas de tiempo y las fuentes de energía.

La mejor manera de completar las cosas temprano es tomar la ventaja temprano. Comienza tu día temprano y trata de completar el 60 por ciento de tus tareas antes del mediodía. Esto solo sucederá si planificas tu nuevo día al final del día anterior. Cuando todo esté listo el día anterior, simplemente comienzas a trabajar en el nuevo día con una mente fresca y entusiasmo.

Hábito 4 - Utiliza la tecnología para priorizar tus tareas y hacer la vida más fácil.

Abandona los juegos virtuales improductivos y descarga aplicaciones como coach.me o ZenZone. Estas son aplicaciones de entrenamiento mental y seguimiento de hábitos que te permiten formar nuevos hábitos y darles seguimiento.

También me gusta establecer un temporizador para todas las tareas inútiles y poco productivas, como jugar juegos o ver películas en NetFlix o pasar tiempo en redes sociales. Instala una aplicación que registre la cantidad de veces que pasas en Facebook o Twitter sin hacer nada con propósito. Luego trabaja conscientemente en reducir este tiempo gradualmente.

Si quieres ponerte en forma, perder peso o llevar un estilo de vida más saludable en general, utiliza una aplicación de seguimiento de fitness o sueño para ayudarte a controlar la cantidad de actividad física a la que sometes tu cuerpo o si obtienes tu cuota de sueño ininterrumpido por 8 horas.

Hábito 5 - Visualiza recompensas a largo plazo

Si tu razón es clara, el cómo nunca será un problema. Si sabes que quieres tener éxito profesionalmente para brindarle a tus hijos y familia una vida excelente, inevitablemente descubrirás el cómo. La probabilidad de sucumbir a la tentación se reduce cuando mantienes tus ojos firmemente fijados en recompensas a largo plazo.

En lugar de pensar en la gratificación instantánea, sigue visualizando metas a largo plazo. ¿Qué quieres lograr en el próximo año, cinco años o diez años? ¿Quieres llevar a tus hijos de vacaciones al extranjero? ¿Quieres comprar la casa de tus sueños? ¿Quieres tener un coche más grande? ¿Quieres expandir tu negocio? Visualizar metas a largo plazo mantiene tu mente y cuerpo disciplinados y alineados con el objetivo.

Se incrusta firmemente tus metas en la mente subconsciente. Una vez que una meta es plantada en el flujo del subconsciente, nuestra mente subconsciente inevitablemente dirige nuestras acciones para cumplir esa meta.

Visualízate cumpliendo tus metas y nota cómo te sientes cuando las logras. Comprende que las metas a largo plazo, las recompensas y la felicidad requieren que renuncies a la gratificación a corto plazo. Vive mentalmente la sensación de cosechar las ricas recompensas de la disciplina diaria.

Uno de mis consejos favoritos para mantener tus ojos fijos en una meta a largo plazo es crear un tablero de visión. Un tablero de visión o sueño es un tablero grande que incluye un collage de imágenes, fotografías, frases, o cualquier cosa que represente tu vida soñada o todo lo que deseas lograr en tu vida.

Dado que las imágenes son varias veces más poderosas que las palabras cuando se trata de enviar un mensaje claro a tu subconsciente, seguirán reforzando el objetivo en tu subconsciente. Esto significa que tus pensamientos, palabras y acciones tenderán a estar más alineados con tus objetivos que están firmemente incrustados en tu mente subconsciente.

Por ejemplo, si tu objetivo es ser un influencer de redes sociales con un millón de seguidores/fans, tu mente subconsciente te guiará a hacer cosas que te ayudarán a conseguir más seguidores como publicar contenido interesante en tu página, interactuar con tus seguidores actuales, buscar colaboraciones gratificantes con otras páginas de redes sociales e influencers, y leer libros/páginas que te acerquen un paso más a tu objetivo. Tenderás a evitar tareas que te alejen de tu objetivo porque estás expuesto constantemente a él.

También puedes tener una visión o declaración de misión para ti mismo como lo hacen las empresas. Te dará una dirección clara de a dónde quieres ir y te hará trabajar hacia tus metas con aún más disciplina y entusiasmo.

Hábito 6 - Crear un tablero de visión

Utilice un cartón grande o un tablero de corcho en el que pueda montar un collage de imágenes de diferentes usos. Utilice recortes de revistas, impresiones de imágenes de la red y otras fuentes. Encuentre imágenes con las que pueda conectar instantáneamente. Estas no deben ser solo visuales aleatorios, sino visuales que representen sus deseos más profundos.

Es posible que desees seguir cambiando estas imágenes, así que utiliza una superficie donde sea fácil quitar y añadir nuevas imágenes. Todos hicimos álbumes de recortes de niños, donde las imágenes podían ser pegadas en forma de collage. Piensa en esto como un álbum de recortes extragrande.

¿Quieres que el tablero de visión refleje un solo tema o varios temas? Por ejemplo, ¿quieres que un solo tablero de visión refleje un objetivo de una casa de ensueño o un destino de vacaciones de ensueño (agregas múltiples imágenes de cómo quieres que se vea tu casa de ensueño o destino de vacaciones en tableros de visión separados) o quieres que una casa de ensueño, un auto y un trabajo se reflejen en un solo tablero de visión? Los álbumes de recortes pueden ser buenos si es lo último, ya que tienen múltiples temas.

Sé claro acerca de lo que quieres exactamente y no llenes tu tablero con demasiadas imágenes a la vez. Mantenlo significativo, relevante y selectivo. Concéntrate en no más de 3-4 metas a la vez. Mirar las imágenes de tus metas debería ayudarte a experimentar cómo se siente lograr esas metas. Deberías sentir emoción, felicidad, motivación y paz cuando veas estas imágenes. Piensa en ellas como pistas que hablan sobre los deseos más profundos de tu corazón.

A algunas personas les gusta agregar sus imágenes para darle un toque más personal. Por ejemplo, ¿qué tal imágenes tuyas en una casa que acabas de ver, o un coche que has probado recientemente, o tal vez junto a un mueble elegante que ha estado en tu lista de deseos durante mucho tiempo? Puede ser una imagen antigua tuya cuando estabas unos kilos más ligero si deseas quitarte los kilos de más y ponerte en forma.

Uno de los aspectos más importantes de un tablero de visión es que debe colocarse en una posición muy prominente, donde puedas verlo varias veces a lo largo del día. La idea es seguir incrustando estas imágenes en tu mente subconsciente durante todo el día. ¿Qué tal una pared directamente frente a tu cama, donde puedas verlo al despertar cada mañana? Cuanto más te expongas a estas imágenes, más estarás impulsando o condicionando tu mente para lograrlas.

Dedica unos minutos cada día a reflexionar sobre estos

objetivos. Cierra los ojos (una buena práctica es hacer esto al principio o al final de cada día) y pasa tiempo pensando en cómo sería lograr estos objetivos. Experimenta cómo te sientes cuando obtienes lo que deseas. ¿Cómo te sientes? ¿Por qué emociones pasas? ¿Cómo cambia tu vida? Imagina cómo estarás haciendo las cosas de manera diferente, qué dirás o cuáles serán tus acciones cuando logres tu objetivo. ¡Interioriza la sensación de haber logrado lo que realmente deseas en la vida! ¡Esto hará que fijar tus objetivos sea más interesante y lleno de energía!

Hábito 7 - Meditar

Una de las mejores formas de controlar tu mente y cuerpo mientras desarrollas una mayor auto-disciplina es practicar la meditación diariamente. No tienes que hacer un ritual completo, con varillas de incienso, velas y campanitas sonando de fondo. Medita cuando y donde te sientas cómodo.

La idea es ser más consciente y deliberado/a de tus pensamientos y acciones. Es poder dirigir tu mente y pensamientos de manera disciplinada. La idea es barrer las telarañas de pensamientos negativos que periódicamente invaden nuestra mente.

La investigación ha demostrado que nuestro éxito está directamente impactado por nuestra determinación interna y motivación. Una práctica regular y consistente de meditación puede maximizar drásticamente tu fuerza de voluntad, determinación y autocontrol.

Todos anhelamos la gratificación inmediata en algún momento u otro sin preocuparnos por las ramificaciones o consecuencias de ello. Es como anhelar una "solución". En el éxtasis de la gratificación inmediata, los objetivos a largo plazo se vuelven borrosos. Hay poco sentimiento de culpa o arrepentimiento cuando se piensa en recompensas instantáneas. Por ejemplo, un grupo de amigos te sugiere unirte a ellos para un viaje de fin de semana largo cuando tienes una reunión importante el lunes. La tentación de irte de vacaciones relajantes en lugar de una aburrida reunión en el trabajo puede ser alta.

Prefiero estar sentado en una cabaña en la montaña de fiesta con amigos que estar frente a un jefe aburrido y compañeros de trabajo. Sin embargo, ¿saltarse el trabajo contribuye a tu objetivo de conseguir un ascenso o un aumento de sueldo o mudarte a una mejor organización? Una vez que hayas satisfecho tu necesidad, es posible que te sumerjas en la culpa y el arrepentimiento habituales por haber perdido un día importante en el trabajo. ¿Te hace sentir bien acerca de las vacaciones que acabas de disfrutar?

La meditación te impide tomar decisiones impulsivas, en el calor del momento y destructivas. ¿Qué tal si consumes una bolsa de papas fritas cuando estás a dieta? ¿O fumar cuando has decidido eliminar el consumo de nicotina para siempre? Es menos probable que tomes estas decisiones "del momento" y pienses en las ramificaciones a largo plazo de cada decisión.

Científicos de la Universidad de Duke estudiaron los cerebros de 37 personas que estaban a dieta mientras se les mostraban imágenes de varios alimentos tentadores. La investigación reveló que la sección de la corteza prefrontal dorsolateral del cerebro se activa poderosamente en las personas que poseen un alto nivel de determinación o fuerza de voluntad. Esta misma área exacta del cerebro también se estimula durante la meditación.

La meditación libera las hormonas de bienestar del cerebro, lo cual es excelente cuando se trata de combatir los antojos momentáneos. Hay sustancias químicas específicas como las endorfinas y la dopamina en nuestro cerebro que se liberan cuando obtenemos nuestras "soluciones instantáneas". Estas son las sustancias químicas que reducen el estrés y que buscan combatirlo.

Cuando meditas, activas estos químicos y combates el estrés sin buscar gratificación instantánea o placer. La meditación libera estos químicos de una manera más saludable y natural, limitando así tus impulsos o deseos. Esto acaba inevitablemente aumentando tu fuerza de voluntad y determinación aún más.

Aquí hay algunos pasos simples pero efectivos para practicar la meditación.

Elige un entorno tranquilo, cómodo y relajante que esté libre de distracciones mientras meditas. Un ambiente tranquilo te ayudará a concentrarte mejor y evitar distracciones externas. Puedes meditar desde 5 minutos hasta una hora dependiendo del tiempo disponible. Incluso si encuentras un rincón tranquilo en la oficina durante 5-10 minutos, úsalo. Incluso un armario o un banco en el parque pueden ser perfectos. Saca el teléfono en silencio, aleja todos los dispositivos y aíslate de otros ruidos.

Siéntate en una posición cómoda en una silla o en el suelo. Usa almohadas si necesitas apoyo. La idea es mantener una postura relajada y cómoda. Intenta mantener un tiempo fijo al meditar cada día. Esto hará que sea parte de tu rutina.

Despeja tu mente de todos los pensamientos. Intenta no pensar en nada más y prepara tu mente solo para enfocarte en la respiración.

Cierra los ojos. Comienza por enfocarte en tu respiración. Toma respiraciones lentas y profundas contando lentamente. Deja que el aire pase a través de tu nariz, pulmones y estómago. Presta mucha atención a cada parte del cuerpo mientras se llena de aire fresco. Del mismo modo, presta atención al aire que sale de tu cuerpo al exhalar. Concéntrate en el acto de inhalar y exhalar eliminando todos los demás pensamientos.

Si encuentras que tu mente o pensamientos se desvían, guíalos suavemente de vuelta a la respiración. No será fácil entrenar tu mente/pensamientos para ser más controlados o disciplinados. Sin embargo, con práctica, sabrás cómo dirigir tus pensamientos de vuelta a la respiración. Si encuentras que tu mente es dominada por un pensamiento convincente, dale atención breve y déjalo pasar. Dirige la atención de la mente de vuelta a la respiración suavemente. Puedes poner un temporizador para saber cuándo termina la sesión de meditación.

También puedes usar imágenes mentales para guiarte. Piensa en visuales como una flor en tu vientre. Visualiza cómo los pétalos despliegan sus pétalos y se pliegan cada vez que inhalas y exhalas. Esto entrenará tu mente para enfocarse claramente en la respiración e imágenes mentales.

A algunas personas les gusta repetir un poderoso mantra o afirmación mientras meditan. Puede ser un sonido, frase, oración, o palabra que resuene con tus metas o lo que realmente estás buscando en la vida o algo que tenga un profundo significado en tu vida. Repite silenciosamente la afirmación o mantra varias veces hasta que tu mente subconsciente la interiorice.

De nuevo, no te preocupes por la mente errante. Permite que tu mente divague y luego enfoca de nuevo tu atención en el mantra o la afirmación.

Algunas personas prefieren enfocarse en un objeto tangible mientras meditan. Puede ser cualquier cosa, desde una estatua de Buda hasta una flor o la llama parpadeante de una vela. Mantén el objeto en el que estás meditando a la altura de los ojos para que no tengas que esforzarte mucho para verlo. Observa el objeto hasta que consuma por completo la visión.

La visualización también es una técnica de meditación muy conocida. Se trata de crear un espacio sereno en la mente. Puedes imaginar un lugar que te brinde inmensa alegría o felicidad. Puede ser real o imaginado. Piensa en un prado verde exuberante o una playa idílica y deja que se convierta en tu santuario mental. Experimenta la brisa fresca soplando contra tu cabello y tu rostro. Piensa en los diferentes elementos que hacen que el lugar sea hermoso. ¿Cómo se ve el lugar? ¿Cómo se siente? ¿Cuáles son las vistas y sonidos que experimentas a tu alrededor?

Hábito 8 - Realiza un escaneo corporal de meditación.

Concéntrate en cada parte del cuerpo individualmente. Relaja conscientemente cada músculo y libera la tensión o rigidez dentro de la parte. Comienza por los dedos de los pies y avanza hacia arriba desde los pies, pantorrillas, piernas, rodillas, muslos, caderas, abdomen, pulmones, espalda, hombros, manos, palmas, dedos, cuello, orejas y cabeza. Tómate todo el tiempo que desees con cada parte del cuerpo. Experimenta y disfruta la sensación de concentrarte en cada parte del cuerpo.

Capítulo Tres: Estrategias Probadas y Comprobadas para Construir y Mantener Hábitos Poderosos

> Si quieres cultivar un hábito, hazlo sin reservas, hasta que esté firmemente establecido. Hasta que esté confirmado, hasta que se convierta en una parte de tu carácter, no debe haber excepciones, ni relajación en el esfuerzo. - Mahavira

¿Sabes cómo Benjamin Franklin logró superar sus hábitos negativos y sustituirlos por hábitos más positivos? Hizo una lista de 13 virtudes que eran esenciales para su vida personal y profesional. El líder mundialmente famoso luego se enfocó en una sola virtud por semana a lo largo de una fase de 13 semanas. Al final de cada semana, conquistaba el hábito negativo y luego pasaba a superar el siguiente hábito.

Buenos hábitos son la base de la auto disciplina. Cuando desarrollas hábitos buenos, positivos, y constructivos, es fácil llevar una vida controlada y disciplinada que significa éxito.

¿No sería increíble si nuestra vida funcionara en piloto automático? ¿Qué tal correr, comer saludablemente, terminar proyectos a tiempo, y más en piloto automático? Desafortunadamente, no es así como funciona. Tú tienes bastante control sobre lo que haces. Sin embargo, se vuelve más fácil cuando programas tus acciones como hábitos constructivos y positivos. Con un poco de disciplina inicial, puedes desarrollar hábitos sólidos y para toda la vida que pueden transformar tu vida personal y profesional. El verdadero desafío no es desarrollar hábitos positivos, sino mantenerlos a lo largo del tiempo.

Aquí tienes algunos de los trucos más efectivos para crear y mantener hábitos positivos.

Hábito 9 - Empieza pequeño y date 30 días

De nuevo, no puedes empezar a hacer grandes cambios en tu vida de repente. Los hábitos necesitan tiempo para construirse y desarrollarse. Por más infeliz que estés con tu situación actual, no puedes transformarla en un día. Muchas personas están entusiasmadas con hacer demasiados cambios repentinos en sus vidas, solo para sentirse abrumadas y rendirse. Por ejemplo, si te has propuesto dedicar 2 horas al día al estudio, no comiences con dos horas de inmediato.

Comience lentamente y construya gradualmente sobre eso. Puede comenzar estudiando durante 30 minutos cada día y aumentar lentamente su tiempo de estudio. En lugar de hacer 100 flexiones al día, comience con 10. Los hábitos tienen más probabilidades de tener éxito cuando se comienzan de manera pequeña y se escalan gradualmente.

Nota y disfruta de los pequeños beneficios de hacer estos cambios en tu vida. Por ejemplo, si has decidido llevar una vida más saludable o activa o perder peso, nota cómo te sientes después de unos minutos de ejercicio durante los primeros días. ¿Notaste algún cambio en el nivel de energía después de comenzar una rutina de ejercicio o una nueva dieta? Visualízate obteniendo calificaciones más altas y tu trabajo soñado después de cambiar tus hábitos de estudio.

Según la investigación, se necesitan aproximadamente cuatro semanas para que un hábito se vuelva automático. Si una persona puede mantener el ciclo inicial de acondicionamiento mental, el hábito se volverá casi involuntario y mucho más fácil de mantener. Un mes es un tiempo bastante decente para comprometerse con un hábito positivo. Al igual que Benjamin Franklin, bloquee un mes para desarrollar y mantener un nuevo hábito.

La consistencia es fundamental para el éxito en el desarrollo y mantenimiento de nuevos hábitos. Si has decidido correr un par de kilómetros todas las mañanas, levántate y hazlo cada día durante los primeros treinta días sin interrupción. Si decides ir solo algunos días de la semana, será más difícil mantener el hábito. Los hábitos que se practican en intervalos tienden a no consolidarse.

Haz algo continuamente y sin descanso, si quieres convertirlo en un hábito. Cuanto más consistente y regular seas al seguir un hábito, más fácil y automático se vuelve mantenerlo.

Hábito 10 - Enjuague

Swish es una técnica de Programación Neurolingüística que tiene que ver con entrenar tu mente a través de la visualización negativa. En la técnica de swish, una persona se visualiza a sí misma realizando el hábito negativo. A continuación, se imagina eliminando el mal hábito y reemplazándolo por una alternativa más positiva.

Digamos que quieres dejar de fumar. Visualízate físicamente levando un cigarrillo y colocándolo en el suelo. A continuación, imagínate/res pla respirando aire fresco o huyendo del cigarrillo. Repite esto varias veces hasta que experimentes involuntariamente el patrón antes de dejar realmente el hábito negativo.

Potencia aún más este poderoso consejo combinándolo con un modelo a seguir. Dedica tiempo a una persona o personas cuyos hábitos desees imitar en tus propios hábitos. Investigaciones recientes han descubierto que las personas que tenían amigos obesos tenían mayores posibilidades de volverse obesos. Por lo tanto, realmente te conviertes en lo que eliges gastar tu tiempo y energía.

Reestructura tu entorno de manera que sea más fácil para ti abandonar el mal hábito o formar nuevos hábitos positivos. Por ejemplo, si quieres dejar el alcohol, evita tomar una ruta que tenga demasiados bares en el camino. Toma una ruta diferente de regreso a casa desde el trabajo. Del mismo modo, elimina la comida chatarra de la casa si quieres llevar una vida más en forma y saludable. Si te encuentras pasando demasiado tiempo en Netflix, cancela tu suscripción. Deshazte de los cigarrillos y el alcohol si deseas dejar la adicción. Además, deja de frecuentar círculos sociales que refuercen los hábitos que deseas abandonar.

Por ejemplo, si planeas dejar de beber, es mejor dejar de moverte o socializar con personas que beben. Esto eliminará tu lucha de voluntad. En cambio, encuentra un compañero que te mantenga animado y motivado para seguir con tu hábito.

Del mismo modo, si tienes ganas de ir al gimnasio cada mañana antes de ir al trabajo, mantén tu equipo de gimnasio listo la noche anterior. Mantén tu bolsa de gimnasio lista y preparada en la entrada de la habitación. Cuando te despiertes por la mañana, lo primero que verás al salir de la habitación es la bolsa. Esto te recordará tu objetivo o hábito de visitar el gimnasio cada mañana. Estas son pistas ambientales que te ayudarán a crear el entorno adecuado para perseguir tus hábitos y metas positivas.

Hábito 11 - Recompénsate de manera saludable

La razón por la cual muchas personas desarrollan malos hábitos o negativos es porque les brinda alguna sensación placentera. Si les quitas esta gratificación o sensación placentera de golpe, será difícil mantener el buen hábito. En cambio, adquiere el hábito de recompensarte de vez en cuando cuando logres resistir la tentación con éxito. Por ejemplo, si logras no comer postres durante toda la semana, recompénsate con un pequeño pastel o cupcake el domingo.

De igual manera, date el gusto de disfrutar tu café favorito durante un fin de semana si logras mantenerte alejado del alcohol durante toda la semana. Buscamos una experiencia placentera porque nos hace sentir menos estresados. Sin embargo, después de la experiencia placentera, desarrollamos un sentimiento de culpa o arrepentimiento. Para evitar caer en el antiguo patrón de malos hábitos, date un premio ocasionalmente. Asegúrate de que tus premios sean saludables y equilibrados.

¡Cómprate un libro nuevo, recompénsate con un vestido nuevo, ve un concierto que hayas querido ver por mucho tiempo, compra equipo de ejercicio nuevo y más. ¡Incluso algo tan simple como una taza de tu café con leche favorito o tomarte un tiempo para visitar una galería de arte pueden ser recompensas increíbles! ¡Trabaja duro para ganar estas recompensas y disfrútalas sin sentirte culpable.

Una de las mejores formas de abandonar hábitos poco saludables es contar con el apoyo de la familia y amigos. Siempre informa a las personas en quienes confías sobre lo que te esfuerzas por lograr. Ellos mostrarán más comprensión cuando rechaces la bebida o no visites el pub con ellos después del trabajo, o cuando evites el postre. De hecho, te motivarán y te apoyarán para resistir la tentación de caer de nuevo en el viejo patrón. Te ayudarán a mantenerte alejado de las tentaciones, serán tus animadores e incluso te brindarán el necesario apoyo moral cuando te sientas deprimido. Todos podríamos beneficiarnos de tener algunos animadores que nos apoyen en el logro de nuestros objetivos.

Una cosa que funciona maravillas para algunas personas es hacerse responsable ante uno o varios grupos de personas de confianza. Por ejemplo, puedes darles dinero a estas personas dentro de tu círculo íntimo y pedirles que no te lo devuelvan hasta que hayas implementado el buen hábito, o resistido la tentación de ceder al mal hábito un número específico de veces. Por ejemplo, si tienes la intención de llevar una vida más saludable y dejar la comida chatarra, pídele a un amigo que te devuelva tu dinero solo después de haber evitado la comida chatarra y comido de forma saludable durante una semana. De esta manera, te haces responsable ante alguien mientras desarrollas hábitos positivos.

Hábito 12 - Predecir posibles problemas y tener un plan listo para superarlos

Cuando buscas desarrollar hábitos positivos o abandonar hábitos destructivos, habrá algunos obstáculos o desafíos en el camino. Planifica tus pasos de acción por adelantado para combatir estos desafíos potenciales.

Toma, por ejemplo, que decidiste ir al gimnasio antes de ir al trabajo despertándote a las 6 cada mañana. Puede haber varios desafíos para esto, incluido el aplazar la alarma cuando suena a las 6 am. Ahora, ya eres consciente de estos posibles desafíos porque sabes que no eres madrugador o que has intentado sin éxito despertarte a las 6 am cada mañana anteriormente.

Sin embargo, ahora que sabes que el enfoque anterior no ha funcionado, intenta pensar en una nueva estrategia donde no te estás preparando para otra decepción. Trata de pensar en diferentes formas, donde se necesita más esfuerzo para apagar el despertador. Esto hará que te resulte difícil volver a dormir. ¿Qué tal si pones el despertador un poco más lejos de la cama para que te veas obligado a levantarte y caminar alguna distancia para apagarlo?

De esta manera, es mucho menos probable que vuelvas a la cama ya que has hecho un esfuerzo para caminar y ahora estás completamente despierto.

Aprende a replantear los errores si tu intento inicial no tiene éxito. No te rindas si tu primer intento fracasa. Inténtalo de nuevo. Trata de convertir estos errores en oportunidades sólidas. Quién sabe, intentarlo unas cuantas veces más puede ayudarte a desarrollar un hábito positivo o a abandonar un hábito negativo. Los investigadores descubrieron que nuestro cerebro tiene dos posibles respuestas ante un error: resolver el problema o desconectarse de él.

Cuando prestas atención conscientemente al error, puedes encontrar nuevas formas de combatirlo y corregirlo en el futuro. Apagarlo neurologicamente puede sentirse bien en el momento presente. Sin embargo, no te ayuda en circunstancias futuras. Observa detenidamente dónde fallas o los errores que cometes para que puedas abordarlos mejor en el futuro.

Los hábitos son bucles continuos en los que trabajamos en un nivel más automatizado. Tener un plan claro de si-entonces en su lugar para romper el círculo vicioso de un mal hábito y reemplazarlo con hábitos más positivos. Conozco personas que hacen diagramas de flujo para guiarse cuando surgen desafíos potenciales o incluso cuando logran resistir el hábito con éxito (tiempo de recompensa).

Hábito 13 - Utiliza el diálogo interno positivo

Los malos hábitos se abrieron paso en tu vida por alguna razón. Podría ser baja autoestima, estrés, falta de orientación, sensación de placer, o simplemente aburrimiento. Podrías morderte las uñas por estrés o beber en exceso debido al puro aburrimiento. Sin embargo, no hay nada que tu mente no pueda aprender a hacer cuando te entregas al diálogo interno positivo, alentador e inspirador. Los hábitos malos o negativos pueden ser sustituidos por otros positivos cuando eres honesto contigo mismo y estás comprometido en hacer cambios positivos en tu vida a través de la autodisciplina.

Puede haber mucho diálogo interno negativo durante la fase de superar malos hábitos. A veces, puede que no tengas éxito al resistir un impulso y te juzgues duramente por no poder controlar el hábito. Muéstrate algo de amor y compasión. No te sigas recordando cuánto eres malo al complacerte en el diálogo interno negativo.

Trata de adquirir el hábito de usar "pero" en tus oraciones cada vez que te sientes tentado a sucumbir al diálogo interno negativo. Independientemente de lo que digas, siempre agrega un "pero" a tu declaración para transformarla en un diálogo interno más constructivo. Por ejemplo, "No estoy en una forma perfecta ahora pero podría estarlo en los próximos meses si sigo mi dieta" o "Soy un fracaso en trabajar en este proyecto pero estoy aprendiendo cosas nuevas y puedo mejorar cada día si paso menos tiempo jugando juegos o viendo televisión".

Cada vez que te pierdes un entrenamiento, comes comida no saludable o duermes horas extras, no te conviertes en una mala persona. No es motivo para caer de nuevo en el antiguo patrón. Mucha gente comete errores unas cuantas veces y piensan que no pueden renunciar a un mal hábito. Eso no es cierto. No estás siendo un humano malo; simplemente estás siendo humano.

Más que golpearte fuertemente por todos los errores, planea posibles desafíos con anticipación y mantente animándote a través de un diálogo interno positivo. Los mejores intérpretes no son aquellos que nunca se desvían del camino. ¡Simplemente vuelven al camino más rápido que los demás!

Mantén tu diálogo interno enfocado en el presente en lugar de teñirlo con ansiedad por el futuro. Cuando te sientas atrapado en un hábito o situación, piensa en cómo puedes cambiarlo en el presente y deja que tu diálogo interno gire en torno a ello.

Capítulo Cuatro: Ganando el Juego de Gestión del Tiempo

"El tiempo es la moneda más valiosa en tu vida. Tú y solo tú determinarás cómo se gastará esa moneda. Ten cuidado de no permitir que otras personas la gasten por ti." - Carl Sandburg.

¿Alguna vez te has preguntado por qué mientras todos tienen 24 horas en un día, algunas personas logran hacer tanto en un día y otras apenas logran pasar con sus tareas? Todo se trata de administrar el tiempo y maximizar la productividad. Con las técnicas correctas, estrategias e ideas ingeniosas, puedes aprovechar al máximo el día. Cuando alguien dice que no tiene tiempo para hacer varias cosas, simplemente significa que no tienen la capacidad de planificar su tiempo muy bien. Administrar bien tu tiempo te hace más eficiente, productivo, libre de estrés y orientado a objetivos o metas.

Aquí tienes algunos de mis mejores consejos para administrar bien tu tiempo y maximizar la productividad.

Día 14 - Priorizar tareas

El coautor de "First Things First", Stephen Covey, ha propuesto un excelente truco para priorizar tus tareas en cuatro categorías basadas en dos parámetros - importante y urgente.

Mira cuidadosamente cómo pasas el tiempo a lo largo del día. ¿Cuáles son las actividades típicas que consumen tu tiempo? Clasifica cada tarea en tu lista de cosas por hacer en una de las cuatro clasificaciones. Las tareas que son importantes y urgentes deben abordarse primero, ya que tienen límite de tiempo y también son importantes. No pospongas estas tareas para después y termínalas de inmediato. Puede tratarse de un proyecto importante y con límite de tiempo que tienes que entregar en un par de días o de una cita médica para un tema importante relacionado con la salud.

Las próximas dos categorías son importantes pero no urgentes y urgentes pero no importantes. En la primera categoría, puedes tener tiempo pero sigue siendo importante y necesita completarse. Por ejemplo, puedes tener que presentar una propuesta inicial a un cliente potencial que no tiene prisa por recibirla. Puede que no tenga un límite de tiempo, pero son una empresa/cliente importante.

Dale tu tiempo porque es importante. El último "urgente pero no importante" puede ser tareas limitadas por el tiempo que en realidad no valen la pena apresurarse. Pueden no tener mucho valor al completarse. Por ejemplo, alguien puede decirte que se está retrasado con un plazo y que por favor lo ayudes con un proyecto. Puede parecer urgente pero tiene poco valor o importancia para ti. Si no es importante para ti, es mejor que te centres en cosas que sean urgentes e importantes o al menos importantes para ti. Estas tareas pueden ser delegadas a otras personas.

Toma, por ejemplo, que estás manejando a un cliente importante y a otro cliente de menor tamaño que no tiene mucho presupuesto y apenas está comenzando y necesita tus servicios de manera oportuna. Ya estás ocupado con un cliente grande y aunque todos los clientes son importantes, el pequeño no va a añadir mucho valor a tu negocio u organización. Por lo tanto, aunque el trabajo del cliente es urgente, no es tan importante para ti como lo es un cliente más grande. Puedes delegar la comunicación con el cliente más pequeño a un subordinado, lo cual puede ayudarte a enfocarte en el cliente más grande y más importante que está añadiendo mayor valor a la organización.

Del mismo modo, algunas pequeñas tareas administrativas pueden ser urgentes pero no son importantes desde tu perspectiva o la de la empresa. Estas pueden ser subcontratadas o delegadas para hacer tiempo para tareas más urgentes e importantes. Así es como priorizas y gestionas el tiempo.

De manera similar, la última categoría son tareas que no son importantes ni urgentes. Están destinadas a figurar en la parte inferior de la lista ya que no tienen límite de tiempo ni tienen mucho valor. Todas tus actividades poco productivas como navegar por la red sin rumbo, pasar tiempo en las redes sociales, jugar juegos virtuales, ver televisión durante horas y otros empeños inútiles entran en esta lista. No caigas en cosas de baja prioridad que te dan la idea de estar ocupado. Déjalo solo después de que hayas completado las tareas en las otras tres categorías.

Comience cada día enumerando al menos tres o cuatro tareas que son importantes y urgentes, las cuales deben ser abordadas de inmediato. Marque en su lista una vez que las complete. Esto le concederá una sensación de logro y lo mantendrá enfocado en sus metas.

Día 15 - Dominar el arte de decir un no firme

Eres el único jefe de tu día y actividades. Tienes control total sobre lo que quieres y no quieres hacer, lo que significa que tienes todo el derecho de rechazar actividades que no encajan con tu objetivo o son de baja prioridad para ti.

Conozco a muchas personas cuyo horario se descontrola por completo simplemente porque no pueden decir un no asertivo a las personas, debido al miedo de parecer groseros o desconsiderados.

Bueno, milagrosamente, están bien siendo groseros e injustos con ellos mismos. Si eres uno de ellos, comienza a decir que no hoy! Esto no significa que no ayudes a las personas o que no te tomes tiempo para los demás. Simplemente significa no permitir que las personas se aprovechen de ti para ocupar tu tiempo en sus tareas cuando tienes tareas de alta prioridad que deben ser terminadas. Cualquier cosa que no te haga productivo puede que no valga la pena el tiempo y el esfuerzo.

No seas siempre una persona que busca agradar a los demás. Sé rápido y firme. No te demores demasiado cuando se trata de responder a solicitudes que no deseas cumplir o no tienes tiempo para cumplir. Si estás indeciso y necesitas más tiempo, reconoce su solicitud y pide más tiempo para responderles. Además, cuando digas que no, asegúrate de darles una razón clara.

Deja que la otra persona entienda por qué respondiste de una manera en particular en lugar de simplemente leer una respuesta breve y contundente. "Por qué" hará que les resulte más fácil digerir el hecho de que simplemente no estás listo para la tarea en este momento. Además, sé más directo, no te entretengas y luego termines dando una excusa pobre en el último minuto. Cuando sabes que no puedes hacer algo, sé claro y contundente desde el principio. Esto ayudará a la otra persona a buscar alternativas en lugar de depender de ti.

Mantén tu respuesta simple y directa, ofreciendo una clara razón para decir no. Sé directo, claro y firme. Utiliza frases como: "Gracias por acercarte a mí para ayudarte con este proyecto, pero me temo que no es el mejor momento para asumir más trabajo." Mantén tu postura (lenguaje corporal) asertiva y firme. No te sientas culpable ni te disculpes demasiado.

Al igual que alguien piensa que tiene derecho a pedirte un favor, tú también tienes derecho a negarte. Entiende que has rechazado la petición de la persona y no a la persona en sí. Esto te ayudará a ser más fiel y justo contigo mismo.

Haz tiempo para las cosas que son importantes o que te importan más que simplemente decir que sí sin pensarlo. Conoce las consecuencias de cumplir con una solicitud cuidadosamente antes de aceptarla. Por ejemplo, si aceptas ayudar a un amigo a mudarse durante el fin de semana, tendrás que cancelar un viaje de fin de semana con otros amigos.

¿Estás dispuesto a renunciar a ayudar a un amigo a mudarse? ¿Puede él o ella encontrar a otra persona para que no tengas que sacrificar un viaje preplanificado? ¿Está el amigo dispuesto a esperar otra semana para que puedas hacer ambas cosas, ayudarle a mudarse y disfrutar del viaje? Conoce las consecuencias de tu decisión y piensa en todas las opciones posibles si realmente quieres ayudar.

Si no quieres ayudar, un simple y contundente "Lo siento, me encantaría ayudarte a mudarte pero ya tengo un viaje planeado para este fin de semana" debería ser suficiente. No debes sentir la necesidad de explicarte demasiado después de tomar una decisión.

Ten cuidado con las tácticas que la gente usa para inducir un sentimiento de culpa en ti. Todas estas son tácticas de persuasión. A veces, puedes rechazar una gran solicitud y las personas pueden proponerte una más pequeña con la esperanza de que la aceptes por culpa de haber rechazado la primera. Di un no firme y claro también para la segunda solicitud si no estás interesado. No te convierte en una mala persona.

Las personas intentarán compararte con otros solo para que aceptes su solicitud. Simplemente di que eres tu propia persona y lo que alguien más haga no tiene ninguna consecuencia para ti. No estás obligado/a a decir "sí" solo porque alguien más lo hizo.

Ofrece un cumplido y expresa gratitud si no quieres que tu "no" parezca demasiado insensible. Por ejemplo, si un amigo te pide que cuides a su hija mientras están fuera en una fiesta, di algo como, "Realmente me siento honrado de que confíes en mi para cuidar a Suzie. Realmente significa mucho para mí que confíes en mí para cuidar a tu hija porque sé que ella lo es todo para ti. Sin embargo, estoy trabajando en un proyecto importante y no podré cuidarla esta noche. No sería justo para mi trabajo ni para Suzie si intentara hacer malabarismos con ambos." Ahí lo tienes, acabas de decir que no de la manera más amable posible.

Hábito 16 - La técnica Pomodoro

Esta es una técnica de gestión del tiempo en la que muchas personas exitosas de todo el mundo confían. Es una estrategia simple pero sorprendentemente eficaz para gestionar bien tu tiempo.

La técnica fue desarrollada por primera vez por Francesco Cirillo en los años 80. Usando esta técnica, se establece un temporizador para una tarea predecidida de 25 minutos. Una vez que los 25 minutos han pasado, marcas la tarea como completada. Esto es la finalización de un único ciclo de pomodoro.

Cirillo usaba un temporizador de cocina en forma de tomate

como su temporizador y el nombre se quedó. Pomodoro es italiano para tomate.

Si tienes menos de cuatro marcas de verificación en la lista, te otorgas a ti mismo/a un pequeño descanso de 5 minutos. Sin embargo, si completas exitosamente cuatro ciclos de pomodoro de 25 minutos cada uno, te premias con un descanso más largo de 15-30 minutos.

Después de completar cada cuatro pomodoros, tomas un descanso largo (15-30 minutos). Después de completar cada pomodoro, puedes tomar un descanso mini de 3-5 minutos antes de volver al próximo ciclo o pomodoro. Si completas la tarea antes de 25 minutos, el tiempo restante se debe dedicar a aprender o adquirir conocimiento sobre cómo realizar la tarea específica de manera más efectiva.

El objetivo de la técnica es minimizar distracciones internas y externas al completar una tarea. Es para abrir paso a un mayor enfoque, esfuerzo y fluidez. Inviertes toda tu energía en una sola tarea durante 25 minutos seguidos, asegurando así pocas distracciones y resultados óptimos. Haciendo cálculos simples, completas cuatro pomodoros o 100 minutos de trabajo con 15 minutos de descanso entre ellos. Después de esto, tomas un descanso de 15-30 minutos. Cualquier interrupción durante un pomodoro en marcha se retrasa hasta que el pomodoro de 25 minutos termine.

Por ejemplo, si recibes una llamada, simplemente le dices a la persona que volverás a llamar en la próxima media hora.

¿Cómo pueden ayudar las pausas frecuentes?

Descansos frecuentes ayudan a mantener tu mente enfocada, refrescada y pensar con claridad. Según la página oficial de Pomodoro, la técnica es altamente efectiva y los resultados se pueden ver casi de inmediato (en un día o dos). Usa la técnica durante una a tres semanas consecutivas y la dominarás.

La técnica funciona porque te enfocas de manera enfocada en completar una tarea a la vez en lugar de hacer varias cosas a la vez. Cuando un reloj está tictaqueando frenéticamente en tu escritorio y tienes que completar una tarea en los próximos 25 minutos, pasarás por alto cualquier otra cosa sin sentido como revisar correos electrónicos o tu feed de redes sociales. Puede ser un cambio de juego en la productividad personal si entiendes su potencial.

No solo dejarás de trabajar mientras haces varias otras cosas sin sentido al mismo tiempo, sino que también desarrollarás un sentido de urgencia y enfoque.

Muchos de nosotros tenemos esta irritante tendencia a pasar más tiempo en una tarea de lo necesario en un intento por lograr la sobre-perfección.

La técnica Pomodoro te ayudará a dividir tu tiempo para completar múltiples tareas sin necesidad de dedicar más tiempo del necesario en una sola tarea y retrasar todas las demás. También desarrollarás mayor auto disciplina, niveles más altos de concentración y más fuerza de voluntad. ¿Te puedes imaginar la cantidad de estrés que se reduce cuando te enfocas solo en una tarea a la vez?

Hábito 17 - Superar las distracciones

Uno de los aspectos más importantes de la autodisciplina es eliminar o resistir las distracciones cuando tienes tareas importantes por completar o se beneficiaría más invirtiendo tu tiempo en actividades productivas. Controla las interrupciones, especialmente aquellas que provienen de las redes sociales y aplicaciones de mensajería. Estas son los insidiosos y adictivos ladrones de tiempo.

Se requieren reservas masivas de fuerza de voluntad para cerrar la puerta a estas distracciones aparentemente interesantes y convincentes. En lugar de estar siempre en varias cosas al mismo tiempo, tómate un tiempo para estas cosas "interesantes" durante un descanso.

Cada vez que logres apartar una distracción con éxito, date un premio con un descanso en el que puedas hacer todas las actividades diversas que no forman parte de tu trabajo, como revisar las fotografías de vacaciones de tu amigo en Instagram o ponerte al día con un amigo en el mensajero instantáneo para hacer planes para el fin de semana.

Mantén tu entorno libre de distracciones mientras trabajas o completas tareas importantes. Por ejemplo, retira todos los dispositivos de tu sala de trabajo o escritorio. En cambio, mantén solo carteles motivacionales, libros y documentos relacionados con el trabajo en la habitación o escritorio.

Hábito 18 - Hacer auditorías de tiempo

Me gusta hacer una auditoría del tiempo, aunque suene gracioso. Me permite medir y llevar un registro de dónde paso la mayoría de mi tiempo. Esto, a su vez, me ayuda a identificar actividades inútiles y reducir el tiempo dedicado a estas actividades.

Realice una auditoría de siete días para saber exactamente en qué está gastando su tiempo. Utilice una aplicación de teléfono inteligente o registre físicamente la cantidad de tiempo que se dedica a cada tarea. Incluso si juega un juego por minutos entre el trabajo, regístrelo. Hablamos antes de los cuatro cuadrantes (basados en urgente e importante). Ponga un conteo en contra del cuadrante al que pertenece una tarea. Al final de la semana, sume todo y calcule en qué cuadrante pasó más tiempo. ¡Los resultados pueden ser aterradores! Sabrá que es hora de ponerse las pilas si el recuento para las tareas de 'no urgente y no importante' es alto.

Hábito 19 - Ser madrugador

Lo discutí brevemente en un capítulo anterior, pero créeme, si me pidieras mi consejo favorito de gestión del tiempo, sería empezar lo más temprano posible. Te dará una ventaja como ninguna otra cosa. Mark Twain dijo una vez famosamente, "Si tu trabajo es comer una rana, es mejor hacerlo primero en la mañana. Y si tu trabajo es comer dos ranas, es mejor comer la rana más grande primero." Esto resume todo acerca de la gestión del tiempo en realidad.

Si te sientes abrumado por la perspectiva de tener que hacer mucho en un solo día, comienza temprano. Ten todo lo que necesitas para realizar la tarea listo el día anterior para que no pierdas tiempo tratando de resolverlo en el último minuto.

Por ejemplo, si estás preparando un informe importante basado en hechos y cifras que has recopilado durante un período de tiempo, asegúrate de que todos los documentos estén perfectamente ordenados en una sola carpeta para que la información sea más accesible para ti. Si tienes toda tu investigación lista, puedes empezar a preparar el informe inmediatamente al día siguiente en lugar de perder tiempo tratando de encontrar documentos de investigación dispersos por todas partes.

De manera similar, si tienes una reunión importante programada para el siguiente día, ten listas tus prendas y accesorios la noche anterior. De esta forma, no perderás tiempo ni te estresarás (cuando ya estás estresado por la reunión) pensando en qué ponerte. Podrás dedicar ese tiempo y energía a concentrarte en lo que debes decir durante la reunión o en cómo representarte a ti mismo o a tu compañía de la mejor manera.

Si tienes más de una tarea que realizar durante el día y todas son importantes, elige la tarea más difícil primero. La idea es completar la tarea más desafiante o difícil para el mediodía. Una vez que completes una tarea aparentemente grande o desafiante, sentirás un fuerte sentido de logro. Esto te motivará a abordar las demás tareas con una actitud más positiva.

Cuando sabes que tienes muchas tareas que completar a lo largo del día o tienes un día largo por delante, evita quedarte despierto hasta tarde. Ve a dormir temprano, disfruta de un sueño ininterrumpido de 7-8 horas, y levántate temprano para empezar a trabajar con una mente fresca. Ver Netflix hasta medianoche y despertarte con los ojos somnolientos no va a contribuir hacia tus metas. Si acaso, traerá más beneficios a Netflix pero tus metas personales/profesionales del día pueden quedar sin cumplir o cumplirse de manera poco efectiva.

Una de las cosas más ineficaces que puedes hacer es sumergirte en un día de trabajo sin tener absolutamente ninguna idea de lo que necesitas hacer. Imagina pasar una hora tratando de pensar o planificar lo que necesita hacerse a lo largo del día, cuando podrías haber utilizado ese tiempo para comenzar las actividades del día y terminar temprano.

Ahora, terminarás terminando tarde, lo que significa que no tendrás tiempo ni energía para planificar las tareas del día siguiente. Estás atrapado en un círculo vicioso sin darte cuenta. Seguirás saltando de una tarea a otra y perdiendo tiempo valioso. Ser disciplinado significa planificar tu día con antelación para aumentar la productividad.

Tómate unos minutos para despejar tu escritorio de trabajo

un día antes y hacer una lista de las cosas que necesitan ser abordadas al día siguiente. Se le llama la técnica de descompresión. Te sentirás mucho más fresco y rejuvenecido cuando entres en un escritorio más limpio a la mañana siguiente. Llega un poco temprano y comienza a reunir tu material de trabajo. Esto literalmente puede ser la parte del día que determine qué tan productivo serás durante todo el día.

Hábito 20 - Sigue la regla del 80-20

Esta es otra maravillosa técnica de gestión del tiempo, productividad y autodisciplina conocida como el Principio de Pareto. La regla se basa en el hecho de que el 80 por ciento de nuestros resultados provienen del 20 por ciento de nuestro esfuerzo, y el 20 por ciento restante de nuestros resultados se originan en el 80 por ciento de nuestros esfuerzos. Esta regla también es aplicable en ventas y negocios, donde el 80 por ciento de las ventas de un negocio provienen del 20 por ciento de sus clientes.

Identifica cuáles son esas tareas del 20 por ciento que están contribuyendo al 80 por ciento de tus resultados. Escala estas tareas. Por ejemplo, puede que notes que entrenar a tu personal y delegar tareas les está llevando el 20 por ciento de tu tiempo pero generando el 80 por ciento de los resultados. Puede que quieras ampliar esto ya que obviamente te está ayudando a optimizar tu tiempo. Del mismo modo, identifica el 80 por ciento de esas tareas ineficaces que solo están contribuyendo al 20 por ciento de los resultados y reduce su importancia.

Hábito 21 - Dedica un tiempo separado para enviar y responder correos electrónicos.

Una de las cosas que consume mucho tiempo es responder correos electrónicos a lo largo del día, a menos que hayas contratado a alguien para que responda específicamente a los correos electrónicos. También es una gran distracción tener correos electrónicos apareciendo a lo largo del día cuando estás tratando de enfocarte en completar una tarea importante en ese momento.

La mejor manera de abordar la amenaza del correo electrónico es apartar un tiempo separado para revisar y responder a los correos en lugar de hacerlo a lo largo del día, interrumpiendo así el flujo o impulso de tu tarea. Si algo requiere atención inmediata, es más probable que una persona te llame o envíe un mensaje de texto. Es más difícil volver al ritmo de la tarea una vez que eres interrumpido. A menos que estés esperando un correo electrónico realmente importante, apaga tu correo electrónico y aparta un momento al final del día para responder a todos los correos.

Hábito 22 - Eliminando la procrastinación

Piensa en un tablero de dardos como las actividades del día entero. Si has dado en el blanco justo en el medio del tablero de dardos, has dado en el ojo del toro. Sin embargo, si estás rondando alrededor del ojo del toro, no estás dedicando tu tiempo a actividades constructivas y solo estás retrasando tareas importantes. La procrastinación es el virus insidioso que envenena tu productividad y reduce tu apetito por mantenerse firme en las tareas que contribuyen positivamente a tus objetivos. El principal enemigo de la productividad, la gestión del tiempo y la autodisciplina es la procrastinación.

Aquí tienes algunos consejos prácticos y altamente efectivos para superar la procrastinación.

Evite soplar tareas más allá de lo que son. A menudo exageramos una tarea de forma engañosa diciéndonos que toda nuestra carrera, vida o negocio depende de esta única cosa. Cuando crees que tu vida depende de esta tarea, estás poniendo un estrés excesivo en ti mismo. Esto te lleva a adoptar una mentalidad de excusas donde buscas una razón para retrasar la acción. Te estás presionando y abrumando hasta la inacción.

Deja de decirte a ti mismo que solo porque no puedas hacer una tarea perfectamente, no deberías hacerla en absoluto o posponerla hasta un momento en que puedas hacerla perfectamente. Esto no es más que una excusa envuelta en el elegante papel de la perfección. La acción imperfecta suele ser mejor que la inacción. Comenzar es mejor que ser perfecto. Adquirirás la perfección en el camino una vez que empieces. No esperes no actuar y desarrollar la perfección automáticamente.

Cambia tu percepción sobre elegir hacer algo en lugar de tener que hacerlo. La procrastinación ocurre cuando crees que tienes que o estás obligado a hacer algo. Por el contrario, "elegir hacerlo", es algo que disfrutas hacer. Por ejemplo, cuando tu cónyuge te insiste en arreglar un problema de fontanería, procrastinas porque crees que "tienes que" hacer algo porque tu cónyuge quiere que lo hagas.

Esto te lleva a estar más cerca de la idea de completar la tarea y eliges pasar tiempo viendo películas y jugando juegos en lugar de arreglar el problema de fontanería. Sin embargo, cuando cambias la percepción y lo ves como algo que eliges para mantener tu casa en orden y a tu pareja feliz, es más probable que lo hagas. Un pequeño cambio en nuestra perspectiva puede eliminar la procrastinación. No "tienes que" arreglar el problema de fontanería, "eliges" arreglar el problema de fontanería.

Un consejo que funciona de maravilla para mí cuando se trata de vencer la procrastinación es dividir una tarea grande en partes más pequeñas. Cuando la tarea que quieres abordar es bastante grande, es más fácil intimidarse por la perspectiva de terminarla.

Un estudio realizado por científicos del comportamiento encontró que cuando los niños veían televisión y no entendían lo que estaban viendo, apartaban la mirada de la televisión. De manera similar, cuando no entendemos por dónde empezar y qué hacer, tendemos a buscar distracciones. En lugar de sentirnos abrumados y no saber por dónde comenzar, divide la tarea en piezas pequeñas y aborda una a la vez.

De manera similar, divide una tarea en plazos más cortos para que no luches por completarla un día antes de la fecha límite. Por ejemplo, si tienes que entregar un informe de 12 páginas en las próximas 3 semanas, no vayas con un plazo de 21 días. En su lugar, establece un plazo de 7 días para cada 4 páginas. Termina 4 días a la semana y comienza con las siguientes 4 durante la semana siguiente. Divide un proyecto grande en subtareas y establece una fecha límite clara para cada subtarea. Esto te asegura que trabajes en un proyecto de manera constante durante el período de 3 semanas en vez de dejarlo todo para el final.

Dividir las tareas en plazos fragmentados significa que no estás despierto durante 48 horas para completar el informe unos días antes de la fecha límite de entrega. Te estás dando el tiempo suficiente para escribir bien el informe y entregarlo a tiempo.

Haz una tarea interesante si simplemente la estás posponiendo porque es aburrida. No comenzarás si encuentras algo poco inspirador y aburrido, lo cual retrasará la tarea hasta que sea demasiado tarde. Por ejemplo, si estás posponiendo una visita al supermercado porque la ves como una tarea aburrida, busca maneras de hacerla más desafiante. Hazlo un juego en el que encuentres todos los productos de tu lista en 30 minutos con un presupuesto preestablecido. Si logras comprar todo dentro del tiempo y presupuesto dados, has ganado.

Date un gusto con una taza de café en tu cafetería favorita o cómprate un helado. Otro consejo increíble que funciona de maravilla es la penalización. Así como te premias cada vez que logras completar una tarea a tiempo o resistes la tentación de caer en un mal hábito, te estableces una penalización si no completas una tarea de acuerdo con los plazos preestablecidos.

Por ejemplo, digamos que decides escribir un capítulo de tu novela cada día. Cuando falles en escribir un capítulo, pondrás $15 en un fondo. Al final del mes, dona ese dinero a una fundación en la que no creas o no te guste. ¿Qué te parece esta penalización retorcida? Te odiarás por regalar dinero precioso a una fundación cuyas ideas no crees, lo que te impulsará a completar tu objetivo cada día.

Aunque a simple vista, planificar tiempo para jugar pueda parecer contrario a la intuición, es uno de los mejores trucos cuando se trata de vencer la procrastinación. Cuando te das suficiente tiempo para relajarte, jugar y participar en actividades de ocio, estás reduciendo la tentación de distraerte mientras completas una tarea importante.

Por ejemplo, si sabes que vas a salir a jugar al golf con tus amigos después de las 4 pm, es más probable que estés más entusiasmado por completar una tarea que si simplemente estás pasando un día lleno de tedio. Date algo que esperar para que estés lo suficientemente motivado para completar una tarea sin distracciones. Puede ser cualquier cosa, desde una película que planeas ver más tarde en la noche hasta una comida en tu restaurante favorito. La idea es hacer que la perspectiva de terminar tu trabajo sea interesante para que no lo demores.

Hábito 23 - Seleccione su propia canción de procrastinación

Elige una canción de tu elección que te haga sentir lleno de energía, inspirado y listo para salir y conquistar el mundo. Reproducirla cada vez que tengas que lidiar con una tarea en la que has estado posponiendo. El cerebro tiene un disparador para crear nuevos hábitos. Cada vez que reproduces la canción y completas tus tareas, tu cerebro asocia la canción con el "hacer". Es más probable que cumplas cuando te sientes maravilloso en cuerpo y mente.

Hábito 24 - Evita esperar hasta que estés de humor

Cuando se trata de hacer cosas, seguimos diciéndonos a nosotros mismos que no estamos de humor. Sucede incluso a los mejores. Esperamos hasta sentir que estamos de "humor" para hacer algo. No tienes que estar de humor para tomar acción. Por ejemplo, si quieres ser un autor, tienes que fijar un tiempo y objetivo para escribir cada día, independientemente de si estás de humor o no. Escoges un momento para sentarte y escribir un número designado de páginas cada día. ¡Así es como funciona cuando tienes que hacer cosas!

No puedes estar emocionado e inspirado todo el tiempo, incluso si estás en una profesión creativa. A veces, simplemente tienes que salir y hacer el trabajo, ya sea que tengas ganas o no. Debes tomar acciones consistentes en la dirección de tus metas sin importar si sientes ganas de hacerlo o no.

Hábito 25 - Establecer recordatorios periódicos

Establezca alarmas en su teléfono u otros dispositivos o cree recordatorios visuales de tareas que se deben completar.

Establezca un recordatorio para la fecha límite final. Sin embargo, también establezca recordatorios para sub-fechas límite para mantenerse en el camino a lo largo del proceso.

Por ejemplo, digamos que tienes un proyecto que debes entregar en las próximas 3 semanas. Puede que quieras programar recordatorios no solo para el final de los 21 días, sino también para el día 7, 10, 15 y 17. Esto te asegura que no estarás corriendo como un ave sin cabeza el último día de tu plazo para completar la tarea. Te recordarán de la tarea a lo largo de su curso, lo que es más probable que te mantenga en horario.

Hábito 26 - Siestas poderosas

Las siestas cortas funcionan maravillosamente bien para mí. Cuando has estado trabajando por mucho tiempo y tu cuerpo siente como si se estuviera alejando, no luches o resistas. En su lugar, escúchalo y disfruta de una siesta breve y revitalizante. Incluso una siesta de 7-15 minutos es suficiente para recargar tus sentidos y rejuvenecer tu espíritu. El cerebro obtiene el descanso que tanto necesita y estás listo para continuar con otra tarea.

No siempre es posible alejarse del trabajo o encontrar tiempo para incluso hacer un ejercicio breve para aclarar la mente. En ese escenario, lo mejor es tomar un descanso en el baño o estirarse/meditar por un par de minutos. ¡Todo lo que tu cerebro necesita son unos minutos!

Capítulo Cinco: Dominando Hábitos Positivos

Los humanos son criaturas de hábito. Si te rindes cuando las cosas se ponen difíciles, será mucho más fácil rendirse la próxima vez. Por otro lado, si te fuerzas a seguir adelante, la determinación comienza a crecer en ti. - Travis Bradberry

En el corazón de casi todas las personas exitosas está su habilidad para ser disciplinadas, sin importar si se trata de su vida personal o profesional. Comienza con una capacidad intrínseca para ejercer autocontrol y disciplina en todo lo que hacen. Todo, desde sus pensamientos hasta emociones, acciones y hábitos, está impulsado por un fuerte sentido de disciplina.

Si quieres lograr grandes metas, la autodisciplina es, de hecho, el ingrediente principal en la receta de tu éxito. Es fundamental en el proceso de alcanzar tu objetivo y llevar una vida más satisfactoria.

Aristóteles comentó una vez famosamente: "Los buenos hábitos formados en la juventud pueden marcar toda la diferencia." Formar estos hábitos no es posible si no tenemos la capacidad de disciplinar nuestros pensamientos y acciones. El 40 por ciento de nuestro comportamiento es impulsado por hábitos, lo que significa que son fundamentales para el proceso de lograr nuestros objetivos y llevar una vida más disciplinada. Cuando un comportamiento es constantemente repetido, se convierte en un proceso subconsciente y permite a la mente enfocarse en otras tareas.

Aquí están algunos de los hábitos más positivos que, si se practican de manera consistente, pueden transformar completamente tu vida.

Hábito 27 - Practicar la gratitud

Mucho de nuestra vida se pasa queriendo o deseando cosas, lo cual no es tan malo porque nos impulsa a alcanzar nuestro potencial. Sin embargo, practicar la gratitud nos hace contar nuestras bendiciones y nos ayuda a comprender que somos afortunados de tener los regalos que disfrutamos, eliminando así lo negativo como la codicia y los deseos en exceso. Desarrolla este simple hábito hoy y nota el cambio en tu vida en los próximos días.

La gratitud tiene muchos beneficios positivos. No solo mejora nuestra salud mental y emocional, sino que también cambia la perspectiva de un estado de "falta de cosas" a un estado de "abundancia".

Piensa en vivir en un estado de carencia. ¿Cómo se siente cuando crees que te falta algo en lugar de creer que tienes algo en abundancia? Es virtualmente imposible concentrarse en ser disciplinado y lograr tus metas cuando operas desde un punto de vista de "falta de". Estamos tan consumidos por lo que nos falta que estamos siempre viviendo en un estado de miedo e inseguridad. Nuestras energías mentales se enfocan en lo que nos falta en lugar de en lo que podemos tener, y en lo que podemos lograr.

Acostúmbrate a expresar gratitud por tus bendiciones hoy. Al final de cada día, haz una lista de diez cosas que sucedieron durante el día por las que estás agradecido o diez regalos con los que has sido bendecido y por los que estás verdaderamente agradecido. Piensa en un conjunto de regalos diferente cada día.

Te sorprenderás por la cantidad de bendiciones que tienes. Puede ser cualquier cosa, desde los ojos que te permiten ver el maravilloso mundo que te rodea, hasta las piernas que te ayudan a correr el maratón, pasando por la educación que te ayuda a crear informes excelentes en el trabajo y el techo sobre tu cabeza. Expresa gratitud hacia las personas y las cosas que posees. Incluso si crees que no tienes nada por qué estar agradecido, piensa y busca con intensidad. Siempre encontrarás bendiciones por las que agradecer. Incluso el bolígrafo y el papel que tienes en tu mano mientras haces tu lista son una bendición.

El hábito de la gratitud te somete a un menor estrés, te ayuda a ser más positivo y transforma tus pensamientos. Te vuelves aún más motivado y decidido a alcanzar tus metas cuando eres consciente de las bendiciones en tu vida.

Hábito 28 - Practicar el perdón

Imagina pasar una gran parte de tu día consumido por sentimientos de ira, odio, venganza, culpa y otras emociones negativas que te impiden concentrarte en actividades o tareas más productivas. El odio consume mucha más energía en comparación con el perdón y el amor. Cuando aprendemos a dejar ir las cosas, no le haces un favor a la otra persona.

De hecho, nos hacemos un gran favor desviando la energía llena de odio hacia metas más productivas. No te centres demasiado en cómo alguien te perjudicó o actuó injustamente contigo. Más bien, concentra tus pensamientos y energías en lograr tus objetivos.

Si alguien te hiere, simplemente aprende a perdonar. No significa que hayas olvidado lo que te han hecho. Simplemente significa que has elegido liberar la energía negativa de tu cuerpo, mente y espíritu. Aunque el perdón no se relaciona inmediatamente con la autodisciplina a simple vista, profundiza y te sorprenderás al notar cuánto de tu tiempo, energía y pensamientos son consumidos por pensamientos vengativos.

Pon todo por escrito para hacer el proceso de perdón aún más efectivo. Piensa en todos los que te han perjudicado o no te han tratado bien. Escribe la razón por la que has decidido perdonarlos en lugar de guardar rencor. Trata de ser más empático colocándote en su lugar.

Intenta entender por qué hicieron lo que hicieron. ¿Cómo actuarías en una situación similar? Uno de los mejores enfoques que siempre funcionan para mí es tratar de encontrar un poco de humor en la situación. Además, intenta aprender una lección importante y eventualmente déjalo ir.

Te sorprenderás por la cantidad de energía positiva que creas en tu vida cuando puedas avanzar más allá del odio, el dolor y la animosidad. El tiempo que pasabas preocupándote y estresándote por acontecimientos negativos en tu vida ahora se usará para acercarte más a tus metas o tu vida soñada. Deja de pensar en lo que no querías y en cambio concéntrate en la vida que deseas crear adelante.

Hábito 29 - Comer sano

Lo que no nos damos cuenta es que los seres humanos pasan gran parte de su energía procesando y digiriendo los alimentos que consumen. Cuando comemos alimentos ricos en carbohidratos o grasas, el cuerpo necesita mucha energía para procesar y digerir alimentos que tienen poco valor para el cuerpo.

Por otro lado, las frutas y verduras crudas nos ofrecen un impulso de energía. Son más fáciles de digerir y no consumen mucha energía en el proceso de digestión. Esto nos deja con más energía, por eso nos sentimos más activos y concentrados. Es difícil ser disciplinado cuando no tenemos la energía para enfocarnos en una tarea. Si te sientes demasiado adormilado después de comer comidas pesadas, grasosas y ricas en carbohidratos, se hace difícil concentrarse. Aleja esa sensación de letargo incluyendo más alimentos crudos, frescos y no procesados en tu dieta.

Resiste la tentación de consumir alimentos con alto contenido de almidón, artificialmente endulzados, procesados, enlatados y chatarra. En su lugar, opta por alimentos enteros que sean ricos en nutrientes y que ofrezcan al cuerpo la energía adecuada para mantenerse enfocado y disciplinado. Intenta comer en porciones pequeñas y ejercer la moderación o el equilibrio.

Creas o no, la comida que comemos afecta la composición neurológica de nuestro cerebro. Tiene un impacto considerable en la conexión física y mental de nuestro cuerpo. Opta por cereales integrales, alimentos crudos, nueces enteras y alimentos orgánicos, y disminuye la cantidad de comida chatarra de tu dieta. La próxima vez que sientas la tentación de picar papas fritas, intenta reemplazarlas con rodajas de verduras frescas sumergidas en hummus u otro aderezo recién hecho y delicioso.

Hábito 30 - Desarrollar patrones de sueño saludables

El sueño es una parte enorme de la autodisciplina. Está directamente relacionado con nuestra capacidad de enfocarnos y concentrarnos en las tareas que tenemos entre manos. Fíjate en cómo cuando no duermes lo suficiente (no se trata de levantarse de la cama del lado equivocado), afecta negativamente tu estado de ánimo, concentración, juicio, toma de decisiones, eficiencia, productividad y mucho más. Se vuelve aún más grave con investigaciones que sugieren que las personas privadas de sueño tienen un mayor riesgo de desarrollar enfermedades graves y un sistema inmunológico reducido.

Es importante dormir al menos 7-8 horas cada día. Evita ver televisión o pasar tiempo en dispositivos electrónicos un par de horas antes de ir a la cama para disfrutar de un sueño más relajado. Deja de consumir cafeína al menos 5-6 horas antes de acostarte para evitar interrumpir el flujo natural de tu ciclo de sueño. Si quieres dormir mejor, evita el consumo de alcohol, nicotina y comida chatarra.

Hábito 31 - Organiza tu espacio, pensamientos y vida

Organizar tu espacio, pensamientos y vida es fundamental en el proceso de desarrollar una mayor autodisciplina.

Comience con su espacio personal y de trabajo. En lugar de tener documentos esparcidos, use carpetas etiquetadas para almacenarlos. De esta manera, cuando necesite una hoja de papel importante, no perderá tiempo buscándola en todas partes.

Mantiene tu escritorio acogedor, positivo, organizado y limpio. Un espacio de trabajo limpio refleja una mente organizada y libre de desorden que es capaz de generar ideas frescas.

Regala cosas que no necesitas o aquellas que ya no cumplen ningún propósito en tu vida para dejar espacio a cosas nuevas. Dona a una ONG u organización para los menos privilegiados. A menudo, las cosas viejas están ligadas a viejos recuerdos dolorosos (especialmente pertenencias que nos recuerdan relaciones pasadas) que nos impiden avanzar. Estamos retenidos por sentimientos de culpa, vergüenza y arrepentimiento, que nos impiden enfocarnos en lo nuevo.

Si todo tu espacio de oficina o de trabajo en casa está desorganizado, intenta abordar un cajón a la vez, ya que organizar todo de una sola vez puede ser abrumador. Toma un pequeño espacio a la vez durante los próximos siete días. Incluso cuando se trata de despejar u organizar tu hogar, toma una habitación o una sección de una habitación a la vez en lugar de intentar ser superhumano al organizar toda la casa en un día. Si has organizado o limpiado tu hogar durante días, no será posible de repente ponerlo en orden y limpio en unas pocas horas a menos que tengas ayuda.

Asegúrate de que cuando cojas o uses algo, lo devuelvas a su lugar original por mucho que te tiente dejarlo por ahí. De esta manera sabrás dónde buscarlo cuando lo necesites y ahorrarás tiempo precioso.

Invariablemente fortalecerás tu músculo de autodisciplina cuando tus pensamientos, el espacio que te rodea y tu vida estén más organizados.

Hábito 32 - Escribir un diario

Llevar un diario o escribir tus metas (usando un diario para el auto-mejoramiento) es una de las mejores maneras de obtener una mayor autodisciplina. Escribir tus metas no solo te lleva a comprometerte físicamente con esas metas, sino que también dirige tu mente subconsciente para lograr esas metas, desarrollar nuevos hábitos, o llevar una vida más disciplinada. Llevar un diario tiene múltiples beneficios, incluyendo aumentar la creatividad, impulsar la autodisciplina y mejorar tu salud en general.

Cuando escribes tus metas, les das forma o las haces cobrar vida. Les das a las metas mentales una especie de forma tangible, lo que te hace aún más responsable de cumplirlas. Mantén tus metas SMART. Deben ser específicas, medibles, alcanzables, realistas y con límite de tiempo. Esto facilitará llevar un seguimiento del progreso de tus metas.

Nuestra mente subconsciente es una herramienta muy potente. Cuando escribes sobre algo que quieres lograr, la mente subconsciente no puede diferenciar entre el presente y el futuro o el hecho de que tienes o quieres algo. Cree que ya lo tienes y, posteriormente, dirige tus acciones de acuerdo con ese objetivo.

Por ejemplo, si deseas más dinero y prosperidad en tu vida y sigues escribiendo en tu diario tu meta, la mente subconsciente cree que es tuyo y inevitablemente alinea tus acciones para atraer aún más dinero y prosperidad.

El subconsciente no es capaz de diferenciar entre lo real y lo imaginado. Para él, todo es real. Por lo tanto, la mente subconsciente dirige tus acciones de acuerdo con el objetivo, creyendo que es real. Así, canaliza tus acciones en la dirección de obtener aún mayores recompensas financieras y prosperidad en general.

Aquí hay algunos consejos para hacer que el proceso de llevar un diario sea aún más efectivo.

¿Comenzar por dónde te encuentras actualmente en tu vida. ¿Dónde estás en este momento en tu vida? Describe tu situación actual en el trabajo, la vida y las relaciones. ¿Realmente estás donde te visualizaste cuando eras niño o adolescente?

Entonces, pasa a los objetivos que deseas lograr. ¿Dónde te

gustaría verte al final del año o en los próximos cinco años? ¿Cuáles son los objetivos que deseas lograr al final de la semana, mes y año?

Escribe en un flujo de conciencia sin editar tu escritura. Reserva la gramática, ortografía, estructura de las oraciones y habilidades lingüísticas impecables para tu informe de trabajo. Los sentimientos, emociones y pensamientos no deben ser editados. Escribe sin censurar tus pensamientos. Silencia al editor interno porque estás escribiendo solo para ti.

Comienza un diálogo con tu yo interior escribiendo con la mano no dominante. ¿Cuáles son los desafíos que experimentas?

Más tarde, comienza a incluir una lista de gratitud al final de cada día. Haz una lista de las cosas por las que estás agradecido/a diariamente. Sigue actualizando la lista cada día encontrando nuevas cosas por las que estar agradecido/a. Gradualmente notarás que las cosas por las que estás agradecido/a aumentarán. Cuanto más agradecido/a seas, más tendrás por lo que estar agradecido/a en el futuro.

Tu diario es un relato personal que te expresa completamente. Incluye desde tiras cómicas, pegatinas, citas motivacionales, fotografías personales, cuentos cortos, imágenes de internet, y cualquier cosa que te conecte con tus metas o la vida de tus sueños.

Mantén un registro de todos tus éxitos y logros. Puede ser algo tan simple como que alguien te elogie por tu letra. Sigue apuntando los elogios, recompensas y logros que obtengas durante la semana, por pequeños que te parezcan. A medida que te vuelvas más consciente y cultives la lista, notarás que poco a poco se convierte en un éxito más grande.

Estás condicionando tu mente para actuar en consonancia con tus objetivos de una manera más consciente y deliberada.

Me gusta escribir sobre cosas que me están molestando o perturbando en un estilo más objetivo, en tercera persona. Esto te permitirá distanciarte del evento o situación y verlo con una perspectiva más fresca. A veces estamos tan involucrados en circunstancias que nos afectan que no podemos verlas desde una perspectiva diferente. La disciplina personal también implica conectarte con tu ser superior para alcanzar tus metas.

Deja de usar tecnología (aplicaciones para hacer diarios) y opta por escribir a mano en tu diario en su lugar. El proceso físico de escribir tiene un impacto poderoso en tu mente y la condiciona para cumplir tus objetivos.

Puedes tener diferentes diarios destacando un tema diferente cada uno. Conozco a muchas personas que mantienen diferentes diarios como un diario de pensamientos, un diario de sueños, un diario de metas y un diario de gratitud. Dale a cada diario un propósito claro y convincente.

Si realmente admiras a una persona/celebridad, escribe una conversación imaginaria con ellos. Diles qué es lo que admiras de ellos y por qué su historia de vida te inspira. ¿Cómo planeas modelar tu vida basándote en la suya? ¿Qué aspectos de su vida te gustaría incorporar en la tuya? Puede ser cualquiera, desde tu estrella de rock favorita hasta alguien fallecido que desearías que estuviera presente.

Uno de los mejores trucos de autodisciplina es seguir tus avances mientras te acercas a cumplir tu objetivo o abandonar un mal hábito o desarrollar un hábito positivo. Sigue registrando tus avances a medida que completas tareas importantes o dejas hábitos negativos atrás o dominas nuevas habilidades. ¿Qué tal tener una barra de estado diaria, semanal y mensual? ¿O el porcentaje de cuánto has avanzado con tu objetivo?

También está bien ser aleatorio con tu diario y no seguir un solo tema si eso te hace sentir más cómodo. Si amas el arte o sientes una conexión con artefactos, incluye imágenes de artefactos para potenciar la creatividad. Los diarios son excelentes salidas de creatividad para dibujar y pintar lo que deseas expresar a través de imágenes. No hay ninguna regla que diga que llevar un diario es solo acerca de escribir. Puedes dejar volar tu imaginación y pintar lo que deseas expresar a través de tus dibujos y bosquejos.

Intenta escribir tu diario a la misma hora cada día para que se convierta en una parte integral de tu rutina.

Capítulo Seis: Construye tu Red de Contactos y Relaciones

"Si estás con cinco personas exitosas, entonces tú eres la sexta persona exitosa. Lo contrario también es cierto, así que ¿con quién estás pasando el tiempo?" — *Michael E. Gerber*

No vives en una jungla o madriguera de conejo. Sin embargo talentoso, trabajador, disciplinado y perseverante que creas que eres, necesitas a otras personas para tener éxito. Recuerda, construir riqueza a largo plazo y sostenible no se trata de correr un maratón, sino de correr una carrera de relevos donde aprovecharás el tiempo, habilidades y esfuerzos de otras personas. Para tener éxito, necesitas habilidades sólidas de networking para construir contactos, una excelente relación con las personas con las que haces negocios o trabajas, y personas de las que puedas aprender. Según estudios, nos convertimos en las cinco personas con las que pasamos la mayor cantidad de tiempo. Si pasas tiempo máximo con personas exitosas, observando y admirando sus estrategias de éxito, tus posibilidades de éxito aumentan considerablemente. Construir relaciones sólidas y tener acceso a excelentes mentores es la clave del éxito, por desgracia, algo que muchas personas pasan por alto.

Aquí tienes algunos consejos para establecer redes y construir relaciones para el éxito.

Hábito 33 - Utiliza el poder de las redes sociales.

No hay mejor manera de establecer redes con personas para trabajar que codearse con ellas virtualmente en LinkedIn y otras plataformas. Hay un montón de grupos especializados en LinkedIn y Facebook donde puedes contactar con personas afines para oportunidades, asociaciones o simples consejos. Aprovecha el poder de las redes virtuales para hacer crecer tu negocio/trabajo y riqueza. Hay poca presión asociada a estas reuniones en comparación con conocer a las personas cara a cara. Además, estos profesionales afines en Google Plus, LinkedIn y Twitter pueden abrir varias puertas de oportunidades para ti que de otra manera no habrías considerado. Comenta en sus publicaciones, genera discusiones inteligentes en grupos, deja atrás una retroalimentación valiosa e informativa en una publicación de blog que disfrutaste leyendo, y comienza una conversación en cualquier oportunidad. De esta manera, no solo conocerás a nuevas personas sino que tendrás muchas cosas que decirles cuando las conozcas en persona.

Hábito 34 - Pide referencias a personas existentes

Otra excelente forma de conocer gente es a través de personas que ya conoces. De esta manera, estás constantemente ampliando tu lista de contactos. Si estás buscando conocer a personas importantes, quédate cerca de personas que las conozcan por un tiempo antes de pedir sus datos de contacto o solicitar una cita. Puedes pedir educadamente una presentación con las personas con las que quieres establecer una red. Únete a la conversación y podrías recibir una cálida bienvenida. También hay una herramienta de presentación en LinkedIn donde puedes ser presentado a nuevos conocidos a través de contactos existentes.

Si ves un círculo de personas en un evento de networking y resulta que conoces a algunas de ellas, acércate y preséntate. Intercambia tarjetas de presentación y obtén tantos números como puedas para mantenerte en contacto. No pidas negocios o trabajo de inmediato. Si buscas asociaciones a largo plazo con personas y te enfocas en aprovechar estos contactos para el éxito y la riqueza en el futuro, no pidas favores inmediatos. Digamos que estás buscando un trabajo. Evita pedirles a las personas directamente un trabajo. En cambio, busca sus consejos pidiéndoles consejos que ayudarán en tu búsqueda laboral. Esto te hará parecer más profesional y creíble.

Tu objetivo principal debe ser construir una gran relación y conexión con las personas, los favores pueden venir después. De esta manera, cuando surja una oportunidad, estarás presente en sus mentes. Abre tantas puertas de oportunidad como sea posible diversificando tu lista de contactos sociales. Nunca sabes quién podría ser esa persona que cambie tu fortuna. Uno de mis consejos favoritos durante los primeros años, cuando se trataba de aprovechar al máximo mis posibilidades de conseguir un trabajo, era pedir a la gente que revisara mi currículum. Nunca pediría directamente un trabajo.

Sin embargo, revisar mi currículum fue una buena manera de que la gente conociera mi experiencia, habilidades, trabajos anteriores y más. De esta manera, a menudo me proporcionaban algunas oportunidades que coincidían con mi experiencia o las tenían en cuenta cuando surgían oportunidades similares. Es un truco ingenioso. La gente se siente bien cuando le pides que revisen tu currículum, y también terminas abriendo camino en su círculo.

Pide sugerencias sobre cómo hacer crecer tu red. Cada nueva persona que conozcas conocerá aproximadamente a 200 personas. Estás aprovechando una fuente de red valiosa. Si obtienes acceso a contactos tomando sugerencias de contactos existentes, rápidamente expandirás tu red. Pide organizaciones profesionales, clubes, y sugerencias o nombres de personas que crean que pueden ser buenos para asociarse contigo. La mayoría de la gente es abierta y servicial cuando se trata de sugerir personas de su lista de contactos, y estarán aún más felices de hacerlo si tú también les puedes proporcionar algunos contactos de tu lista. Es un mundo de 'tú me rascas la espalda y yo te rasco la espalda'.

Hábito 35 - Encuentra o crea razones para dar seguimiento

Crea razones para mantener una relación con las personas de forma continua una vez que te presentas a ellas. Digamos que conociste a alguien en un evento de networking y discutieron un tema en particular. Envíales por correo electrónico un blog o artículo que te haya gustado sobre el tema y haz referencia a la conversación.

Envíales información valiosa que pueda beneficiarles o una nota de agradecimiento si te ayudaron con algo. Enviar saludos y deseos en festividades también es una buena manera de mantener la relación. Si no te mantienes conectado con las personas, te olvidarán después de un tiempo. Busca dos o tres oportunidades al año para volver a conectar con ellos en persona. No solo quieres seguir conociendo gente nueva sin mantenerte en contacto con ellos.

Hábito 36 - Ser parte de tantos eventos de networking como sea posible

Participa en estos almuerzos, reuniones de networking, conferencias y eventos. Ten tus tarjetas de presentación listas. Preséntate a la gente diciéndoles a qué te dedicas. Es posible que no tengan algo para ti de inmediato. Sin embargo, si causas una impresión positiva, lo más probable es que seas el primer nombre que les venga a la mente cuando tengan algo para ti. Un consejo profesional para mantenerte visible dentro de tu organización es asumir responsabilidades de voluntariado adicionales dentro de la empresa. Esta es una excelente manera de devolverle a la empresa y mantenerse visible. También demostrará a las personas que vas más allá de tu deber, lo que significa que tienes más probabilidades de ser elegido sobre otros cuando surja una oportunidad adecuada.

Hábito 37 - Permanece con personas positivas y exitosas

Si quieres ser rico y exitoso, haz un esfuerzo consciente por moverte con personas exitosas. Su consejo, sugerencias, hábitos, estilo de vida, mentalidad, creencias y ética laboral inevitablemente impactarán tu propia mentalidad y pensamiento. Desarrollarás una mentalidad de creación de riqueza e ingresos, y comenzarás a adoptar hábitos que canalizarán tus esfuerzos hacia el éxito.

Su aura positiva y frecuencia de pensamiento te afectarán a un nivel más profundo, subconsciente. Comenzarás a comportarte y pensar como una persona rica y exitosa. Encuentra mentores que te guiarán en la dirección correcta.

Una de las mejores formas de convertir a alguien en tu mentor es decirles cuánto admiras su trabajo y pedirles sugerencias.

Capítulo Siete: ¿Obstáculos o Oportunidades?

Cuando se trata de limitar o mejorar tus posibilidades de éxito, el factor más importante es tu percepción. Al alterar tu percepción, puedes programar tu mente para un mayor éxito. La buena noticia es que no es difícil crear una mentalidad innovadora que perciba los contratiempos como oportunidades y aprendizaje, y no como obstáculos. Puedes trabajar fácilmente a través de barreras que te limitan y desarrollar estrategias para contrarrestar estos llamados obstáculos que se interponen en el camino de tu éxito y abundancia.

Hay una historia budista sobre un rey cuyo reino estaba lleno de ciudadanos con una actitud de autosuficiencia. No contento con esto, decidió enseñarles una lección que no olvidarían. Tenía un plan simple e ingenioso. Colocó una enorme roca justo en el centro de la calle principal, bloqueando la entrada de la gente. El rey decidió esconderse en los arbustos cercanos y observar las reacciones de sus ciudadanos.

Se preguntaba cómo reaccionarían. ¿Se reunirían y lo descartarían? ¿Se sentirían desilusionados y regresarían? El rey observaba con decepción cómo uno tras otro de sus súbditos se daban por vencidos y regresaban, en lugar de intentar quitar la roca de su camino. En el mejor de los casos, algunos intentaban levantarla a medias, pero rápidamente se rendían. Muchas personas criticaban abiertamente al rey o se quejaban de la incomodidad sin pensar en formas de avanzar.

Después de unos días, un campesino se encontró con la roca. En lugar de volverse como los otros, intentó empujar la roca varias veces para apartarla de su camino. De repente, tuvo una idea. Fue al bosque adyacente en busca de una rama grande que usó como palanca y desplazó la enorme roca de la calle. Tan pronto como la roca masiva se movió, debajo de ella había una bolsa de monedas de oro y una nota escrita a mano del rey que decía, "El obstáculo en el camino se convierte en el camino. Nunca olvides, dentro de cada obstáculo hay una oportunidad para mejorar nuestra condición."

¿Estás aprovechando los obstáculos en tu camino a tu favor? ¿Estás aprovechando el poder de los desafíos en tu vida para convertirlos en oportunidades? Como discutimos anteriormente, los obstáculos son oportunidades disfrazadas. ¿Tienes la visión para convertir desilusiones en tu vida en riqueza y éxito? Aquí tienes algunas estrategias para cambiar tu percepción hacia los desafíos y usarla para construir mayor riqueza y éxito.

Hábito 38 - Modifica tu perspectiva

Recuerda, no siempre puedes elegir tus circunstancias y las cosas que te suceden en la vida. Sin embargo, puedes elegir tu reacción ante ello. No siempre puedes determinar el rumbo que tome tu vida, pero puedes elegir tu percepción y respuesta a ello. Los ganadores ven oportunidades, los perdedores ven excusas. Controla cómo percibes y enfrentas un obstáculo. Esto se puede lograr controlando tu pensamiento catastrófico o emociones irracionales. No pienses en términos de extremos. Un fracaso o despido no significa la perdición para tu carrera. Un mal negocio no significa que sea hora de cerrar la tienda. Evita exagerar las cosas y mirarlas de manera más equilibrada. Viendo las cosas tal como son y no como piensas que son. Estás reorientando tu mente o editando selectivamente tus pensamientos para desarrollar una mentalidad de victoria incluso en medio de lo que llaman fracaso. La perspectiva correcta puede llevar a acciones positivas.

Hábito 39 - Darle la vuelta al monstruo

Hay muchas cosas positivas en todo si solo tenemos la visión de buscarlas. Las cosas que creemos ser negativas pueden contener muchas cosas positivas. Una falla técnica que crees que ha destruido todo tu trabajo es una oportunidad para que trabajes en ello nuevamente y lo hagas aún mejor que el anterior porque ahora estás más preparado y sabio. Recuerda, ¿el amigo que perdió su trabajo y luego inició su propio negocio rentable? ¿Qué tal si no hubiera sido despedido por su organización? Todavía sería un portador de cubetas, trabajando todo el día para lograr los beneficios de otra persona en lugar de construir riqueza para sí mismo.

Tener un jefe que es negativo y desalentador es una maravillosa oportunidad para aprender lo que no deberías ser como jefe o actualizar tu currículum para un mejor trabajo en otra organización. Créeme, cada situación tendrá algo de bueno en ella. Solo tienes que ser lo suficientemente perceptivo para verlo.

Hábito 40 - Mantén la visión global en mente

A veces, cuando estás atrapado en medio de una situación aparentemente imposible, lo mejor que puedes hacer es - ¡pensar! Creas muchas oportunidades y vías al pensar de manera racional y objetiva. Crea movimiento al pensar en cosas como ¿cómo puedo resolver este problema o desafío? Si no puedo resolverlo, ¿cómo puedo mejorarlo para mí y para otras personas? Te sorprenderá cómo algunas preguntas simples y positivas pueden cambiar la forma en que abordas el problema en cuestión. Piensa en otras personas, especialmente en tus seres queridos.

Esto te da la fuerza para superar los desafíos. La próxima vez que te veas abrumado por un desafío, no te sientes ahí y maldigas tu destino. Si no lo intentas, no llegarás lejos de donde estás actualmente y nunca crecerás. Todas las personas que admiras han enfrentado y superado obstáculos en algún momento u otro, lo cual es responsable de su gloria actual. En lugar de sufrir sus circunstancias menos deseables, aprovecharon al máximo los desafíos que se les presentaron. Si tu objetivo principal es retirarte a los 40 años o lograr la libertad financiera para tu familia u otra razón convincente, seguirás adelante a pesar de los obstáculos.

Hábito 41 - Deja ir los desafíos que están fuera de tu control.

Por mucho que te gustaría controlar todo en tu vida, algunos desafíos estarán fuera de tu control. Piensa en la devaluación de tu casa debido a una catástrofe natural en la región o en perder tu trabajo debido a una fusión o recesión global. Estas son circunstancias en las que tienes poco control. En su lugar, concéntrate en los desafíos que puedes controlar.

Por ejemplo, no saber una habilidad particular que pueda ayudarte a ganar más dinero o hacer crecer tu negocio es un desafío que fácilmente puedes superar dominándola. Si aún no te has graduado, lo cual representa un desafío en tus futuras oportunidades laborales o para ganar más dinero, ve y obtén ese título. Aleja el enfoque de los desafíos que no se pueden controlar y en su lugar presta atención a aquellos que se pueden superar.

Hábito 42 - Crece más grande que el desafío

Mientras la mentalidad pobre ve su problema y a menudo lo atribuye a la mala suerte o circunstancias, la mentalidad rica se rascará la cabeza con fuerza hasta que descubran una solución. Rara vez se rinden. En cambio, cambiarán el curso de su acción o intentarán una forma diferente de hacerlo.

Los ricos, a diferencia de los Joe promedio, no tienen una mentalidad de "o esto o aquello". Puedo comprar esto o aquello. En cambio, encontrarán una manera de comprar ambos retrasando la gratificación. No buscarán el placer inmediato sino que trabajarán para obtener todo lo que quieren. Digamos que una persona con una mentalidad próspera tiene $10.

Ahora, quieren tanto helado como dulces a $10. En vez de pensar, puedo tener dulces o helado, evitarán comprar ambos. Seguirán y comprarán cuatro docenas de botellas de agua embotellada y venderán a viajeros sedientos por 50 centavos cada una para ganar unos frescos $24. Ahora pueden comprar dulces, helado y tener unos cuantos dólares de sobra. Los ricos tienen una mentalidad de "ambos" en lugar de "uno u otro".

Capítulo Ocho: Ejercicio Diario y Salud

Somos lo que comemos no es una declaración descabellada sino la verdad. Nos convertimos en lo que comemos. Si estás comiendo comidas no saludables, tu cuerpo y mente se vuelven letárgicos, lo que no te coloca en el marco adecuado de productividad. Necesitas energía para trabajar largas horas, la cual a su vez está impulsada por una dieta equilibrada, nutritiva y controlada. Combina esto con ejercicio y un régimen regular de fitness y tienes la receta perfecta para una buena salud.

Aquí tienes algunos consejos seleccionados para una alimentación saludable y hacer ejercicio.

Hábito 43 - Desayuna una hora antes de hacer ejercicio.

Si haces ejercicio o practicas cualquier forma de actividad física, desayuna al menos una hora antes del entrenamiento. Asegúrate de estar suficientemente energizado para el entrenamiento. Según la investigación, consumir carbohidratos antes de hacer ejercicio puede mejorar tu rendimiento y permitirte mantener el entrenamiento por más tiempo o aumentar su intensidad. No comer puede hacer que te sientas con poca energía o lento. Toma un desayuno ligero si estás haciendo ejercicio después de desayunar o toma una bebida deportiva que te dé energía. Consigue carbohidratos para tener una energía óptima.

Hábito 44 - Dimensiona tus comidas

Come tres o cuatro comidas grandes si estás haciendo ejercicio. Además, come comidas más pequeñas y saludables o bocadillos entre horas. Incluye frutos secos enteros, frutas y verduras crudas, y salsas caseras como el hummus. Evita picar alimentos chatarra, grasosos, artificialmente saborizados y endulzados con frecuencia. También se debe evitar la comida enlatada y cargada de conservantes. No aportan ningún valor nutricional a tu cuerpo y terminan por hacerte sentir letárgico.

Hábito 45 - Comer bocadillos saludables

Los bocadillos previenen la sensación de hambre entre comidas. Sin embargo, evita picar alimentos poco saludables que te hagan sentir adormilado, con poca energía, irritable y poco productivo. Aquí tienes algunas opciones de bocadillos saludables: barras energéticas, frutas frescas, yogur, batido de frutas frescas, barras de granola, palitos de verduras crudas y otros alimentos para picar similares.

Hábito 46 - Crear un plan de comidas

Un plan de comidas es maravilloso cuando se trata de hacer cambios en tu estilo de alimentación, y comer de manera más disciplinada, comidas llenas de nutrientes. Trátalo como un plano de tus elecciones alimenticias. Incluye opciones sobre lo que planeas comer para el desayuno, almuerzo y cena cada día de la semana, junto con una estimación aproximada de la nutrición que consumirás con cada comida. Tener algunas comidas detalladas mencionadas puede ayudarte a comprobar si estás tomando decisiones inteligentes sobre los alimentos. Puede darse cuenta de que la ingesta de vegetales es baja o que su cena no es muy equilibrada. Deja que tu plan de comidas te guíe hacia la toma de decisiones inteligentes en cuanto a la alimentación. También puede ayudarte a hacer tu lista de compras, lo que te llevará a una compra inteligente y a determinar si estás alcanzando tus objetivos dietéticos.

Hábito 47 - Consumir proteína magra

Las proteínas magras son un componente importante cuando se trata de proporcionar a tu cuerpo componentes dietéticos esenciales. Para cumplir con los requisitos nutricionales diarios, incluye una porción de proteína de 3-4 oz en cada comida. Las proteínas magras son buenas porque son bajas en grasa y calorías. Elige alimentos como huevos, tofu, aves de corral, mariscos, legumbres y carne magra. Limita las proteínas grasas como el tocino, las salchichas y la carne procesada.

Hábito 48 - Mantente en alimentos a base de granos

Incluye alimentos a base de granos, como pan y pasta de trigo integral, arroz integral y otros alimentos 100% integrales en tu dieta. Los granos enteros son deliciosos y constituyen opciones alimenticias saludables. Requieren un procesamiento mínimo y conservan todas las bondades de cada porción de grano.

Los cereales integrales son ricos en fibra, proteínas y tienen muchos nutrientes beneficiosos. Cambie a quinua, avena, cebada, pan integral y mijo en lugar de pan blanco y pasta.

Hábito 49 - Tomar más vitaminas y minerales

Los estadounidenses no obtienen la ingesta mineral y vitamínica requerida según varias investigaciones de nutrición. Se basa más en alimentos procesados, carbohidratos, azúcar refinada y otros alimentos poco saludables. Encuentra suplementos de vitaminas y minerales que se pueden consumir diariamente para compensar cualquier deficiencia. La consecuencia de ignorar las necesidades de tu cuerpo puede que no sea inmediata, sin embargo, a lo largo de un período de tiempo más prolongado, puede ser considerablemente perjudicial. Esto nos afecta a lo largo de un período de tiempo en lo que respecta a la claridad física, mental, emocional y espiritual.

Hábito 50 – Beber suficientes líquidos

Consume suficiente agua durante todo el día para mantener tu cuerpo hidratado. La mayoría de los profesionales de la salud recomiendan beber un mínimo de ocho vasos de agua de 8 onzas cada día. Evita las bebidas con cafeína y artificialmente endulzadas. Opta por bebidas claras, naturales y sin azúcar. También, limita el consumo de alcohol.

Hábito 51 - Salir al aire libre

Pocas cosas pueden hacer tanto bien a tu cuerpo, mente y alma como salir al aire libre como parte de tu régimen de ejercicio físico. Haz cualquier cosa, desde caminar hasta correr o andar en bicicleta. Nadar, jugar al tenis y saltar en tu jardín son todas maravillosas opciones. Aprovecha un poco de sol temprano en el día si puedes. ¡Sal al bosque y experimenta la naturaleza! Te sorprenderás de lo vigorizado y rejuvenecido que te sentirás al final.

Hábito 52 - Incluye entrenamientos más divertidos y variados en tu rutina.

¿Quién dice que los entrenamientos tienen que ser aburridos y monótonos? Puedes disfrutar bailando, haciendo aeróbicos, Zumba, kickboxing y simplemente saltando. Hay varias formas de ser más activo y agregar actividad física estimulante a tu rutina. Cuanto más te diviertas haciendo estos ejercicios, menores serán tus posibilidades de abandonar a largo plazo. Incluye una combinación de cardio y fuerza para disfrutar de un régimen de fitness más completo.

Hábito 53 - Consigue un compañero de gimnasio para responsabilidad.

Regístrese en el gimnasio local con un compañero de gimnasio que pueda mantenerlo/a responsable de sus entrenamientos. También puede unirse a clases grupales o a una clase de yoga. El fitness no siempre requiere que salga de casa. Si lleva una vida ocupada, simplemente encuentre videos instructivos de ejercicios o yoga en línea o compre DVDs. Programe estas actividades en su horario semanal.

Hábito 54 - Aumenta tus actividades básicas

Aunque estos pueden no estar incorporados en tu rutina diaria de ejercicios, haz un hábito consciente de aumentar tus actividades físicas diarias. Experimentarás muchos beneficios para la salud al hacer pequeños cambios en tus actividades básicas. Haz cambios lentos pero graduales en tu estilo de vida que te puedan ayudar a largo plazo. Camina a la tienda en lugar de conducir. Sube las escaleras en lugar de tomar el ascensor. Rastrilla hojas en tu patio trasero. Estas actividades pueden sumar rápidamente el equivalente a más de 2 horas de cardio a la semana.

Hábito 55 - Comienza un blog o diario de responsabilidad

Tu compromiso y responsabilidad con una resolución aumentan cuando la haces pública. Obviamente, nadie quiere ser visto como una persona que no cumple su palabra. Empieza a poner las cosas por escrito (o en un blog si lo prefieres) para llevar un seguimiento de tu progreso físico. Al final de cada día, menciona tu dieta, actividades físicas y régimen de fitness.

Escribe sobre los viejos hábitos que quieres desechar y cómo los estás reemplazando con hábitos más nuevos y positivos para presenciar una transformación completa. Menciona cómo el nuevo plan y los alimentos están impactando tu cuerpo, mente y espíritu de manera positiva. Si hay algún desafío en el camino, menciónalo y también las medidas que tomaste para superarlos. Haz un seguimiento del progreso que haces en dirección a tus metas.

Hábito 56 - Realizarse chequeos médicos regulares

Apart from eating healthily and leading a physically active life, getting a regular physical check-up is important. It can help support your fitness and health goals, while also bringing any dysfunctions to the fore. Consult a professional dietician, physician or nutritionist before trying any new diet plan. You can also enlist the services of a personal trainer in guiding you towards your health and fitness goals. Aparte de comer de manera saludable y llevar una vida físicamente activa, es importante realizarse chequeos físicos regulares. Esto puede ayudar a apoyar tus metas de fitness y salud, y también detectar cualquier disfunción. Consulta a un dietista, médico o nutricionista profesional antes de intentar cualquier plan de dieta nueva. También puedes contar con los servicios de un entrenador personal para guiarte hacia tus metas de salud y fitness.

Capítulo Nueve: ¿Por qué reinventar la rueda?

La mayoría de las cosas en la vida no necesitan ser reinventadas. Probablemente necesitas mejorar una idea, concepto o pensamiento existente. Tal vez encontrar una forma de hacer las cosas de manera diferente para lograr una mayor eficiencia o resultados. Sin embargo, no es necesario reinventar la rueda todo el tiempo.

Piénsalo, tu tiempo en la tierra es limitado, y solo tienes tantos años para ser productivo y construir riqueza. ¿Por qué harías algo desde cero que consume todo tu tiempo cuando simplemente puedes copiar y pegar un sistema que ya está funcionando bien para otros? La forma más inteligente de progresar en el mundo de hoy es seguir algo que ya ha demostrado ser un éxito o emular un modelo comprobado.

Hábito 57 - Comienza donde empezaron tus ídolos, no donde están actualmente.

El éxito radica en los detalles. Duplicar con éxito un sistema también es un arte. Por ejemplo, no puedes modelar tu negocio en alguien que está 2000 pasos por delante de ti. Si estás construyendo una red social para viajeros, no puedes imitar lo que Facebook está haciendo ahora. Tendrás que retroceder a lo que Zuckerberg hizo cuando lanzó Facebook. El enfoque correcto sería identificar todos los puntos clave que implementó para ayudar a que Facebook obtuviera la tracción inicial adecuada. Por ejemplo, enfocarse intensamente en los estudiantes de Harvard, inducir una sensación de ser parte de una comunidad exclusiva y desarrollar una plataforma para personas con intereses similares.

En resumen, toma el principio fundamental de fundación de un plan y aplícalo a tu idea. En el ejemplo anterior, utilizamos los principios fundamentales básicos de Facebook para construir una red social exclusivamente para viajeros. ¿Entiendes la idea, verdad? Debes seleccionar con criterio lo que hicieron en la misma etapa o nivel en el que te encuentras actualmente.

Digamos que eres una startup de entrega de alimentos que tiene cuatro empleados. Ahora, no te modelas en torno a lo que está haciendo actualmente un gigante de entrega de alimentos con más de 2000 empleados. Debes emular lo que hicieron cuando empezaron con cuatro empleados. ¿Cómo puedes modelar los métodos actuales de un multimillonario con $200 en tu bolsillo? Tienes que adoptar los métodos que él/ella adoptó para convertirse en multimillonario cuando tenían $200.

Hábito 58 - Mantente al día con las tendencias que cambian dinámicamente

Los principios de la tecnología, hacer negocios y comprar pueden no ser los mismos hoy en día como lo eran hace unas décadas o años. Hay que tomar en cuenta el tiempo, las tendencias cambiantes y un cambio en la forma en que se hacen negocios también. Por ejemplo, hace unos años, los minoristas de comercio electrónico dependían únicamente de las computadoras para generar ventas. Hoy en día, si ignoras a los usuarios de smartphones y tablets, dejarás sobre la mesa una gran cantidad de dinero para tus competidores.

Si quieres emular un negocio, mira los principios en los que se basa en lugar de exactamente cómo lograron algo. Las cosas cambian dinámicamente en la era actual. Para mantenerse al día con el mundo empresarial lleno de acción y ritmo acelerado, busca los principios más amplios que la técnica exacta. Sin embargo, si puedes encontrar éxito utilizando la técnica exacta, ¿qué te impide utilizarla?

Hábito 59 - ¿Por qué no crear un método único?

Puede preguntarse por qué uno no debería crear sus propios métodos y sistemas únicos. Si está en el negocio de la invención, entonces sí, por todos los medios, cree sus propios métodos y sistemas a través de ensayo y error. Sin embargo, si su objetivo es tener éxito en un campo que ya está establecido, no hay necesidad de reinventar la rueda o de gastar tiempo, dinero y esfuerzo tratando de encontrar una forma diferente de hacer las cosas (cuando el método actual está funcionando claramente).

Identifica lo que es efectivo para otros, imítalo inteligentemente y añade tu toque único para luego recrear un modelo diferente y mejorado. Necesitas ideas para inspirarte, un proceso de trabajo ya establecido para emular. Piensa en corporaciones como Apple. Ciertamente no fue la primera en inventar su línea de productos. Fueron lo suficientemente ingeniosos como para innovar en cosas que ya estaban en su lugar.

¡Los emprendedores inteligentes son copiones más inteligentes! No pierden tiempo creando cada radio del neumático o cada aspecto de su modelo de negocio. Son innovadores astutos, no inventores que consumen tiempo. La mayoría de las grandes organizaciones alcanzaron su gloria a través de la innovación y la imitación.

¿Por qué crees que los especialistas en marketing en Internet están haciendo una fortuna vendiendo sus estrategias secretas para ganar dinero en línea? Ganarían más dinero enseñando acerca de estas estrategias de lo que probablemente ganan de su negocio en línea. Lógicamente, si estuvieran ganando más del negocio, ¿no guardarían esos secretos para ellos en lugar de invitar más competencia? Esto se debe a que hay una gran demanda de sistemas imitadores en el mundo en línea y fuera de línea hoy en día. La gente quiere invertir su dinero, tiempo y energía en cosas que ya han demostrado funcionar.

Construir algo desde cero lleva mucho tiempo, dinero y esfuerzo y ofrece resultados pequeños. El tiempo es precioso. Pasas una gran cantidad de tiempo tratando de construir un negocio solo para darte cuenta de que has gastado tu tiempo en algo que no vale la pena o has obtenido resultados insignificantes. ¡Ajusta lo que ya está en su lugar y aduéñate de ello como un jefe! Esa es la forma inteligente de hacer negocios hoy en día. Piensa en la productividad y la eficiencia -- piensa en términos de crear grandes resultados en un corto período de tiempo para aprovechar al máximo tu tiempo, esfuerzo e inversión de dinero. Las empresas efectivas ganan mucho dinero en un período relativamente corto de tiempo. En lugar de buscar nuevos sistemas y probar plataformas tecnológicas, encuentra un negocio exitoso en tu campo y copia el sistema que utilizan. ¡Obviamente lo están haciendo bien!

Hábito 60 - Encuentra un líder empresarial en tu industria

Identifica a una persona que tenga éxito en un negocio similar al tuyo o en el que aspiras a entrar. Si estás experimentando un crecimiento lento en algún aspecto del negocio, una estrategia inteligente sería identificar quién tiene éxito o buscar un líder en el mismo ámbito de negocio ¡y copiar su método! Por ejemplo, si te va bien con la retención de clientes pero el negocio flaquea en la adquisición de nuevos clientes. Identifica un negocio en tu industria que se desempeñe excepcionalmente bien en la adquisición de nuevos clientes. Luego, copia sus métodos de adquisición de clientes (quizás agregando tus propias innovaciones).

Hábito 61 - Apunta a estar más cerca del líder de la industria

Estudia cuidadosamente al líder empresarial al involucrarte lo más posible en su círculo interno. Opta por estar en la lista de su líder. Suscríbete a sus boletines. Acósalo en sus redes sociales para ver qué tipo de publicaciones generan reacciones máximas. Observa qué hace que su audiencia participe, converse y actúe. Trata de establecer una relación con el fundador, líder de pensamiento o influencer del negocio. Asiste a seminarios impartidos por ellos o donde puedas encontrártelos. Sígueles en Facebook, LinkedIn y Twitter. Haz networking para entrar en su círculo interno.

Una de las mejores formas de hacer esto es dejando consistentemente comentarios perspicaces en sus blogs y publicaciones en redes sociales. Cuando dejas comentarios valiosos en las publicaciones de alguien o contribuyes a la discusión de manera perspicaz, la gente lo nota. Tarde o temprano, el líder te notará. Agrega valor y sigue ayudando a otros para que estos líderes de pensamiento te noten y te ayuden cuando necesites colaboración, sugerencias y consejos. Los líderes de pensamiento se sienten naturalmente atraídos por otros pensadores perspicaces y conocedores que presentan ideas y soluciones innovadoras.

Otro super consejo para acercarse a líderes de pensamiento es enviarles un correo electrónico y decirles por qué los admiras. No pidas favor alguno o sugerencias. Simplemente menciona una o dos razones específicas por las que los admiras. Por ejemplo, "Realmente aprecio la forma en que traes soluciones estratégicas y fuera de lo común para la retención de empleados" o "tus opiniones sobre fusiones y adquisiciones eran inusuales y bien pensadas". No des cumplidos vagos como "Realmente me encanta tu blog" o "Soy fan de tu escritura y puntos de vista". Ser específico es la clave. No parezcas desesperado/a cuando les escribas. También recomendaría utilizar sus productos o servicios y compartir tus reseñas/comentarios al respecto.

Hábito 62 - Observa cómo él/ella hace negocios

Acecha (bueno, no literalmente) a tu líder empresarial para aprender cómo hacen negocios y por qué. Identifica y destaca sus mejores prácticas. Observa cómo llevan a cabo su negocio. Cuando aprendes cómo lo hacen los maestros, ¿por qué hacerlo de otra manera? ¿Cómo opera la persona su negocio? ¿Cuáles son los diversos aspectos de su negocio? Comprende su modelo de negocio y de monetización.

Escoge una o dos cosas de su funcionamiento para acelerar tu negocio. Por ejemplo, puedes observar que los mejores ejecutantes y fundadores de empresas están casi siempre comprometidos en dar presentaciones a los clientes para impulsar sus resultados, mientras han contratado personal de apoyo para actividades que consumen mucho tiempo, como enviar correos electrónicos en su nombre a clientes potenciales. Te das cuenta de que la delegación aprovecha el tiempo, esfuerzos y habilidades. Sigue su ejemplo y emplea las mismas estrategias para tu negocio.

En el mundo de hoy, es fácil entender un modelo de negocio

porque todo está en línea. Estudia a fondo el negocio en línea para conocer su funcionamiento interno. ¿Tiene el negocio presencia en línea? ¿Cómo están diseñadas sus páginas de destino, blogs y sitios web? ¿Cómo están escritos sus correos electrónicos y publicaciones en redes sociales? ¿Cómo se redacta su copia de ventas? ¿Cómo se escriben sus blogs? ¿Cómo interactúa el dueño/fundador/personal con los seguidores en los canales de redes sociales? ¿Cómo lanzan sus productos? ¿Cómo generan expectación antes, durante y después del lanzamiento?

Líderes empresariales imitadores. Comienza aplicando las prácticas más efectivas de tu mentor empresarial a tu negocio, paso a paso. Varios negocios en Internet y fuera de línea han encontrado un gran éxito al imitar e innovar sobre los sistemas de otras empresas exitosas.

Por supuesto, el trabajo duro no puede ser ignorado. Sin embargo, hoy en día se trata también de estrategias de trabajo inteligentes y una de las cosas más inteligentes que puedes hacer para avanzar rápidamente hacia la riqueza y el éxito es seguir sistemas establecidos para ganar dinero.

Si piensas que el empaque de un producto es enormemente atractivo para los clientes, ¿por qué optar por otros colores? De la misma manera, si la fuente y la ubicación de la imagen funcionan de maravilla para el diseño de la cubierta de un libro, ¿por qué experimentar con algo más? Ha habido personas exitosas antes que tú que ya han hecho el trabajo duro al experimentar. Ahórrate el esfuerzo y simplemente copia tu camino hacia el éxito siguiendo lo que está comprobado que funciona.

Hábito 63 - Mantén un registro de todo lo que te inspira

Un imitador inteligente siempre tiene un álbum de recortes lleno de ideas. Hay muchas funciones de notas de aplicaciones que puedes utilizar en tu teléfono inteligente o tableta para el proceso de creación de ideas o toma de notas. Observa a cualquier visionario exitoso con un montón de ideas. Sus libros y aplicaciones siempre están llenos de bocetos, imágenes, historias, pistas de una sola palabra e ideas escritas de forma aproximada.

De esta manera, cuando te encuentres con una idea que puedas utilizar para tu propio negocio, puedes anotarla rápidamente para futuras referencias. Las ideas a menudo se pierden cuando no se plasman en un documento porque nuestro cerebro hiperactivo solo puede recordar tanto. Adopta el hábito de registrar tus ideas y los sistemas que deseas emular. Puede ser cualquier cosa, desde una nueva palabra o frase utilizada por un competidor que pueda ser usada en tu propia copia o un sistema que un negocio esté utilizando para reducir sus costos operativos.

A veces, las ideas de otra persona te inspirarán y te impulsarán a construir tus propias ideas en torno a ellas. Nuestras propias ideas provienen de una combinación de diferentes ideas, que fueron creadas por otros líderes en pedazos ásperos.

Hábito 64 - Copiar ideas y conceptos

A menos que haya una clara ley de derechos de autor intelectual o legislación en su región de la que no esté al tanto, afortunadamente, no hay nada que le impida tomar prestadas las ideas de otras personas. Consideremos un ejemplo. Digamos que quieres tener un gran éxito en la industria de la autoedición. Ahora, notas que un exitoso autor de libros electrónicos está ganando mucho dinero autoeditando libros en Kindle.

Obviamente no puedes copiar lo que ellos escriben ya que

está protegido por derechos de autor. Sin embargo, hay ideas y conceptos que puedes tomar prestados para presenciar el mismo éxito que tiene el autor más vendido.

Así que te das cuenta de que el autor no solo crea libros electrónicos, sino también versiones de audio y discursos a partir de ellos. Esta es la fórmula principal para su éxito. O probablemente ofrecen versiones combinadas de libros para dar un mayor valor a sus lectores. ¡No hay nada que te impida usar su fórmula de éxito! Entonces, aunque no puedas copiar en esencia todo, puedes tomar ideas exitosas, fórmulas, conceptos y estrategias para tu propio trabajo o negocio.

Como imitador, es extremadamente importante respetar las leyes y la cortesía básica. Respeta el trabajo de otras personas. Da crédito donde sea debido. No hagas nada a los demás que no quieras que te hagan a ti. Ten en cuenta los derechos de autor y otras leyes antes de simplemente copiar y pegar el sistema o las ideas de alguien. Mira a tu alrededor, y encontrarás imitadores por todas partes. FedEx se inspiró en el Servicio Postal de EE. UU. y creó su propio envío de tarifa plana. ¿Es una idea nueva? Si viste "La fiebre de Costco" de CNBC, Dentro del gigante de almacenes, sabrás de qué estoy hablando. Costco envió a sus empleados a las tiendas de la competencia para rastrear y enviar detalles de productos y precios a la oficina central de la empresa. Lo llamaron inteligentemente investigación de mercado, cuando ¡en realidad no era más que imitar! No te presiones a ti mismo para crear nuevas ideas todo el tiempo. La originalidad a veces está ligeramente sobrevalorada a menos que se te ocurra algo realmente revolucionario y rompedor. En cambio, sal y busca ideas ganadoras que puedas copiar o mejorar.

En el ejemplo anterior, escribe tu propio eBook ganador sobre un tema que funcione, pero dale tu toque único. Por ejemplo, si te das cuenta de que los libros sobre cómo disfrutar de un matrimonio feliz funcionan bien, puedes darle tu propio enfoque sobre cómo reconstruir la confianza y disfrutar de un matrimonio feliz después de la infidelidad. Estás tomando un tema ya establecido y probado, pero también agregando tu propio ángulo único para definir a tus lectores. Las costillas y los huesos ya están allí, solo agrega el cuerpo. La hamburguesa está lista, disfrútala con tu propia salsa original. ¿Captas la idea?

Hábito 65 - Formar asociaciones beneficiosas

Colaboraciones y asociaciones mutuamente beneficiosas son una excelente manera de hacer crecer tu negocio a largo plazo. Puede que tengas una página de redes sociales o comunidad para madres o viajeros. ¿Cómo puedes monetizar ahora? Tal vez acercarte a otras comunidades similares juntas y combinar fuerzas para acercarte a marcas de mamá-bebé o viajes para publicidad con un seguimiento más grande. De la misma manera, un negocio puede beneficiarse de algo que tienes, como una audiencia más grande mientras que tú puedes capitalizar en su experiencia en la materia. Es una situación beneficiosa para ambas partes, además de ayudar a ambas empresas a ahorrar dinero, tiempo y esfuerzo valiosos.

Capítulo Diez: Consigue un Mentor

"Dicho esto, también debo agregar que aprendí mucho al ser permitido en estos círculos privilegiados y estoy agradecido por la oportunidad de haber trabajado de cerca con algunas de las personas más poderosas y exitosas en el negocio incluyendo a Steven Spielberg y Ted Turner." — Douglas Wood

¿Te preguntas cómo adquirían conocimiento las personas antes de Google, las universidades o incluso los libros? Aprendían de otras personas. Acercarse y aprender de otras personas se ha vuelto aún más fácil ahora con la llegada de internet y las redes sociales. Los influenciadores, líderes empresariales y pensadores están más accesibles y abiertos a interactuar con su audiencia que nunca antes. El mentorazgo se remonta a la era de la antigua Grecia, cuando los filósofos tenían sus propias disciplinas que transmitían todo su conocimiento y sabiduría. Es un método probado de aprender de la experiencia, sabiduría y estrategias de los jugadores experimentados en el mercado.

Obtener un mentor sólido, experimentado y experto puede acelerar tu éxito 10 veces más rápido. ¿No sabes cuáles son las mejores prácticas para conseguir un mentor? ¡Aquí te lo cuento todo!

Hábito 66 - Nunca preguntes directamente

La cosa más estúpida que alguien haya hecho es acercarse a mí con correos electrónicos preguntando si sería su mentor. ¡Un rotundo no! Nunca te acerques a líderes que te gustan con correos electrónicos instándoles a ser tu mentor. Pensarán que estás siendo extremadamente delirante. La mayoría de las personas son serviciales y no les importa ayudar cuando necesitas orientación o sugerencias, pero no van a estar pegados a ti. Así que la palabra mentor probablemente los hará correr en otra dirección.

Además, la ayuda no es de un solo sentido. Si las personas se toman la molestia de hacer algo por ti, esperarán que devuelvas el favor también. ¡No hay almuerzos gratis en el mundo! Mantén tu comunicación breve, directa y sencilla. Puedes hacerles una o dos preguntas o darles un cumplido específico (como se discutió en el capítulo anterior). Evita pedir un favor enorme al principio.

Cuando alguien te está ofreciendo un gran valor, no lo menosprecies ofreciéndote a comprarles café o algo tonto por el estilo. Tienes que ser lo suficientemente convincente como para merecer el tiempo y la atención de alguien.

He probado múltiples enfoques cuando se trata de acercarme a mentores, el que funciona eficazmente para mí es, ofrecer un cumplido específico al mentor líder en pensamiento, seguido por mi propia opinión sobre algo de lo que han blogueado recientemente, y finalmente terminar con una pregunta sobre la que necesito más orientación. ¡Casi siempre funciona! Has satisfecho su ego diciéndoles que admiras su trabajo y luego has revelado tu conocimiento/inteligencia ofreciendo tu propia perspectiva única sobre un tema del que recientemente hablaron. ¡Finalmente, dándoles la máxima importancia al buscar sus valiosas aportaciones sobre un problema, tema o asunto! ¿A quién no le gusta que la gente busque su orientación y sugerencias?

Hay un montón de hilos de discusión y comunidades en LinkedIn, que es una mina de oro para los mentores. Encuentra un hilo o comunidad que sea relevante para tu negocio/industria, busca líderes de pensamiento activos y mentores que sean iniciadores regulares de conversaciones, y añade valor a las discusiones iniciadas por ellos. Así es como construyes tu presencia. ¡No solo le pides algo a alguien, te ganas tu lugar como su aprendiz!

Imagina que estás buscando trabajo y conoces a alguien influyente dentro de una industria en la que te gustaría establecerte. Te presentan a esa persona en un evento de networking/seminario. ¿Qué haces a continuación? ¿Le pides trabajo directamente? ¡Eso te hará parecer un completo perdedor! En cambio, ¿qué tal si le pides un pequeño favor (revisar tu currículum en busca de sugerencias o comentarios antes de enviarlo a posibles empleadores)?

De esta manera, presentarás astutamente todo tu conjunto de habilidades ante ellos, al mismo tiempo que permaneces en su mente cuando surge un rol similar. Pueden conocer a alguien que pueda beneficiarse de tus habilidades o pueden contactarte para un puesto en su organización o en la organización de sus referencias. No pediste directamente al influencer un trabajo, pero aún así hiciste avances en el mundo de oportunidades dentro de su organización o industria. Ser inteligente y recursivo es la clave.

Además, las personas se sienten muy bien cuando les pides que compartan su opinión sobre algo. Por lo tanto, estás cumpliendo un doble propósito al pedir a mentores de alto nivel que revisen tu currículum.

Hábito 67 - Pasar tiempo con personas activas aumenta nuestra propia energía para hacer.

La investigación ha demostrado que nos parecemos más a las cinco personas con las que pasamos más tiempo. Obviamente, cuando pasamos tiempo con personas, ya sea que nos guste o no, terminamos absorbiendo su energía a un nivel subconsciente. Sucede de manera tan sutil y sin que nos demos cuenta que ni siquiera lo notamos. Por lo tanto, si pasas más tiempo con personas cargadas de inercia, procrastinación, pereza, negatividad, etc., comienzas a pensar y sentir como ellos.

En cambio, elige a las personas con las que pasas el tiempo máximo.

Code switching is a survival tool.

Me gustaría que hicieras un pequeño experimento la próxima vez que estés con un grupo mixto de personas o en una fiesta de oficina. Interactúa con un grupo de personas de alto rendimiento o exitosas y con un grupo de personas de rendimiento no tan bueno o promedio. Las conversaciones del primer grupo serán muy diferentes a las del segundo.

Mientras que los intérpretes siempre piensan en términos de su próxima acción, ideas o soluciones, los intérpretes promedio estarán ocupados culpando al sistema, a otras personas y circunstancias por su inacción. Tendrán un enfoque más reactivo que proactivo. ¡Sus conversaciones se centrarán en excusas y problemas, no en soluciones e ideas!

Rápidamente aprenderás a distinguir entre estos dos grupos y harás un esfuerzo por rodearte de personas exitosas una vez que observes cómo afecta tus propios pensamientos, acciones, mentalidad y hábitos.

La mayoría de las personas exitosas y ricas no se volvieron ricas y exitosas de la noche a la mañana. Transformaron su vida al llevar a cabo una transformación dentro de su mentalidad. Antes de poder adquirir riqueza y éxito en persona, comenzaron a pensar como personas ricas y exitosas. Cuando te relacionas con estas personas ricas y exitosas, desarrollas las mismas ideas ganadoras y una mentalidad de solución.

Hábito 68 - Mantente en contacto

No esperes recibir una respuesta con un solo correo electrónico o comentario en redes sociales. Cuando te acerques directamente a las personas para que sean tus mentores, hay diferentes formas de hacerlo. Probablemente los conociste en un evento de networking y no quieres que te olviden, en cuyo caso puedes enviarles un mensaje o correo electrónico diciendo que fue maravilloso conocerlos y te gustaría mantener el contacto con ellos para futuras asociaciones/colaboraciones.

Deja mensajes en días festivos y festivales para seguir estando en su conciencia. A veces, cuando pides algo, pueden no responder o responder negativamente, diciendo que están ocupados. Aceptalo con gracia y diles que entiendes. Intenta enviarles información o enlaces relevantes e interesantes en el futuro. Intercambiar correos electrónicos sobre recomendaciones de libros, blogs, artículos de periódicos y preguntas es una buena manera de mantenerse conectado con tus mentores.

Es posible que no te encuentres con estas personas con frecuencia. Sin embargo, pídeles amablemente sus sugerencias y aplícalas. Da tiempo para que la relación se fortalezca. Sin embargo, mantén el impulso al mantenerte en contacto con ellos regularmente. Si te ofrecen una sugerencia, consejo o recomendación que funcionó, no olvides enviarles un correo mencionándolo. Los mentores se sentirán aún más motivados para ofrecer sus consejos, sugerencias y recomendaciones a personas que realmente los aprecian.

Crea razones inteligentes para hacer seguimiento con la persona y mantener la conexión y relación de forma continua. Si discutiste un tema específico con ellos durante tu reunión cara a cara, envíales blogs o artículos relacionados con ello con una nota sobre cómo disfrutaste hablar sobre el tema con ellos y pensaste que podrían encontrar el blog/artículo interesante o valioso. Añade referencias o fragmentos de la conversación que compartieron ambos.

Nunca olvides enviar una nota de agradecimiento si te hacen un favor o te ofrecen valiosos consejos/sugerencias/recomendaciones. Si algo que te dijeron los mentores funcionó de maravilla, no olvides mencionárselo. Sigue encontrando razones y oportunidades para mantenerse conectado. No tiene sentido construir tu red de contactos sin hacer un esfuerzo por mantenerse en contacto regularmente.

Hábito 69 - Seriedad en tu oficio

Cuando te acercas a alguien que tiene mucho éxito en su campo, hay altas probabilidades de que se tomen su oficio muy en serio. Las personas exitosas y bien ubicadas desprecian a los que malgastan energía y tiempo. Tienes que demostrar que te tomas tu oficio en serio para que te tomen en serio. Mantén la misma intensidad, pasión, energía y entusiasmo por el trabajo que ellos. Muéstrales cómo estás dispuesto a esforzarte al máximo solo para aprender de ellos. Empuja tus límites. Deja que tu energía contagiosa y entusiasmo se transmitan a los demás.

Hábito 70 - Evitar ser un aprendiz pasivo

Conozco personas que creen que han alcanzado el éxito del mundo una vez que se aferran a un mentor. No funciona así. No eres un aprendiz pasivo. Tú estás a cargo de tus metas, cultivando una relación con tu mentor, buscando activamente su consejo y asistiendo a eventos siempre que tengas la oportunidad.

Tus esfuerzos no deberían terminar una vez que consigas un mentor. Construir una red fabulosa de mentores requiere compromiso, tiempo y energía. En ocasiones, tendrás que viajar a lugares lejanos solo para conocer a alguien a quien siempre has admirado en alguna industria. Conócete a ti mismo, tus valores y tu estilo de trabajo para obtener el máximo valor de tu relación con el mentor.

Hábito 71 - Encuentra a alguien que llene tus brechas en conjunto de habilidades

No persigas a un mentor que sea tu clon. Por supuesto, quieres encontrar a alguien cuyas ideologías, valores y estilo de trabajo coincidan con los tuyos. Sin embargo, busca a alguien que pueda compensar las lagunas en tus habilidades. Hay valor en fortalecer aún más tus fortalezas, pero hay un valor mayor cuando alguien puede ofrecerte orientación y consejo en un área en la que claramente estás luchando. Alguien que pueda complementar tus habilidades es un gran mentor.

Construir el éxito y la riqueza consiste en estar en un estado constante de aprendizaje y tener a las personas adecuadas a tu alrededor para acelerar el proceso de aprendizaje. Es importante que el mentor complemente tus propias fortalezas.

Por ejemplo, puedes ser un maravilloso diseñador de aplicaciones que diseña las aplicaciones más elegantes con la destreza tecnológica requerida. Sin embargo, es posible que te falte el tacto comercial para promocionar estas aplicaciones ante los usuarios. Un buen mentor es alguien que puede intervenir y llenar ese vacío para ayudarte a generar mejores ideas de marketing y promoción.

Hábito 72 - Evita seguir a un mentor ciegamente

Comprende que nadie puede vivir tu vida. Los mentores están ahí para ofrecerte consejos, sugerencias y perspectivas basadas en su experiencia. Sin embargo, estos pueden no ser adecuados para ti o pueden necesitar algunos ajustes o puede que necesites desarrollar sus ideas. Los mentores no pueden tomar decisiones drásticas o unilaterales por ti.

Solo pueden ofrecer sugerencias. Si aplicar esas sugerencias y recomendaciones a tu negocio/trabajo debe ser tu decisión y discreción. El papel de un mentor es más para ayudarte a reflexionar sobre algo, no seguirlo ciegamente.

Habito 73 - Tómate tiempo para hacer conexiones genuinas

No pretendas ser una mariposa social saltando de un grupo a otro, dando la impresión de que conoces a mucha gente. Es la calidad de tus conexiones lo que importa, no la cantidad. Tómate el tiempo para hacer conexiones genuinas con cada persona. Explora cómo puedes agregar valor a lo que están haciendo y cómo puedes beneficiarte de su experiencia y conocimiento. No vayas corriendo de una persona a otra en un intento por adquirir muchas tarjetas de presentación. Sin embargo, pasar media hora con un buen contacto es más valioso que pasar 2-3 minutos con 10 contactos.

Aprovecharás al máximo tus oportunidades de networking enfocándote en contactos genuinos. Identifica a un puñado de líderes, mentores y contactos, y concéntrate en ellos en lugar de adquirir un montón de tarjetas de presentación sin sentido, donde la gente ni siquiera recuerda haberte conocido. Tómate el tiempo para descubrir cómo tú y el líder/mentor pueden agregar valor a los proyectos o negocios del otro. Si les ofreces una propuesta de valor sólida, es probable que se asocien contigo de alguna manera u otra.

Construir conexiones se trata de nutrir relaciones. No olvides agradecer a tus mentores, influenciadores o líderes de pensamiento por sus sugerencias, información o ayuda. Toma notas sobre lo que se discutió en tu última interacción con ellos para poder sorprenderlos al hacer referencia a la conversación anterior. Esto añade un toque personalizado a la correspondencia.

Hábito 74 - Intenta ser parte de tantos grupos profesionales como sea posible

Forma parte de grupos profesionales en línea y fuera de línea, organizaciones, asociaciones empresariales y clubes donde es más probable que se reúnan personas de tu industria. Estos son lugares excelentes para encontrarte con personas afines de las cuales puedes aprender o colaborar en el futuro. No te pierdas eventos de networking empresarial, seminarios, conferencias, charlas, exposiciones y almuerzos dentro de tu ciudad o industria. Estos son los mejores lugares para conocer gente de tu ámbito.

Hábito 75 - Ofrecerse como voluntario para alcanzar a las personas

Un consejo profesional que puedo ofrecerte para causar una

impresión positiva en las personas es hacer voluntariado. Asume responsabilidades adicionales dentro de tu organización/fuera de ella u ofrece ayuda al mentor yendo más allá de tu deber. Esta es una excelente forma de llamar la atención de las personas y aumentar tu visibilidad. Cuando haya una oportunidad adecuada para una asociación o trabajo, tu disposición proactiva aumentará tus posibilidades de ser considerado sobre otros. Intenta buscar consejos de expertos sobre cómo expandir tu red de contactos.

Hábito 76 - Aprovecha el poder de tus contactos sociales pidiendo referencias

¿Recuerdas la regla de los seis grados de separación? Establece que cada persona en el planeta puede estar conectada a otra persona a través de un lazo que comprende un máximo de cinco conocidos o contactos. Esto significa que estás más cerca de tu mentor de lo que piensas. Simplemente debes aprovechar el poder de tu lista de contactos actual para establecer más conexiones o adquirir un mentor. Conocer gente a través de contactos que ya conoces te ahorra la molestia de acercarte a tu mentor como un extraño. Si deseas que te presenten a un líder importante o mentor dentro de la industria, pasa tiempo con personas que lo conozcan durante un tiempo.

No solicites sus datos de contacto ni pidas una cita de inmediato. Haz una solicitud educada para que te presenten a la persona importante. Busca la función de presentación en LinkedIn, donde contactos existentes pueden presentarte a nuevos conocidos profesionales.

Cuando veas a un grupo grande en un evento de networking empresarial y conozcas a algunas personas del grupo, acércate y saluda a las personas que conoces, mientras te presentas a los nuevos conocidos. Intercambia tarjetas de presentación e intenta obtener los detalles de contacto de todos. Por supuesto, este no es el lugar para pedir trabajo, asociación, mentoría, negocios o favores. En su lugar, pregunta por las sugerencias, consejos o recomendaciones de la persona.

Recuerda, estás aprovechando estos contactos para el futuro, lo que significa que los favores inmediatos están totalmente descartados. Por ejemplo, si estás buscando trabajo, no puedes pedirle a alguien un trabajo directamente. En su lugar, puedes solicitar su consejo sobre consejos que puedan ayudar en tu búsqueda de trabajo. Esto te muestra como un profesional menos desesperado y más creíble.

El objetivo principal al relacionarse con personas antes de acercarse a un mentor debe ser construir una buena relación y desarrollar asociaciones profesionales sostenibles a largo plazo. No busques ganancias rápidas a corto plazo cuando se trata de establecer relaciones con mentores o personas influyentes dentro de tu industria.

Sigue preguntando a tus contactos existentes por referencias o presentaciones. Cada persona que conoces a su vez conoce alrededor de 200 personas. No dejes sin aprovechar una fuente de red valiosa. Una de las formas más rápidas de hacer crecer tu red es pedir recomendaciones a tus contactos actuales. Ellos estarán aún más felices de compartir nombres de su lista de contactos si compartes algunos de la tuya.

Hábito 77 - Consigue un compañero de escucha

Cuando hablas, solo refuerzas lo que ya sabes. Sin embargo, cuando escuchas, aprendes algo nuevo. Evita hablar demasiado para impresionar a un posible mentor y escucha. Pide el consejo, la opinión y el punto de vista de la otra persona sobre un tema importante dentro de la industria.

Permítales agregar valor a su conocimiento. Si sigues hablando, la otra persona tendrá la impresión de que no estás interesado en lo que están hablando. Además, ofrece pistas verbales y no verbales de que estás escuchándolos atentamente. Las pistas verbales pueden ser "aja", "ohh" y "hmm", mientras que las pistas no verbales de escucha pueden ser asentir con la cabeza. También puedes parafrasear lo que la otra persona dijo para demostrar que has estado escuchándolos activamente. También me gusta hacer preguntas a la persona sobre lo que dijo, no solo para verificar mi comprensión, sino también para señalar hábilmente a la otra persona que los he estado escuchando atentamente. A menudo fallamos en darnos cuenta de que nuestras habilidades para escuchar impresionan a las personas tanto como nuestras habilidades para hablar. Puedes hacer preguntas perspicaces sobre algo que hayan dicho para dejarlos sorprendidos.

Consejos para acercarse a los influencers y líderes de pensamiento en las redes sociales y otras plataformas en línea

Hábito 78 - Investigación y más investigación

Hay múltiples herramientas como Buzzsumo (con su potente suite de influencers) que te permiten no solo descubrir, sino también contactar y estudiar datos de influencers. Tienen un útil motor de búsqueda que permite a las personas encontrar los influencers más poderosos en cualquier tema/industria. También hay características adicionales que ayudan con tu plan de divulgación. Otra aplicación útil que te permite identificar influencers en redes sociales y monitorear conversaciones es Hootsuite. Puedes crear y guardar una lista de Twitter en la plataforma para hacer un seguimiento fácil de los detalles de tus influencers y compromiso. ¿Qué tal eso?

Hábito 79 - Únete a los chats en línea en los que tu influencer objetivo es especialmente activo.

Hay muchas conversaciones ocurriendo en plataformas en línea si estás tratando de establecer una relación con el influencer deseado y luego participar activamente en las conversaciones. Encuentra las conversaciones más activas y expertos en Reddit, Quora, Grupos de LinkedIn y otros seminarios web de nicho. Identifica dónde se reúnen tus influencers y comienza a hacer sentir tu presencia en estas plataformas. Twitter es un buen lugar para empezar a impresionar a influencers dentro de tu industria. Organizado por un hashtag, hay muchas conversaciones ocurriendo en el mundo en línea. ¡Encuentra las que sean relevantes para tu industria o área de expertise y destácalas!

Hábito 80 - Contactar a contactos mutuos

Esta no es la estrategia más impactante, pero a menudo son los conceptos básicos los que ignoramos. Busca cualquier conexión mutua entre tú y el influenciador. El mundo es más pequeño de lo que creemos. Acércate a tu propio contacto en las redes sociales o seguidor y pídeles que te presenten al influenciador. De esta manera, no los tomas por sorpresa.

Hábito 81 - Mantenlo organizado

Si estás contactando a muchos influencers con la esperanza de que uno de ellos acepte ser tu mentor, mantén todo organizado. Lleva un registro de las fechas en las que te acercaste a ellos, las conversaciones que tuviste, la fecha/hora en la que te pidieron que volvieras a contactarlos y más. De esta forma, es probable que impresiones a estos influencers con tu diligencia y esfuerzos disciplinados. Además, evitarás muchas situaciones incómodas.

Hábito 82 - Prueba MicroMentor o Mentoría SCORE

Estas dos son plataformas en línea que brindan a los propietarios de pequeñas empresas y principiantes acceso a un mentor. Puedes encontrar una gran cantidad de mentores aquí o incluso ofrecerte como voluntario para ser uno mismo. SCORE Mentoring tiene voluntarios con experiencia en 62 industrias, por lo que existe la posibilidad de que encuentres a alguien que conozca tu industria al dedillo. Aprovecha el poder de estas plataformas para encontrar tus mentores en línea.

Cómo encontrar y retener un mentor - los pasos

La mayoría de las personas no entienden el concepto de la tutoría, y eso me incluye en mis primeros días también. A menudo pensamos que la tutoría se trata de nosotros y de encontrar al mejor mentor/maestro. ¡No! Necesitas a alguien que no solo conozca bien su oficio, sino también a alguien que invierta en ti y te enseñe. Y finalmente, ¡tienes que hacer el trabajo, el mentor solo te guiará hacia él! Aquí están mis pasos secretos para no solo encontrar un mentor increíble, sino también mantenerlo.

Hábito 83 - Busca a alguien a quien quieras emular

No te limites a buscar un mentor y agarrar el primer pato que encuentres. No solo necesitas a alguien que sea rico, exitoso y bueno en su trabajo. También quieres a alguien cuyos valores, estilo de trabajo y perspectiva coincidan con los tuyos. ¿A quién aspiras parecerte? Encuentra a alguien a quien admires, te guste y con quien te puedas identificar. Tómate tu tiempo para analizar varios candidatos antes de decidirte por tu mentor, que probablemente sea la persona con la que quieras estar dentro de unos años.

Hábito 84 - Investiga a la persona

Una vez que hayas identificado a un mentor o un par de mentores, conócelos a fondo. Sigue sus blogs y cuentas de redes sociales. ¿Te gusta su persona pública? Asegúrate de entender sus fortalezas y limitaciones. Mantén expectativas realistas.

Hábito 85 - Programar una reunión

Como discutimos anteriormente, no pidas a la persona que sea tu mentor. En cambio, prepara una lista de preguntas pero no la saques delante del mentor. Úsala para guiar tus conversaciones, las cuales deben fluir de forma orgánica. Adáptate al estilo de comunicación del mentor. Si él/ella es más formal, adopta un enfoque similar. Sin embargo, no caigas en la trampa de actuar como viejos amigos si él/ella actúa de manera muy relajada y casual. Evita tomar libertades con tu mentor y mantén la ecuación mentor-mentorado en todo momento.

En lugar de solicitar una reunión formal, pide hablar con tu mentor tomando un café o brunch. Mantenlo en menos de un par de horas. La primera reunión debe ser clara y concisa para que esperen con ganas volver a encontrarse contigo. Si te extiendes demasiado, los harás salir corriendo.

Hábito 86 - Evaluar la interacción

Una vez que conozcas a esta persona, pregúntate si deseas pasar más tiempo interactuando con ella. ¿Cómo son sus vibras? ¿Te hacen sentir positivo, inspirado y motivado para alcanzar tus metas? ¿Te hicieron suficientes preguntas, y las correctas? ¿Te dieron respuestas a las preguntas que planteaste? ¿Sentiste una conexión con ellos? ¿Crees que la relación puede continuar a lo largo del tiempo? Si la respuesta es principalmente sí, crea un plan de seguimiento.

Hábito 87 - Seguimiento

De acuerdo, ahora esto no es como una cita. Puedes parecer impaciente y demasiado ambicioso. De hecho, deberías mostrar un entusiasmo extra para ser el aprendiz de alguien. Solo no te veas demasiado desesperado. Hay una línea muy fina entre los dos. Haz un seguimiento agradeciendo al mentor por su tiempo, paciencia e ideas. Puedes enviar un correo electrónico o un mensaje de texto sin parecer autoritario.

Aprovecha esta oportunidad para mencionar que te gustaría volver a verlos. Si él/ella está de acuerdo, toma un calendario y fija una fecha y hora inmediatamente si puedes. Asegúrate de que el mentor esté relajado y no se sienta presionado para ceder a tu solicitud.

Hábito 88 - Deja que la relación se desarrolle naturalmente.

No pongas demasiadas expectativas en la tutoría ni fuerces la construcción de la relación. Permite que evolucione naturalmente con el tiempo. Es bastante parecido a cualquier otra relación, basado en la confianza mutua, lealtad y respeto. Dale tiempo para florecer. Forzar la relación solo matará una relación que de otro modo sería maravillosa.

Capítulo Once: Mantén un Enfoque Proactivo, No Reactivo

Una joven pareja estaba una vez preparando la cena. La señora cortó los bordes del jamón antes de ponerlo en un recipiente para hornear. Su esposo le preguntó por qué lo hacía, ya que parecía ser un desperdicio.

La dama respondió. "Realmente no lo sé". Corté los bordes del jamón antes de hornearlo porque eso es lo que vi hacer a mi mamá".

La pareja se acercó entonces a la madre de la dama y le preguntó por qué cortaba los bordes del jamón antes de hornearlo. "No sabría decirte. Mi madre siempre lo hizo y yo la imité".

A continuación, van a la abuela de la señora y le preguntan por qué siempre cortaba los extremos del jamón antes de hornearlo. La respuesta fue rápida: "realmente esa era la única forma en que podía entrar el jamón en mi sartén pequeña".

Esto es más o menos lo que la mayoría de las personas hacen en su vida. Viven su vida en piloto automático, haciendo lo que otras personas hacen sin tomar el control de su vida o saber por qué hacen lo que hacen. Caminar dormidos por la vida no te llevará a ninguna parte. Apenas nos detenemos a reflexionar sobre por qué hacemos lo que hacemos. Simplemente reaccionamos ante lo que se nos presente en lugar de tener el coraje suficiente para construir nuestro propio camino. Hay múltiples opciones disponibles para nosotros y en nuestra limitada, perspectiva reactiva de las cosas, no logramos ver el panorama general.

No hagas lo que otros hicieron con su 'pan.' Tú tienes tu propio, único 'pan.' Sé lo bastante proactivo para determinar cómo y por qué haces algo.

Permítanme ser muy claro aquí: rara vez construirás una vida próspera, exitosa y gratificante adoptando un enfoque reactivo. Las personas reactivas son guiadas por sus circunstancias externas, otras personas y cosas fuera de su control, lo que significa que si tienes un enfoque reactivo, estás limitando tus posibilidades de éxito. Si tu empresa está llevando a cabo una reducción masiva de personal para recortar costos y pierdes tu trabajo, eso es el fin del mundo para ti. Las personas reactivas responden a circunstancias y otras cosas más allá de su control, mientras que las personas proactivas aceptan la responsabilidad por sus acciones, independientemente de sus circunstancias, personas y otros factores que están fuera de su control. Ellos tienen el volante de su vida y la llevan a donde quieren, sin importar los baches y obstáculos a su alrededor. En lugar de ofrecer excusas, culpar a las personas o esperar a que una oportunidad llame a su puerta, ¡salen y crean puertas!

Las personas proactivas aceptarán la responsabilidad de sus acciones, y se harán responsables de todo lo que hagan. Tienes una razón para tener éxito, donde triunfas a pesar de todos los obstáculos, o tienes una excusa para no tener éxito, donde fallas a pesar de que se te ofrecen varias oportunidades. No puedes tener ambas cosas. Las personas reactivas tienen excusas, mientras que las personas proactivas tienen motivos convincentes para tener éxito (sus razones).

Acepta lo que está más allá de tu control y trabaja en ello. Hay algunas cosas que estarán más allá de tu control, sin importar cuánto desees cambiarlas. Tu raza, color de piel, etnia, origen familiar, circunstancias de crecimiento, altura, lugar de nacimiento o lugar donde creciste y otros. Estos son algunos ejemplos de factores que están más allá de tu control. Simplemente no puedes hacer nada al respecto.

Todo lo que puedes controlar es cómo reaccionas ante ello. Puedes quejarte de haber nacido en un entorno desfavorecido y racial, o puedes convertir tus supuestas debilidades en fortalezas y convertirte en un campeón de empatía con personas de diferentes ámbitos de la vida al convertirte en el presentador de televisión mejor pagado, piensa en Oprah Winfrey. Las personas exitosas se dan cuenta bastante pronto de que son responsables de su vida y que la clave para desbloquear su destino soñado está en sus manos.

Sé que algunos de ustedes están pensando, sé que es genial ser proactivo pero me cuesta desarrollar una mentalidad proactiva. No se preocupen, al igual que otras estrategias y principios de éxito, también los tengo cubiertos aquí. Aquí están algunos de mis mejores consejos para desarrollar un enfoque más proactivo.

Hábito 89 - Enfócate en soluciones, no en problemas

Una gran diferencia entre las personas reactivas y proactivas es que mientras las personas reactivas se centran en los problemas, las personas proactivas se centran en las soluciones. Eligen concentrarse en la solución en lugar de obsesionarse con un problema. ¡Todos enfrentan desafíos y circunstancias que están más allá de su control! Sin embargo, la forma de enfrentar estos obstáculos es lo que distingue a un ganador de un perdedor. Olvídate de lo que está fuera de tu control y en cambio concéntrate en lo que puedes hacer.

En el ejemplo de despido anterior, no puedes controlar la recesión global y el aumento de los costos operativos. Sin embargo, sí puedes controlar cómo decides utilizar el tiempo que tienes disponible una vez que te han despedido. Puedes regresar a la universidad, aprender un curso para mejorar tus habilidades, tomar un trabajo de medio tiempo mientras estudias, construir un negocio en línea desde casa, o hacer varias otras cosas similares. Esto es un enfoque proactivo. Un enfoque reactivo o de víctima sería, "Me han despedido o me ha golpeado la difícil situación del mercado. No puedo hacer nada al respecto, solo esperar otro trabajo. Este es mi destino desdichado." ¿Ves la diferencia? Las personas proactivas nunca se convierten en víctimas. Tendrán una visión de vida más dinámica, amplia y orientada a soluciones.

Aprende a vencer tus desafíos en lugar de culpar a otras personas o circunstancias por ello. Tú solo eres responsable de lograr tus metas y resolver tus problemas. Aunque mucha gente te apoyará y te cuidará, solo tú eres responsable de tu éxito o fracaso. Asume la responsabilidad de los desafíos en tu vida y conviértelos en oportunidades. Trabaja hacia la resolución de tus problemas en lugar de culpar a otros.

Hábito 90 - Construye tu propia suerte

No puedes dormir hasta que llegue la oportunidad adecuada. Tienes que salir y crear tus propias oportunidades. ¿Qué tal dar unos pasos cada día para ser mejor de lo que eras el día anterior mientras avanzas en una trayectoria progresiva y positiva?

Haz un plan en papel sobre dónde quieres estar. Marca hitos para ti mismo con líneas de tiempo precisas. Las cosas no suceden solo porque desesperadamente quieres que sucedan. Suceden cuando las haces suceder.

Hábito 91 - Anticiparse al futuro y tener su plan listo

Las personas proactivas no se quedan allí sentadas esperando a ser arrastradas por la lluvia. Estarán listas con sus paraguas. Desarrolla un enfoque más proactivo hacia la vida anticipando el futuro y preparándote para él con suficiente antelación. Al considerar problemas potenciales que puedan surgir en el futuro, puedes planificarlo con suficiente antelación. Digamos que has planeado unas vacaciones para dentro de unos meses. Comienzas a apartar fondos para las vacaciones recortando gastos en comer fuera y en lugar optando por comidas caseras o eligiendo café de la máquina expendedora en lugar de comprarlo en cafeterías.

Esto te ayuda a cuidar de tus gastos en comida, viajes y actividades durante el destino. Un enfoque reactivo sería planificar actividades, comida y otros gastos dependiendo de la cantidad que te queda durante el tiempo de tus vacaciones. El primer punto en el que trabajar para desarrollar un enfoque proactivo es anticipar el futuro y prepararse para él.

Las personas con una mentalidad proactiva tienen una gran visión de futuro. Rara vez se ven sorprendidas o están desprevenidas ante cualquier problema. Entiende cómo funciona todo a tu alrededor. Observa los patrones, identifica las rutinas regulares y anticipa lo inesperado. ¿Cuáles son las prácticas diarias en tu trabajo o negocio? ¿Cuáles son sus ciclos naturales? ¿Cuáles son los factores inesperados que pueden afectar tu negocio o trabajo? Sin embargo, no te limites por el pasado al hacer predicciones o anticipar el futuro.

Usa tu imaginación para anticipar resultados futuros. Utiliza una combinación de lógica, ingenio y creatividad. Piensa en varios escenarios de cómo pueden desarrollarse los eventos en el futuro. Algunas de las personas más proactivas que conozco siempre están en movimiento -anticipando, pensando, planeando y ejecutando. Son luchadores que no creen en quedarse quietos o volverse complacientes.

Hábito 92 - Participa en lugar de ser una audiencia pasiva

Se parte de tantas oportunidades, responsabilidades e iniciativas como sea posible sin agotarte. ¡Si hay una responsabilidad adicional que tomar en tu lugar de trabajo, ofrécete proactivamente para hacerlo! Forma parte de iniciativas comunitarias, competiciones y eventos. No seas un espectador pasivo que simplemente observa a otros hacer su trabajo. Levántate, sal ahí afuera y hazte visible. ¡Esta es la única forma de atraer más oportunidades a tu camino, en lugar de sentarte y esperar a que sucedan!

Conozco a muchas personas que simplemente se sientan en las reuniones sin agregar ningún valor o sus propias ideas, y luego se preguntan por qué no son promovidas. Aporta tus propias ideas a las reuniones y contribuye a añadir valor a cualquier esfuerzo profesional. No simplemente escuches o reacciones a las sugerencias de otras personas, añade las tuyas. Mirar desde la barrera no es lo mejor que puedes hacer si quieres desarrollar un enfoque más proactivo.

Hábito 93 - Evita llegar a conclusiones negativas y gestiona tus reacciones

Es fácil sucumbir a impulsos emocionales o tomar decisiones rápidas. Las personas proactivas rara vez se involucran en pensamientos catastróficos o se dejan llevar por sus emociones. Reúne toda la información que puedas antes de llegar a una conclusión. Mantén una perspectiva más amplia y abierta para pensar lógicamente y encontrar soluciones más equilibradas.

Así que le enviaste un mensaje a alguien y no respondió. No asumas automáticamente que te está evitando o que deliberadamente no responde a tus llamadas. Piensa en pensamientos más equilibrados o realistas, como que tal vez están ocupados, conduciendo o no tienen su teléfono con ellos en ese momento. Puede haber innumerables posibilidades.

En lugar de imaginar lo peor, piensa en posibilidades más realistas. Este es otro super consejo para construir un enfoque proactivo.

Ser proactivo requiere que te pongas en el lugar de la otra persona para entender las cosas desde su perspectiva. Esto te impide ver las cosas únicamente desde tu punto de vista y te brinda la capacidad de intentar encontrar una solución.

Hábito 94 - Rodéate de las personas adecuadas

Rodearte de personas positivas, trabajadoras, inspiradoras y proactivas es una de las mejores formas de desarrollar una mentalidad ganadora. Dedica tu tiempo y energía a personas motivadas. No puedes pasar una gran cantidad de tiempo con personas reactivas que juegan de víctimas y esperar demostrar un enfoque más proactivo. Evita a las personas perezosas, desmotivadas y negativas como la peste. Te arrastrarán con su mentalidad negativa y serás consumido por su inercia antes de darte cuenta.

Hábito 95 - Hacer inventario de tus tareas

Ser proactivo se trata de ser organizado. Esto puede incluir desde tu mentalidad hasta tu espacio físico de trabajo y tu horario. Organizar proactivamente tus tareas permite que se completen de manera más eficiente y te da más tiempo para explorar oportunidades. Lleva una vida equilibrada, programa momentos de ocio y mantén una actitud positiva en general. Evalúa tus responsabilidades. Siempre sé el empleado, trabajador o empresario dispuesto a ir más allá. Una actitud lista y dispuesta te hace más proactivo. Serás visto como alguien en quien se puede confiar. Aquí tienes una lista de preguntas que te puedes hacer para desarrollar una mentalidad más proactiva.

1. ¿Cuáles son tus tareas / metas a largo plazo e inmediatas?
2. ¿Cuáles son tus prioridades actuales?
3. ¿Qué tareas puedes consolidar, acortar o desechar por completo?
4. ¿Cómo puedes mantenerte al tanto de las tareas que no son urgentes?
5. ¿Cuáles son las cosas que necesitas aprender para ser excepcionalmente bueno en tu trabajo?
6. ¿Cuál es tu enfoque para resolver problemas?
7. ¿Puedes prever problemas y planificar alternativas y soluciones anticipándote a estos problemas?
8. ¿Puedes automatizar tareas para ser más efectivo y ahorrar tiempo?

Como persona proactiva, aprende a concluir las cosas. Acude a tu responsabilidad para completar una tarea. Asegúrate de lograr algo en el tiempo designado. Una de las mejores maneras de aumentar tu responsabilidad hacia la meta o tarea es buscar la ayuda de un compañero de responsabilidad. Esta persona es alguien en quien puedes confiar y que te hace responsable de tus acciones mientras te recuerda constantemente tus objetivos.

Otra forma que funciona maravillosamente bien para algunos es comenzar a escribir un blog de responsabilidad o publicar en las redes sociales. Cuando te comprometes públicamente a un objetivo o tarea, hay mayores posibilidades de que los cumplas porque obviamente no quieres ser visto como una persona que no cumple su palabra o es demasiado perezosa para trabajar en lo que te comprometes. Lleva un seguimiento de tu progreso a través de tu blog. Esto no solo te ayudará a mantenerte en el camino de tus metas, sino que también se convertirá en un viaje para inspirar a otros.

Hábito 96 - Cuanto más haces, más aprendes

Me encantaría decirte que el secreto para ser una persona próspera y exitosa es solo leer o escuchar libros electrónicos como estos. Desafortunadamente, no funciona de esa manera. Puedes adquirir todo el conocimiento e inspiración del mundo, pero es inútil si no lo pones en práctica. El conocimiento adquiere poder solo cuando se pone en acción. Las personas proactivas no solo leen, ven y escuchan cosas inspiradoras para sentarse y empollar huevos. Se esfuerzan por aplicar el conocimiento que adquieren actuando de inmediato. Para ellos, el fracaso es preferible a la inacción.

Cuando las personas proactivas fallan, aprenden una manera más de no hacer algo o se dan cuenta de que necesitan cambiar o repensar su estrategia. Digamos que construyes tu propio blog/página de crianza en Facebook y sigues publicando contenido increíble en él. Quiero decir, al menos piensas que estás publicando un contenido fenomenal. Promocionas agresivamente tu blog para dirigirte a un grupo de audiencia adecuado (piensa en padres) utilizando concursos e invitando a amigos a que les guste tu página. Sin embargo, a pesar de que has construido un considerable número de seguidores en poco tiempo, el blog no cuenta con un gran compromiso en términos de "me gusta", comentarios, publicaciones de usuarios y conversaciones.

Te das cuenta de que, aunque lograste conseguir muchos seguidores rápidamente gracias a los concursos y las invitaciones de amigos, no atraíste a un grupo de audiencia realmente interesada, lo que resultó en una baja participación. Probablemente las personas siguieron el blog solo para ganar algunos premios o porque se sintieron obligadas al ser tus amigos. Esto lleva a la realización de que necesitas una audiencia que esté realmente interesada en tu blog. Por lo tanto, comienzas a dirigirte a tu audiencia con Publicidad en Facebook. ¿Por qué te cuento todo esto? ¿Cómo diablos sabrías qué funciona y qué no si no tomas acción? Todas las personas exitosas y adineradas que han logrado el dominio de la vida tomaron acción en la dirección de sus sueños. Intentaron, fallaron, ajustaron, reinventaron, duplicaron, y así sucesivamente. Sin embargo, pudieron hacer todo esto solo porque fueron lo suficientemente proactivos para implementar el conocimiento reunido.

¿Cómo sabrías qué funcionó o no funcionó para un blog de crianza si no comenzaste uno en primer lugar! Sí, hay otros sistemas para duplicar, pero algunas lecciones internas tendrás que aprender por ti mismo. Nadie compartirá todas sus estrategias secretas de éxito contigo. Ni siquiera los mejores mentores. Es tu viaje único, que necesita ser vivido y definido por ti solo demostrando un enfoque más proactivo. Hay sistemas establecidos pero tendrás que darle tu propio toque basado en tu enfoque único, metas e ideales.

En el ejemplo anterior, si simplemente hubieras leído sobre la creación de un blog en Facebook y no hubieras actuado por miedo a no generar lo suficiente, ¿habrías aprendido la manera correcta de hacerlo? No tuviste éxito de inmediato. Sin embargo, ¿no obtuviste ideas sobre lo que no funciona? ¡Ahora estás armado con conocimiento y sabiduría sobre cómo construir una comunidad más comprometida de seguidores en Facebook! No dejes que el temor al fracaso te hunda en la inacción. No aprenderás nada si ni siquiera lo intentas.

Sé proactivo sobre tus fracasos. En su exitoso libro Cómo ser una jefa, la estrella de YouTube y entretenedora/intérprete Lily Singh menciona cómo nunca puede hacer la tortilla perfecta. Por su propia confesión, los huevos siempre se rompen "en al menos tres piezas".

Después, en lugar de abandonar la tortilla menos perfecta, se da el lujo de hacerse huevos revueltos rompiéndolos en trozos aún más pequeños con una espátula.

¿Por qué el fracaso debe significar el fin para una idea, empresa o proyecto? Reúne tu imperfecta tortilla y conviértela en deliciosos huevos revueltos siendo más proactivo. A veces, puede que tengas que empezar de nuevo después de presenciar el fracaso. Sin embargo, a veces el fracaso también puede ser la puerta de entrada al éxito inesperado. Esto ocurrirá más probablemente solo cuando tengas un enfoque más proactivo para enfrentar los desafíos de frente en lugar de adoptar un enfoque reactivo, donde culpas a todo lo que te rodea por tus fracasos.

Capítulo Doce: Construye tu musculo de perseverancia

"No temo al hombre que ha practicado 10,000 patadas una vez, pero temo al hombre que ha practicado una patada 10,000 veces." - Bruce Lee

Aquí hay algunas formas poderosas de fortalecer tu perseverancia y determinación.

Hábito 97 - Empújate un poco cada día

Haciendo pequeños incrementos en tu progreso diario es una excelente manera de construir perseverancia. Digamos que caminas 2 millas cada día o haces 100 flexiones al día. Intenta aumentar este número gradualmente. Camina una milla adicional o intenta hacer 110 flexiones en tu entrenamiento. Pequeñas vueltas aumentarán tu capacidad para correr durante más tiempo sin sentirte exhausto. El objetivo es empujarte a ti mismo para hacer más, saliendo de tu zona de confort. Si te sientes cómodo escribiendo 15 páginas al día, esfuérzate por escribir 17-18. Gradualmente, aumenta esto a 20 páginas diarias. Sigue construyendo tu capacidad de resistencia. Empújate lentamente para evitar el agotamiento.

Hábito 98 - Afrontar cualquier crisis de manera lógica, equilibrada y tranquila.

No hay necesidad de crear una telenovela o saga de todo en tu vida. Enfrenta los desafíos de manera lógica y racional. El estrés es un componente inevitable de la vida de cualquier persona exitosa. Donde hay éxito, riqueza y gloria, inevitablemente hay responsabilidad adicional, agotamiento y estrés. A veces, las circunstancias están fuera de nuestro control. Sin embargo, la forma en que elegimos responder a nuestras circunstancias determina la influencia que tienen sobre nosotros.

Hábito 99 - Desarrollar un sólido sistema de apoyo

Construye un sistema de apoyo positivo, poderoso e inspirador para obtener fuerza cuando sea necesario. Durante momentos desafiantes, debes ser capaz de compartir tus sentimientos con un grupo de personas unido, confiable y alentador. Comparte tus pensamientos, solicita su apoyo, conoce su trayectoria, recibe retroalimentación positiva, obtén apoyo y habla sobre posibles soluciones. Terminarás obteniendo una perspectiva completamente diferente sobre una situación.

Hábito 100 - Habla regularmente con personas que te inspiren.

Hablar con personas de confianza puede ofrecerte nuevas ideas, perspectivas y soluciones sobre desafíos, lo cual a su vez aumenta tu poder de perseverancia. Simplemente pasar tiempo con personas que son positivas, inspiradoras y de apoyo te ayuda a superar situaciones perturbadoras y negativas. Cuando estás lleno de dudas sobre ti mismo, estas personas de apoyo disiparán tus nociones incorrectas animándote. Te ofrecerán una comprobación de la realidad más equilibrada y menos catastrófica.

Hábito 101 - Tomarse un descanso

Si tus desafíos parecen demasiado abrumadores para continuar, descansa por un tiempo o toma un breve descanso en lugar de renunciar. Imagina que estás a solo unos centímetros del éxito o tu destino después de caminar varios miles de millas, y simplemente te das por vencido porque estás cansado de caminar más. ¡Qué suerte sería eso! El éxito a menudo está más cerca de lo que creemos. Si tan solo hubieras dado los últimos pasos, habrías sido un gran éxito. Cuando algo no logra los resultados previstos, intenta tomar un descanso y cambiar tu estrategia en lugar de simplemente renunciar. Enfrenta la tarea con una nueva y fresca perspectiva después de un descanso. El verdadero éxito llega a las personas que evitan rendirse.

Una de las autoras más vendidas y ricas de todos los tiempos, J.K. Rowling (fama por Harry Potter), tuvo su manuscrito de Harry Potter rechazado por un increíble total de 12 editoriales antes de que Bloomsbury decidiera seguir adelante con la publicación de algunas copias. ¿Habría alcanzado la riqueza, la gloria y el éxito que tiene hoy en día si hubiera dejado que esos 12 rechazos determinaran su destino? ¿Disfrutarían varios millones de lectores en todo el planeta de su escritura si hubiera permitido que un puñado de personas evaluara su habilidad?

Independientemente de los fracasos pasados, el éxito puede estar mucho más cerca de lo que crees. Tómate un descanso si te sientes cansado o estresado. Sin embargo, no te rindas. No tendríamos nada desde Windows hasta Disneyland, desde la bombilla hasta los aviones, desde Facebook hasta los iPhones si sus fundadores se hubieran rendido, debido a los fracasos y decepciones iniciales. En lugar de ver los fracasos como obstáculos para tu éxito, míralos como escalones que te acercan al éxito.

Imagina un escenario en el que se te exige cubrir una distancia considerable a pie. Sigues caminando una larga distancia pero te sientes cansado después de un rato. ¿Qué haces? ¿Vuelves todo el camino o simplemente te detienes por un momento y continúas? ¡La jornada de tu vida no es diferente. El éxito puede estar más cerca de lo que crees!

Hábito 102 - Desarrollar una mentalidad de solución

La razón por la que algunas personas se ven superadas por sus problemas es porque simplemente lo ven así - como un problema o un obstáculo. Enfrenta desafíos y obstáculos desde una perspectiva de soluciones. La falta de habilidad para encontrar soluciones es lo que lleva a las personas a tirar la toalla. Ante un desafío, haz lluvia de ideas. Propón una serie de soluciones, ideas y posibilidades para resolverlo. Tal vez necesites un cambio en el enfoque o un pequeño ajuste en la estrategia. Identifica diferentes formas de superar una situación desafiante o abrumadora.

De hecho, ve un paso adelante y piensa en soluciones para problemas o desafíos que puedan surgir. ¡Ten soluciones y un plan B listos! Tu confianza aumentará cuando tengas más soluciones prácticas y viables a tu disposición. Desarrolla la habilidad de pensar en soluciones fuera de lo común.

Hábito 103 - Desarrollar un sentido del humor

Esto es tan fácil y agradable, sin embargo, la gente no logra aprovecharlo. Cuando llegan tiempos difíciles, el humor puede ayudarte a superarlos. Mirar el lado más ligero de la situación ayuda a superar el estrés y la ansiedad relacionados con ella. Reúnes una perspectiva diferente y refrescante sobre los desafíos.

De manera similar, cuando vemos una película divertida,

leemos un libro lleno de risas o asistimos a un espectáculo de comedia en vivo, o pasamos tiempo con personas humorísticas, nuestros niveles de dopamina (hormona del bienestar) aumentan. Esto, a su vez, fortalece el mecanismo de defensa de tu cerebro. Equilibra situaciones difíciles con cosas placenteras que te salven de la desesperación y la depresión. No dejes que las situaciones negativas te consuman o las tomes cada vez más en serio.

Mira el lado más brillante, más ligero de las cosas y ríe. Desarrollar un sentido del humor puede que no haga que tu problema sea más pequeño. Sin embargo, aumentará tu capacidad para hacer frente al desafío. La riqueza y las personas exitosas entienden que el camino hacia el éxito está lleno de desafíos, y tienen sus mecanismos de afrontamiento listos.

Hábito 104 - Desarrollar una perspectiva positiva sobre tus habilidades y capacidades

La autoestima y la imagen personal de una persona impactan, en gran medida, su capacidad para mantenerse perseverante. Recuérdate a ti mismo de tus fortalezas, logros, habilidades y momentos gloriosos. Haz una lista de situaciones desafiantes que enfrentaste anteriormente y cómo las superaste. Encuentra inspiración en los momentos positivos.

Hábito 105 - Inscríbete en clases de hablar en público

¡Inscríbete en cursos de hablar en público para aumentar tu confianza! Asiste a eventos de networking, seminarios y talleres para conocer gente positiva que te haga sentir bien contigo mismo. Del mismo modo, ¡domina nuevas habilidades que aumentarán tu confianza, autoestima y fuerza de voluntad! A veces, todo lo que necesitas es un poco de creatividad. ¡Intenta redecorar un espacio, escribir un cuento corto o componer un poema!

Hábito 106 - Observa tu diálogo interno

¿Cómo es tu diálogo interno? Si no está alineado con la positividad, la riqueza y el éxito, es mejor sintonizarlo en otra frecuencia. Nuestra conversación interna puede hacer o deshacer nuestras posibilidades de éxito. Puede ayudarte a superar situaciones difíciles o hundirte en el fracaso. Modifica tu diálogo interno para tener éxito haciéndolo más constructivo y positivo. Seguro que has escuchado la famosa cita: "los pensamientos se convierten en cosas". ¡Si tu diálogo interno es más derrotista, definitivamente el éxito te evadirá!

En lugar de decir, "Nunca podré hacer esto", di, "Puede que no sea fácil, pero eso no me detiene de dar lo mejor de mí. Solo es cuestión de tiempo para dominarlo".

Detente en seco con una acción física (chocar una banda de goma en tu mano, pellizcarte, darte un golpe en la cabeza, morderte la lengua - haz lo que quieras) cada vez que te envuelvas en pensamientos negativos o de "no puedo".

Reemplaza palabras y frases negativas con términos más positivos. Deja que tu voz interior te guíe hacia la positividad y las posibilidades. Evita hablar en términos fijos o absolutos como algo que nunca se puede hacer. Mantén opciones abiertas y explora alternativas. Dite a ti mismo, "cada paso me acerca más a mi sueño" o "estoy realmente feliz y agradecido por poder aprender esta lección".

Otra cosa contra la que hay que protegerse es la catastrofización de eventos o imaginar lo peor. Algunos desafíos y fracasos en el pasado no significan que vayas a fallar en todo lo que hagas. Esto no es pensar realista. ¡No permitas que unos pocos desafíos disuadan tu espíritu! Evita personalizar tus fracasos o culparte a ti mismo por ellos. Supéralos encontrando pruebas en sentido contrario. Piensa en todas las veces que has tenido éxito. Cada vez que pienses que algo no se puede hacer, vuelve a un momento en el que creíste que no podías hacer algo y terminaste dominándolo.

¿Cuál es la principal fuente de tu diálogo interno negativo? ¿Proviene de las personas que te rodean? ¿Estás pasando más tiempo con personas que te instan a renunciar a tus sueños? ¿Están socavando tu sentido de autoestima y autovaloración al dudar de tus habilidades? Cuando las personas dicen que algo no se puede hacer, están hablando de su propia incapacidad para hacerlo. Esto no necesariamente define tus habilidades. Mantente alejado de personas que te desvían de tus metas porque eso inevitablemente afecta tu diálogo interno.

Hábito 107 - Decir tus afirmaciones

Las afirmaciones son poderosas declaraciones positivas que se pronuncian repetidamente para ayudar a implantar una idea o meta en la mente subconsciente. Este proceso permite que la mente subconsciente crea en estas ideas/metas y alinee tus acciones con ellas. La clave es seguir diciendo en voz alta estas declaraciones o escribiéndolas continuamente para que el subconsciente las acepte como tu realidad última.

Cuando decimos algo repetidamente, nuestras palabras tienen un impacto tremendo en la mente subconsciente. Hay ciertas vibraciones energéticas asociadas con palabras específicas, que crean imágenes mentales positivas y empoderadoras o imágenes negativas y derrotistas. La frecuencia de energía con la que alimentamos nuestra mente a través de palabras y frases que usamos continuamente impacta nuestras acciones. Así, al alimentar imágenes mentales empoderadoras, estamos canalizando nuestra mente subconsciente hacia el éxito, la riqueza y el dominio de la vida.

Comienza esto de inmediato. Comienza creando una declaración positiva sobre un aspecto de tu vida que deseas cambiar. Por ejemplo, si deseas desarrollar una actitud más proactiva y emprendedora cuando se trata de reconocer y aprovechar oportunidades, intenta diciendo: "Soy una persona proactiva y orientada a la acción que siempre está lista para identificar y aprovechar nuevas oportunidades".

Del mismo modo, si quieres ganar dinero, tu afirmación puede ser algo así como, "Soy un imán poderoso para el dinero. El dinero viene a mí sin esfuerzo." Si deseas desarrollar una mayor confianza o autoafirmación, di algo como, "Soy una persona segura, asertiva y confiada que tiene control sobre las personas y las situaciones."

Conclusión

Gracias por descargar este libro.

Espero que haya podido ayudarte a aprender más sobre la autodisciplina y las estrategias prácticas a través de las cuales puedes comenzar a implementar la disciplina y hábitos positivos en tu vida de inmediato. He incluido innumerables planes de acción, estrategias prácticas y técnicas probadas para construir hábitos ganadores, que pueden ayudarte a lograr todos tus objetivos.

El libro está repleto de numerosos consejos para la gestión del tiempo, la redacción de objetivos, el aumento de la productividad, la lucha contra la procrastinación y otros valiosos trucos para construir hábitos que te ayudarán a entrar de inmediato en el camino de la autodisciplina.

El siguiente paso es tomar acción. Una persona que no lee es tan bueno como una persona que no puede leer. De igual manera, el conocimiento sin acción es inútil. ¡No se puede lograr la autodisciplina solo leyendo al respecto y sintiéndose genial. Tienes que salir y ponerlo en práctica para que funcione! ¡Tienes que esforzarte y darlo todo para salir victorioso!

Por último, si disfrutaste leyendo el libro, por favor tómate un tiempo para compartir tus opiniones y publicar una reseña. Sería muy apreciado.

¡Brindemos por una vida más gratificante, plena, exitosa y llena de hábitos positivos!

www.ingramcontent.com/pod-product-compliance
Lightning Source LLC
Chambersburg PA
CBHW051523020426
42333CB00016B/1756